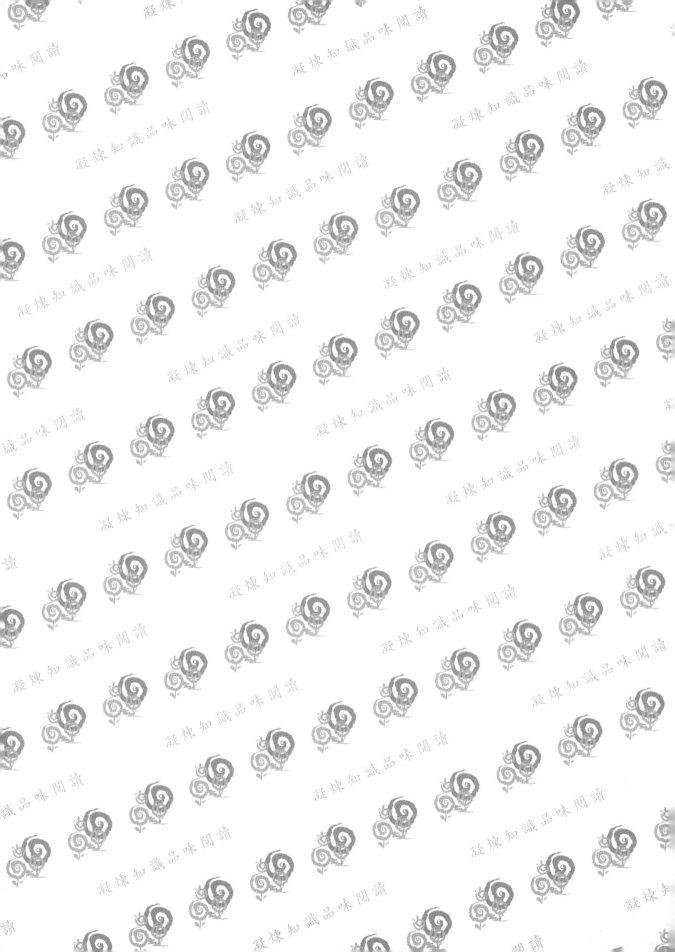

# 大數據與未來傳播

## BIG DATA
## AND FUTURE COMMUNICATION

主編 劉幼琍

作者 孔令信、江亦瑄、何吉森、吳世豪、谷玲玲
林翠娟、徐也翔、康力平、許文宜、陳延昇
陳彥龍、陳昱旗、劉柏立、賴祥蔚（依姓名筆劃排序）

# 作者簡歷

主編 / 作者

## 劉幼琍

國立政治大學傳播學院特聘教授兼研發長暨頂尖大學計畫辦公室執行長，美國印第安那大學電訊傳播博士，曾任國家通訊傳播委員會第一屆委員，專長電訊傳播政策與法規、新媒體經營模式、媒介經營管理、數位媒體與寬頻網路、數位匯流政策與管理，著有多頻道電視與觀眾、有線電視經營管理與頻道規畫策略、有線電視等書。

作者（依姓名筆劃排序）

## 孔令信

銘傳大學新聞學系主任，中國文化大學哲學博士，曾任中國時報副總編輯兼編輯中心主任，專長新聞編輯與採訪、資料新聞學。

## 江亦瑄

世新大學廣播電視電影學系副教授，美國紐約市立大學電視廣播研究所碩士、台灣師範大學科技學院博士。專長新媒體行為分析、手機依賴與人際互動、網路影音。教學領域包括資訊圖表、媒體市場調查與分析、社群媒體研究。

## 何吉森

國家通訊傳播委員會主任秘書，世新大學廣電學系兼任助理教授。國立政治大學法律系畢業、世新大學傳播研究所博士、美國加州柏克萊大學公共政策學院研習結業。曾任國家通訊傳播委員會內容事務處處長、法律事務處處長、有線電視審議委員會委員。主要研究領域包括通訊傳播政策與法規、數位匯流政策與管理等。

## 吳世豪

脈動國際股份有限公司 / 總經理，中華商業海事職業學校 / 董事，社團法人台灣失智症協會 / 宣傳委員，電視製作人 / 導演，國立政治大學傳播研究所 EMA 研究生。專長數位匯流政策、政治公關與危機處理、新媒體製作與宣傳。

**谷玲玲**

國立臺灣大學新聞研究所副教授，美國密西根州立大學大眾傳播博士，曾任國立交通大學傳播研究所副教授，專長新傳播科技、數位匯流政策、數位媒體、媒介經營管理、大眾傳播、新聞學等。

**林翠絹**

新加坡南洋理工大學黃金輝傳播與信息學院助理教授，美國夏威夷大學 Manoa 分校傳播與資訊科學博士。曾擔任銘傳大學講師，也有東森、民視、寶島客家電台等電視廣播實務經驗。研究專長爲新興媒體產業發展及使用者分析，並有數位匯流政策、行動傳播、新媒體採用等論文著作。

**徐也翔**

世新大學傳播博士學位學程博士候選人，曾任寰宇新聞台記者，專長爲傳播法規與政策、傳播管理、媒體行銷、廣告及公共關係。

**康力平**

國立空中大學人文學系、世新大學新聞學系、玄奘大學大眾傳播學系兼任助理教授，世新大學傳播研究所博士。學術專長爲閱聽人研究、社群媒介、市場調查、多媒體新聞、應用統計等領域。

**許文宜**

國立政治大學秘書處組長 / 廣電系兼任助理教授、台灣通訊學會秘書長，世新大學傳播研究所博士，曾任職台灣電視公司、中國廣播公司、國立台灣藝術大學廣電系助理教授，專長新興媒體研究、匯流傳播政策法規、媒體自律、媒體與創意產業研究、兩岸文化產業政策法規、跨媒體內容設計，合著有數位電視與新媒體平台之政策與發展策略、數位電視與新媒體平台政策白皮書、廣播節目概論等書。

**陳延昇**

國立交通大學傳播研究所助理教授，美國佛羅里達州立大學傳播學博士。研究專長爲娛樂媒介效果、電玩遊戲、娛樂化之說服、傳播新科技。教學領域包括科技新聞採寫、傳播統計。

## 陳彥龍

長榮大學大眾傳播學系專任助理教授，世新大學傳播研究所博士。曾任電視台記者八年，現爲長榮大傳系 Peopo 公民新聞平台指導老師，培訓校園公民記者，實務專長爲電子數位攝影、多媒體新聞製作。學術興趣爲傳播政策與法規、通訊傳播產業研究，以及公共傳媒研究等。

## 陳昱旗

脈動國際股份有限公司公關部主任，國立臺北大學公共行政暨政策學系博士候選人，專長公共政策行銷、數位匯流政策、危機管理政策、兩岸政策。

## 劉柏立

現任台灣經濟研究院研究四所所長、日本中央學院大學社會系統研究所客座教授、台灣通訊學會常務理事。日本國立電氣通信大學大學院資訊系統學研究科網路政策學專攻學術博士。專長電信監理與頻譜政策、數位匯流與產業發展、資訊社會與文化、對日經貿事務等領域，具有豐富的研究資歷與績效，目前關心的議題是網路經濟與文化政策。

## 賴祥蔚

國立臺灣藝術大學廣播電視學系教授、中央廣播電臺總臺長、元智大學大數據中心特聘客座研究員、中華傳播管理學會理事長，國立政治大學社會科學院政治學博士．曾任臺灣藝術大學廣播電視學系主任暨應用媒體藝術研究所所長，專長爲言論自由與傳播政策、媒體產業研究，著有言論自由與眞理追求、媒體發展與國家政策等書。

# 主編序

　　近幾年來大數據（big data）已成為一個熱門的名詞，隨著網際網路的快速發展，電腦的運算及儲存能力大幅增加，結合了新的資料使用思維，產生新的資訊應用技術。如今資料除了可供政府及各領域使用，也可成為商業生產的素材，供業者擷取使用。各行業無不試圖在大量且龐雜的數據資料當中，找出具有價值、可供應用的資訊。因此，善用大數據可以幫助業者取得有用的訊息，甚至預測未來下一步營運的方向，創造出新型態的經濟價值，顯見大數據是推動社會前進的動力。

　　檢視有關大數據的起源，可以發現自 1990 年代起就已經開始有一些論述。2008 年 9 月國際知名科學期刊 Nature 曾以大數據為特刊的主題，探討大數據對當代科學的意義。然而，儘管與大數據相關的論述及著作已經相當多，但是有關大數據在傳播領域相關應用的書卻相當有限。此外，根據《大數據 @ 工作力》一書作者湯瑪斯・戴文波特（Thomas H. Davenport）的說法，目前傳播媒體產業是屬於大數據應用的低成就者，亦即儘管媒體手邊擁有大量的資料，但因受法規限制或思維僵化等原因，至今仍難以充分善加利用大數據。由上述可知，傳播界已經面臨在使用巨量資料上出現了瓶頸，顯示本書的出版確實有其價值及必要性。

　　由於媒體及新科技變動快速，為使國內各界能進一步瞭解新聞及傳播受到大數據的影響，所產生的新發展型態與創新經營模式，2014 年 10 月編者邀請了 15 位國內的專家學者，在政大傳播學院頂大計畫的支持下，共同開始分析大數據與傳播的各種重要議題，並納入國外先進的重要案例一起討論，希望讓讀者能充分瞭解巨量資料的發展現狀及未來趨勢。歷經一年的討論、撰寫與修改，本團隊很有效率地完成初稿，然後再經過內部的交互評閱與外部的審查，終於可以順利付梓。為了讓書的內容架構能清楚呈現，經過作者們的充分討論，將本書分成三篇：基礎篇、應用篇以及策略篇，總共包含 12 章。

　　首先，基礎篇的目的乃是讓讀者對於大數據能夠有基本的認識。第一章先針對大數據的定義、發展現況及創新運用進行分析，並提出未來發展可能面臨的挑戰。第二章分析大數據的基礎概念，包括應用原則、資料類型與來源、處理流程以及分析方法，提出應用大數據調查閱聽行為和相關實例，並且探討大數據方法的跨界應用。鑑於近期公民意識上升，第三章乃聚焦於各種公民的樣貌，同時以開放資料（open data）為路徑，探討公民傳

播權在大數據時代的概念，及開放資料在我國的推展情形。面對大數據的時代，資料蒐集、提供及運用均應有良善的治理與監理，第四章探討各國對於隱私保護的相關法制規範，及我國個資法對於資料蒐集與運用的限制。第五章則進一步探討被遺忘權的概念、各國被遺忘權議題發展概況、釐清現階段大數據與被遺忘權的關鍵課題，進而分析我國相關現況以為因應。

至於第六章到第九章則是屬於應用篇的部分，第六章提及開放數據及開放政府對於數據新聞報導的影響，以及媒體在報導新聞時，如何實際地運用大數據，最後則分析數據新聞未來趨勢及數據潛在的風險。由於媒體非常重視及依賴收視率，大數據對收視率的影響值得重視。第七章試圖探討現有收視率調查方式的弊病，再針對數位有線電視普查的情況進行分析，最後檢視目前最熱門的大數據研究，及歸納不同典範變革過程中，不同的收視行為研究模式的特性與優缺點。第八章乃因應近期廣告行銷業界以追求滿足個別顧客需求為主流之趨勢，提出大數據廣告的核心概念及關鍵技術，強調大數據足以把個人作為分析單位，以精準掌握消費者行為，達到精準行銷。第九章概述大數據對於政治傳播的重要性，分別以美國總統選舉及我國台北市長選舉兩個案例加以分析比較，找出大數據在政治傳播的應用與侷限。

本書第三篇則著重分析大數據的應用策略，特別是傳統的紙媒面臨了數位化的衝擊，廣告市場朝網際網路位移，不得不尋求轉型以求生存，第十章以國際各大紙媒為例，試圖找出大數據可能為傳統媒體帶來新的發展契機。此外，在影音產業方面，第十一章蒐集了世界各國的視訊媒體業者在應用大數據的主要做法，包括視訊媒體如何蒐集大數據資料、如何運用大數據做廣告與行銷、如何運用大數據調整其製作的內容與服務，以及如何運用大數據調整其經營策略。由於大數據在行動通訊的應用非常多樣，第十二章以日本經驗為例，針對行動通訊業者如何藉由行動通訊網路上所擷取的大數據進行加值應用予以分析，並以日本 NTT docomo 在大數據的具體服務作為具體案例，希冀提供國內業者參考。

本書不僅對於大數據在電信與傳播媒體的應用有完整的分析，對傳播領域各方面的議題包括研究方法、收視率調查、廣告行銷、公民傳播、政治傳播、經營管理、隱私權、被遺忘權等，都有做深入的探討，也提供媒體與電信實際應用大數據的經驗，以及國外重要的案例供台灣相關業者參考。所以本書可以說是一本大數據與未來傳播發展趨勢兼具理論與實務的書。

本本書感謝所有作者的通力合作。謝謝國立政治大學傳播學院林元輝院長及國立政治大學邁向頂尖大學計畫的部分經費支持，也謝謝外審委員交通大學李秀珠教授及前新聞局副局長洪瓊娟教授，對本書每章內容細心審閱並提出建議，使本書能更臻完善。本書助理

世新大學傳播博士學位學程博士候選人徐也翔幫忙校對、編輯，功不可沒。也謝謝五南圖書出版股份有限公司對本書的支持，使本書得以順利付梓。此外，本團隊也要對推薦本書的政大校長周行一、科技部次長林一平、國家通訊傳播委員會副主委虞孝成、中華電信總經理石木標、TVBS 董事長張孝威、《今周刊》發行人兼社長謝金河、愛爾達科技董事長陳怡君，以及政大 IMBA 執行長陳春龍表達深切的感謝之意。希望本書的分享對電訊與傳播媒體不論在實務運作或經營管理上都能有具體的幫助，也期待各界不吝賜教。

劉幼琍

國立政治大學廣電系

2016 年 2 月

# 目錄

第一章 │ **數位時代的大數據：趨勢、創新與挑戰** ……………………… *1*

　　第一節　大數據的定義　　　　　　　　　　　　　　　　3

　　第二節　大數據的市場　　　　　　　　　　　　　　　　7

　　第三節　國內外政府對大數據的推廣政策　　　　　　　　8

　　第四節　大數據的創新應用　　　　　　　　　　　　　　10

　　第五節　大數據應用所面臨的挑戰　　　　　　　　　　　11

　　結　語　　　　　　　　　　　　　　　　　　　　　　　12

　　參考書目　　　　　　　　　　　　　　　　　　　　　　13

第二章 │ **大數據與傳播研究方法** ……………………………………… *17*

　　前　言　　　　　　　　　　　　　　　　　　　　　　　19

　　第一節　大數據的資料性質與處理程序　　　　　　　　　19

　　第二節　傳播領域應用大數據探討閱聽行為　　　　　　　24

　　第三節　社群大數據應用案例：資訊使用行為分析　　　　26

　　結語：大數據方法的跨界應用　　　　　　　　　　　　　30

　　參考書目　　　　　　　　　　　　　　　　　　　　　　31

第三章 │ **大數據、開放資料與公民傳播** …………………………… *35*

　　前　言　　　　　　　　　　　　　　　　　　　　　　　37

　　第一節　大數據時代的公民樣貌　　　　　　　　　　　　37

　　第二節　大數據與開放資料之關係　　　　　　　　　　　41

　　第三節　傳播權的概念與擴充：從大眾媒介到網際網路　　47

　　第四節　開放資料在台灣的推展　　　　　　　　　　　　49

第五節　大數據時代的公民資料近用與隱私保護　　50

結　語　　53

參考書目　　53

附錄　我國政府與民間推動開放資料大事記　　58

第四章 ｜ 大數據與隱私權：大數據的治理與監理 ················· 65

前　言　　67

第一節　各國隱私保護的立法與限制　　68

第二節　大數據治理　　71

第三節　大數據隱私監理　　78

結　語　　86

註　釋　　87

參考書目　　88

第五章 ｜ 大數據與被遺忘權 ························· 91

前　言　　93

第一節　相關理論文獻：大數據與被遺忘權　　93

第二節　各國被遺忘權議題發展概況　　97

第三節　關鍵課題探討　　101

第四節　我國大數據與被遺忘權分析　　108

結　語　　113

參考書目　　116

第六章 ｜ 大數據與新聞報導 ························· 121

前　言　　123

第一節　數據新聞特性　　123

第二節　數據新聞由來　　124

第三節　數據新聞趨勢　127

第四節　數據新聞類型　129

第五節　數據新聞與開放數據　132

第六節　大數據與媒體　134

結語：數據新聞的未來　138

參考書目　139

第七章　| 　**大數據與收視率** ································· *145*

前　言　147

第一節　文獻回顧　148

第二節　收視行為研究的趨勢　150

結　語　158

參考書目　159

第八章　| 　**大數據與廣告行銷** ···················· *163*

前　言　165

第一節　大數據廣告的三個核心概念　165

第二節　大數據廣告核心技術　174

結語：大數據廣告行銷的下一步　177

參考書目　178

第九章　| 　**大數據與政治傳播** ···················· *181*

前　言　183

第一節　政治傳播媒介的重要性　183

第二節　大數據在政治傳播的應用　185

第三節　大數據與政治傳播的應用案例　186

第四節　大數據技術應用上於政治傳播領域的侷限　193

結　語 195

註　釋 198

參考書目 199

第十章 | 大數據與紙媒轉型及運用 ⋯⋯⋯⋯⋯⋯⋯⋯⋯⋯⋯⋯ *203*

前　言 205

第一節　網路新媒體的興起vs.紙媒的危機與轉型 205

第二節　大數據的運用模式 208

第三節　大數據與紙媒轉型：《華郵》的新實驗 211

第四節　紙媒轉型與運用大數據模式 213

結　語 221

註　釋 221

參考書目 222

第十一章 | 視訊媒體與大數據分析應用策略 ⋯⋯⋯⋯⋯⋯⋯⋯⋯ *225*

前　言 227

第一節　文獻探討 228

第三節　視訊業者蒐集大數據的實例 232

第四節　視訊業者運用大數據做廣告與行銷 234

第五節　大數據與節目內容製作 236

第六節　視訊業者運用大數據調整經營策略 239

第七節　視訊媒體運用大數據所面臨的挑戰 241

結　語 242

參考書目 243

第十二章 | 大數據與行動通訊：以日本為例 ⋯⋯⋯⋯⋯⋯⋯⋯⋯ *249*

前　言 251

第一節　文獻探討　　　　　　　　　　　　　251

第二節　大數據發展趨勢分析　　　　　　　　253

第三節　大數據在行動通訊的應用　　　　　　260

結　語　　　　　　　　　　　　　　　　　266

註　釋　　　　　　　　　　　　　　　　　266

參考書目　　　　　　　　　　　　　　　　267

專有名詞解釋　　　　　　　　　　　　271

# 第一章　數位時代的大數據：趨勢、創新與挑戰

國立政治大學傳播學院特聘教授兼研發長　劉幼琍

# 前　言

　　隨著資通訊科技技術的進步，各種新型態的應用方式不斷出現，如行動網路、物聯網、社群網站以及電子商務等，巨量資料因應而生。美國 MIT 教授 Erik Brynjolfsson 在詮釋大數據的重要性時表示：四個世紀之前，顯微鏡的發明可讓人看見及測量以前無法看到的細胞，這是測量的革命。如今，大數據測量相當於顯微鏡的現代版，可以讓我們精密地測量社群網站使用者的行為及情緒。顯示大數據的出現，讓政府效能與產業經營產生翻轉性的改變。

　　各國政府目前都致力於推動大數據的相關應用，例如美國已經開始整合各政府部門強化推廣。歐盟則是以補貼的方式，鼓勵各領域提出相關計畫。英國是針對人才、基礎建設和政府三大面向切入，強化數據處理能力。日本則是由總務省主導，將大數據定位為國家戰略。南韓希望充分發揮 ICT 的技術，在大數據應用上展現優勢。我國現階段由政府帶頭做起，也鼓勵企業投入大數據的技術研發。

　　至於在創新應用上，大型網路公司很早就開始使用大數據。Google 積極蒐集各種數據做為提出整合服務內容的依據。Amazon 則是用大數據來強化消費者體驗。Facebook 本身就擁有關於使用者的大量數據，因此可用來提升精準行銷的效果。大數據未來遇到的挑戰包括：數據可能隱含的偏見、資料來源或內容的不確定性以及使用者的隱私權等問題。

　　本章的重點主要在描述大數據的定義、大數據的市場發展及各國推展現狀以及創新運用，最後再提出大數據應用在未來所面臨的可能挑戰。

## 第一節　大數據的定義

　　大數據（Big data）亦有人稱之為「巨量資料」，這幾年不只變成時髦的代名詞，也成為顯學。大數據的名詞第一次正式出現，是在 1997 年由美國國家航空暨太空總署（NASA）的科學家所撰寫的報告。該篇文章描述電腦圖表的視覺化帶來的挑戰，例如當電腦資料非常大量時，將考驗電腦的主要記憶體容量、近端與遠端的硬碟，他們稱此為「大數據的問題」（The problem of big data）（Friedman, October 8, 2012）。2008 年，一些有名的美國電腦學家讓「大數據」變成通用常見的名詞（Press, May 9, 2013）。牛津辭典對大數據的定義是「大量的資訊，其運用與管理帶來重大邏輯的挑戰」。著名的管理諮詢公司麥肯錫（McKinsey）在 2011 年將大數據定義為「巨量資料大到無法用一般的資訊軟體蒐集、儲存、管理及分析」。目前一般對於巨量資料（Big Data）的定義，是指量大、複雜且超過一般軟體技術所能處理的資料（資策會，2014a）。

　　Mayer-Schönberger 與 Cukier（2013）針對大數據的定義則批評，到目前為止，大數據

並沒有嚴謹及精確的定義。儘管如此,兩位作者指出:「現今龐大、多元且複雜的資訊量,利用大數據快速且系統性分析,能夠達成以往小量資料無法達成的資訊規模,為既有市場、組織、民眾與政府關係等社會中各範疇創造價值」。John(2013)認為在資料數量及類型急速增加的趨勢下,需透過新科技系統化分析、儲存以及解讀資訊,大數據應用趨勢也就因應而生。Sherman(2014)也強調,過去傳統的資料庫演算系統無法負荷目前極大量且複雜的資訊量,而大數據應用可有效率分析極為龐大的資訊量,並將其轉化為可解讀的圖表或數據結果。

　　大數據能幫助業者及政府公部門分析其所擁有的資料,將巨量資料轉化為商業生產力或國家競爭力。各個產業都需要新的演算法和新的工具來處理所有的數據。一般而言,大數據資料的主要特色多半由 3V 來解釋,分別為巨量性(Volume)、多樣性(Variety)、快速性(Velocity),但也有人陸續加入了準確性(Veracity)、有效性(validity)及短暫性(volatility)(Normandeau, 2013):

　　1. **巨量性**(Volume):Mayer-Schönberger 與 Cukier(2013)指出,因資訊與網路科技蓬勃發展,過去兩年來,人類創造的數據總量占過去總和的90%,預估 2020 年數據總量將比 2010 年大 50 倍。隨著網路及資訊科技的廣泛使用,每日由機器、網路、人與人之間的社群互動所累積的龐大數據,很容易就能達到數 TB(Tera Bytes,兆位元組),甚至到 PB(Peta Bytes,千兆位元組)或 EB(Exabytes,百萬兆位元組)的等級(Yahoo 奇摩,2015)。

　　2. **多樣性**(Variety):大數據資料種類可橫跨數據、語音以及影音等各形式,而資料儲存方式包含結構式、半結構式與非結構式等,業者可依其產業需求去擷取所需資料(Bowden, 2014)。業者須整合不同來源及類型極為複雜的資料,相對而言也考驗業者的資料處理能力。

　　3. **快速性**(Velocity):業者可針對消費者每次點擊動作以及網路造訪紀錄進行快速分析,並可針對客戶需求或突發狀況即時處理。經過即時處理的資料有助業者快速做出對應決策以及從中獲取效益(Bowden, 2014)。

　　4. **準確性**(Veracity):美國 Express Scripts 公司的首席數據主管 Inderpal Bhander 認為,除了前述的三個 V 之外,大數據的特質還可以包括準確性,原是指資料的準確性,而在大數據應用方面則被引申為資料的不確定性(uncertainty)風險。大數據雖具有巨量、多樣與快速等優勢,過於複雜的資訊可能提高判讀資訊之可用性與可信度的困難程度,且資料中可能夾雜不正確或是蓄意欺瞞的資訊,最後造成錯誤的數據分析結果(Normandeau, 2013)。

　　5. **有效性**(Validity):在使用巨量資料時,也必須注意所蒐集到的資料是否正確或準確。因為有效的資料才可做出正確的決策(Normandeau, 2013)。

　　6. **短暫性**(Volatility):大數據的資料有時是短暫的。在使用時要注意資料的有效期

限及儲存多久。尤其在使用即時資料時，必須能夠分辨把不相關的資料剔除（Normandeau, 2013）。

表 1-1 傳統分析與大數據分析之比較

| | 傳統分析 | 大數據分析 |
|---|---|---|
| 資料儲存花費 | 高 | 低 |
| 資料分析 | 離線的 | 即時的 |
| Hadoop 的使用 | 否 | 是 |
| 數據下載速度 | 低 | 高 |
| 數據下載時間 | 長 | 平均快 50%-60% |
| 數據發現 | 最小的 | 關鍵的 |
| 數據多樣性 | 結構 | 非結構 |
| 數據量 | Gigabyte、Terabyte | Petabyte、Exabyte、Zettabyte |
| 即時性 | 一批 | 即時 |
| 管理時間 | 長期 | 平均快 60% |
| 複雜問題的回應時間 | 小時／日 | 分鐘 |
| 數據壓縮技術 | 不成熟 | 平均壓縮 40%-60% 以上的數據 |
| 支援成本 | 高 | 低 |

資料來源：Banerjee（2013）。

　　大數據以及進階數據的利用，可以做為衡量服務供應者投資回報的利益。大數據分析不是用來取代傳統的分析架構，而是彌補其中的落差，以及建立巨量資料以提供更豐富的資訊（參見表 1-1）。因此，資訊的需求和客製化可以做出更好的決策，或創新新的產品及應用程式，讓企業整體的發展能更好地服務使用者的需求。此一演變，將服務供應商在業務、網路以及 IT 等各自獨立的單位，進一步加以連結（Banerjee, 2013）。

　　不論資料的形式是「結構」（Structured）、「非結構」（Non-Structured）或是「半結構」（Semi-Structured），要從資料（Data）轉成有用的資訊，再變為有價值的情報，必需經過四個階段，包括資料的創造階段、蒐集階段、分析階段及商業化過程階段。大數據的產業價值鏈乃是從「蒐集」、「儲存」、「萃取」、「分析」到「決策」流程（資策會，2014a）。其影響的層面對一個公司的生產製造、行銷與市場競爭都很重要。電信、媒體、社群媒體、網路與物聯網也都需要仰賴大數據作精確的分析。有關大數據所能帶來的績效，根據 Brynjolfsson 與 McAfee（2012）的調查發現，組織越是願意將數據分析應用在企業經營，在

執行財務和營運目標上的表現就越好。特別是組織內的領導部門使用大數據做決策時，平均可比對手增加 6% 的生產力及 5% 的利潤。

因此大數據在經營管理上，可以協助企業掌握契機，同時解決營運上所遇到的問題，包括（PwC, 2013）：

1. **消費者資料貨幣化**（Customer data monetization）：取得顧客全方位的資料是關鍵成功因素之一，讓企業能在當今快速發展的市場中有效地競爭，企業在經營上應該結合大數據採用和深入的分析，藉由買入消費者資料，機構可以整合外部非結構化數據（社群媒體和通信資料）成為傳統的內部結構化數據（付款、報表等）。

2. **交易和營運**（Transactions and operations）：過去，營運團隊往往難以處理即時、大量的數據；如今，投資管理者、銷售及服務團隊已經有能力評估市場走勢，預測銷售成績，並可以利用大數據創造新的商業模式，提供卓越的客戶服務。

3. **風險管理和規管報告**（Risk management and regulatory reporting）：日漸增加的全球規管風險和報告需求往往要求企業儲存長期的交易數據，並具備整理跨地區不同資料庫及科技平台的能力，因此，快速處理大量的結構化和非結構化數據非常重要。

大數據可廣泛影響文化、科技以及產業等多元面向。boyd 與 Crawford（2012）認為從科技應用來看，大數據技術將電腦運算能力以及精確程度發揮到極致，可系統化匯集、分析與比較極為龐大的資訊量。由於大數據技術提供較為客觀精確的數據結果，在現今得以觸及以往較難達成的知識領域。Jones（2012）認為大數據的巨量、多元與即時特性創造出資料可應用的最大價值，突破以往數據資料的規模限制，為人類文化、經濟及社會層面帶來全新資料價值認知。

根據研究機構 BYTE 在 2014 年所提出的報告指出，大數據在法律、經濟、社會、倫理和政治等方面，均產生了極大的影響。有關大數據的法律議題主要為智慧財產權，以及資料保護和隱私的風險。在經濟方面，大數據可以是創新的催化劑，特別是在新的商業模式需要納入發展策略時，但也可能帶來縮減勞動力的負面影響。在社會和倫理的議題，則如信任、歧視、使用的不平等、隱私、剝削和操弄等。在政治議題方面，大數據則圍繞著國家、企業和公民之間關係的變化（Donovan, Finn, & Wadhwa, 2014）。

然而大數據並非是解決所有問題的萬靈丹。Schenker（2013）就指出，大數據在使用上有其缺點，包括難以分析操作，不易達成最初設定目標。因為去識別化，往往無法辨識使用者，且企業大多未告知數據的來源。研究者如果只問利益為何，不問信息來源，數據也就只能提供有限的面向。

Mahrt 與 Scharkow（2013）也指出大數據研究的一些挑戰。首先，部分大數據研究仍是使用非隨機抽樣，例如使用滾雪球或只是一些簡單的技術所取得的數據；其次，儘管數據的來源是特定網站的大量樣本或完整的數據，但是該平台或網站的樣本仍缺乏變化性；

第三，則是研究倫理以及使用公開或半公開數據的標準及程序的問題。利用技術可以把不可辨識化的資料還原成可辨識化，因此，對消費者的隱私沒有保障。另外，有關大數據的研究，只要消費者的個人資料不會被透露，一般會假設消費者不反對其個人資料被拿來分析。可是現在的技術可以再將一些隱匿的部份變成可識化，對消費者的隱私很沒保障。

從技術的角度而言，有業者開發了「深層封包檢測軟體」（deep packet inspection software, DPI），可以針對個人寬頻網路的封包資料加以檢測。在美國，曾經有 ISP 業者與 DPI 軟體業者合作，授權廣告行銷公司能夠存取 ISP 網路系統上的用戶資料，進而對其用戶投放廣告，此舉引發違反隱私的爭議（Augustino & Miller, 2013）。

# 第二節　大數據的市場

根據國際市場調查機構 Gartner 的分析，目前全球資料量正以每年 59% 的速度成長，平均每兩年就成長一倍（楊惠芬，2012）。此外，國際研究機構 IDC 也預估，在未來的數年，數據資料量將大幅的提高，從 2013 年至 2020 年將成長 10 倍，資料總量將從 4.4ZB 增加至 44ZB（Adshead, April 9, 2014）。

從大數據市場獲利趨勢來看，知名市調與顧問公司 Wikibon 指出，2014 年大數據相關軟硬體及應用服務利潤已達 274 億美元，相較 2013 年成長 40%，同時預估 2026 年可達 847 億美元。另外，該報告指出，大數據在服務類型的獲利方面，2014 年的專業服務獲利為 104.6 億，計算獲利為 51.3 億美元，儲存獲利為 44.5 億美元，應用程式和分析獲利為 20.8 億美元（參見圖 1-1）（Kelly, 2015）。

有關國內的巨量資料市場規模，根據資策會統計，2013 年為新台幣 52.9 億元，預期於 2016 年將會成長至新台幣 96.7 億元，2017 年可達新台幣 111.3 億元。台灣巨量資料軟體與服務的市場尚處於起步階段，未來還有成長的空間，其市場規模 2013 年為新台幣 17 億元及新台幣 11.4 億元，估計 2017 年將會成長至新台幣 34.5 億元及新台幣 23.1 億元（資策會，2015a）。

單位：百萬美金

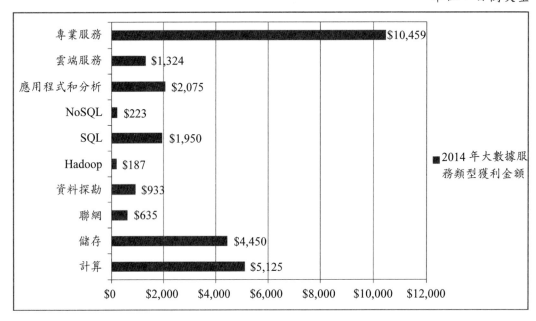

圖 1-1　2014 年全球大數據服務類型獲利統計

資料來源：Kelly（2015）。

表 1-2　台灣大數據市場規模

單位：百萬台幣

|  | 2012 | 2013 | 2014 | 2015(e) | 2016(f) | 2017(f) |
|---|---|---|---|---|---|---|
| 伺服器 | 1,205 | 1,344 | 1,776 | 2,108 | 2,585 | 2,785 |
| 儲存設備 | 859 | 1,102 | 1,403 | 1,845 | 2,251 | 2,576 |
| 軟體 | 1,131 | 1,699 | 2,123 | 2,535 | 2,996 | 3,450 |
| 服務 | 930 | 1,140 | 1,391 | 1,635 | 1,842 | 2,314 |
| Total | 4,125 | 5,285 | 6,693 | 8,123 | 9,674 | 11,125 |
| 年成長率 |  | 28.1% | 26.6% | 21.4% | 19.1% | 15.0% |

資料來源：資策會（2015a）。

# 第三節　國內外政府對大數據的推廣政策

　　美國、歐盟、英國、韓國與日本政府對推動大數據的分析不遺餘力。美國歐巴馬政府將 Big Data 定義為「未來的新石油」，於 2013 年 3 月宣佈投資 2 億美元帶動大數據相關

產業發展。白宮更於 2014 年 5 月發表「大數據：把握機會與保存價值」（Big Data: Seizing opportunities, preserving values），強調大數據的變革將為美國政府及社會各層面帶來更多的機會。美國的國家科學基金會、能源部、國家衛生研究所、國防部先進研究計畫局、白宮科學技術政策辦公室等政府單位都已開始加強推動大數據的分析與應用。

　　歐盟於 2014 年提出為期七年的「展望 2020」（Horizon 2020）研究補貼計畫，涵蓋健康、食品、能源、交通、氣候、社會科學與安全等領域，與大數據的技術作連結，以促進創新科技、推動經濟成長，並增加就業機會。此計畫由德國 Fraunhofer IAIS（Institute for Intelligent Analysis and Information Systems）所主導，集合了 12 個歐盟國家的「歐洲大數據」（BigDataEurope）計畫，希望能夠推廣大數據技術至生活相關的各類跨領域議題（EC, 2015）。預估可帶來的效益包括：歐洲供應商可占 30% 全球數據市場、2020 年前釋出 10 萬個大數據相關職缺、減少 10% 的能源使用、較佳的醫療保健以及更多生產性的工業機械（ScienceGuide, 2014）。

　　2013 年 10 月英國商業創新與技術部（Department for Business Innovation & Skills）提出「抓住數據機會：英國數據能力策略計畫」（Seizing the data opportunity: a strategy for UK data capability）列出三個發展大數據的方針，分別為加強處理人力資本（human capital）、強化基礎建設（infrastructure）和化資料為力量（data as an enabler），首先從基層教育開始，全面提升和改革教育體系中數據相關課程和專業研究，從學生到在職人士，加強人才培養；其次是完善基礎建設，大量開發新軟體與技術，提升研發實力，並從政府部門推動雲端服務；最後則是加強政府開放資料，讓整體環境適合提升大數據處理能力（BIS, 2013）。

　　日本將大數據定位為國家發展戰略，由總務省主導。2013 年 6 月內閣設置之「IT 總合戰略總部」提出為期八年的「世界最先端 IT 國家創造宣言」，並於 2015 年 6 月通過修訂版，以開放資料與大數據為核心，目標是打造世界最高水準的廣泛運用資訊產業技術之社會，為國家層級的 IT 政策目標。主要策略有深化 IT 活用技術，包含基礎建設與環境；在醫療、農業以及交通方面，讓人民安全有感地使用大數據技術（資策會，2015b）。南韓的大數據則是由「科學、資通訊科技暨未來規劃部」（Ministry of Science, ICT and Future Planning）主導，並鼓勵 ICT 產業的公司多運用大數據，希望在近期篩選物流、觀光、醫療、汽車等四個領域，推動 Big Data 的示範型計畫（資策會，2014b）。

　　有鑑於國際間對大數據的重視，我國政府也看到大數據的重要性。前行政院長毛治國於 2014 年 12 月 8 日指示行政團隊，於半年內要靠開放資料、大數據及群眾外包（crowd-sourcing）讓民眾有感。他要求內閣需善用網路科技技術，透過資料開放及大數據概念，與民眾溝通（張嘉玲，2014 年 12 月 23 日）。在政府資料開放方面，國家發展委員會建置「政府資料開放平台」（data.gov.tw）網站，內含超過 1 萬 2 千組資料集，可供資料下載、線上諮詢互動、以及案例參考等。經濟部工業局結合法人和公協會籌組「大數據產業服務團」，

將優先導入製造業、交通運輸、電子商務運用，以催生產業的數據化。近期政府自 2016-2020 年開始推動「雲端運算發展方案」，進一步深化政府雲的應用，作爲帶動產業在巨量資料的分析與應用（張萬珍，2015 年 9 月 23 日）。

# 第四節　大數據的創新應用

目前全球的大型網路公司，例如 Goolge、Amazon 以及 Facebook 等都是比較早使用大數據的公司。他們都在持續發展網路分析工具、雲端運算以及社群媒體平台（Chen, Chiang, & Storey, 2014）。他們之所以能成功運用大量點擊流量，不僅只是靠提供使用者資訊，而是透過協助使用者用最方便與快速的方式做出決定，並且採取行動（Davenport, 2013）。

## 壹、整合服務內容

Google 主要致力於發展網路搜尋引擎、雲端運算以及廣告技術，並提供各式各樣的網路產品與服務。Google 在大數據方面的發展主要有雲端服務與大數據分析的互動服務兩者。在雲端服務方面，Google 爲了累積用戶數，增加其免費服務的使用流量，以爭取更多廣告主的投放意願，促進廣告收益的成長。2005 年推出以 Google API 爲基礎的雲端服務，讓消費者、程式開發者能夠把 Google 的網路服務（例如 Google Map、Google Search）嵌入在網站上，以提供網路使用者免費使用。從消費者的角度來看，Google 雲端服務最大的特色在於整合功能，使用者只要用同一個 Google 帳號就可以使用 Google 所有的免費服務，例如 Google Drive。在大數據分析的互動服務方面，Google 自己擁有一套數據分析方法，推出 BigQuery 大數據分析互動服務，讓使用者查詢巨量的數據資料，例如網頁文檔集或電子郵件等（資策會，2014b）。

此外，Google 於 2012 年推出 Google Now，能夠獲得用戶搜索與瀏覽歷史，蒐集來自 Gmail、Google 日曆和 YouTube 的數據，以及地理位置、時間和使用情況等訊息，提供使用者有用的推薦（科技產業資訊室，2015 年 8 月 10 日）。近年來，Google 爲增加其蒐集及處理廣泛資料的能力，持續併購相關的公司，包括 2010 年收購全球知名的航空訂票搜尋引擎公司 ITA，以及 2014 年的 NEST，它是一間專門開發智慧家庭裝置的公司，NEST 同時也是一個蒐集使用者數據的平台，例如用電習慣、家庭人口數等。

## 貳、強化消費者體驗

網路書店 Amazon 從成立至今，便不斷在雲端服務與電子商務方面進行整合，發展

創新的服務模式。近年來更積極跨入硬體，提供電子書 Kindle，並且開發雲端運算服務 Amazon Web Service。作為一個網路銷售平台，Amazon 很早以前便會蒐集網路消費者的購買數據資料，並建立一個推薦用戶購買產品的推薦系統，透過消費者的點擊數據以及歷史購買數據，Amazon 能夠提供每一位用戶客製化的瀏覽網頁，以期持續不斷地促進良好的顧客關係（van Rijmenam, 2013）。

近年來 Amazon 把大數據服務整合進雲端運算服務，提供合作銷售的電子商店蒐集資料及使用儲存、運算等雲端運算服務，以協助其夥伴促銷產品（資策會，2014b）。目前 Amazon 正準備使用其所擁有大量網路購物者的消費數據，發展自己的網路廣告系統，讓廣告主可以更有效率的接觸平台上 2.5 億名主動使用者，預期將直接與 Google、Facebook 競爭網路廣告市場（Winkler & Bensinger, 2014）。

## 參、提升精準行銷效果

全球社群網站 Facebook 也是一家運用大數據資料發展創新服務的公司。由於 Facebook 採用實名登錄制的方式，加上創新功能，例如打卡、塗鴉牆、照片分享、按讚、社群遊戲等（郭佳蓉，2012 年 7 月 26 日），讓 Facebook 快速受到全球各地使用者的青睞，目前已經是全球最大型的社群網站，2014 年第 4 季總用戶達到 13.93 億（Constine, January 28, 2015），使得 Facebook 變成一個大型的數據資料生產公司。為了協助會員之間都能夠看到彼此共享的連結，Facebook 透過社群網路的演算法，經由分析貼文及互動的內容，推薦給每個會員有興趣的資訊（Talend, 2014）。另一方面，Facebook 也提供資料儲存、通知和用戶管理等後端服務，並根據這些個人資料提供廣告主個別的廣告服務，讓廣告主能夠根據使用者的消費行為與所在地置放廣告，針對相同興趣的網路使用者進行精準行銷，這種方式讓受眾在不知不覺間分享或按讚來推薦廣告，以增加粉絲人數（Cooper, January 1, 2014）。

## 第五節　大數據應用所面臨的挑戰

大數據的優點是可以根據巨量資料分析消費者的偏好或購買行為，精準提供個人化的服務，但是也有些大數據資料供給消費者購買的價格、服務或機會可能帶有偏見或歧視。例如有一美國網站可以由美國人名字揣測使用者是黑人或白人。搜尋黑人名字多半比白人名字更常見到「逮捕」的字眼，引發黑人的不滿。因此，大數據也會對有些族群或個人對其找工作、購屋或單純地尋找資訊帶來傷害（Podesta et al., 2014）。

大數據的分析工具中也有科技或軟體可以幫忙去識別化（de-identification）及再識別化（re-identification）。去識別化可以幫助保護消費者的個資及隱私，但是有可能讓分析者無

法作細部分析，而使其資料變得無用。再識別化很難把已經去識別化的資料再重新解讀，也增加了資料的不確定。大數據因為資料來源很多元，也充滿很多異質性。因此，其不確定性與錯誤必須被管理與控制。好在大數據的資料巨量，可以補充可能錯失的資訊，也可核對衝突或矛盾的地方。因此，有必要揭露資料的群集（cluster）及隱藏的關係。

美國白宮於 2014 年提出之「大數據：把握機會與保存價值」（Big data: seizing opportunities, preserving values）報告指出，大數據面臨的挑戰之一為「資料的持久性」（persistence）。在過去實體資料時代，若資料對個人權益造成侵害，可以輕易地抹除、遺忘或毀損。而在現今數位時代，資訊可被隨意摘錄、複製、分享及傳輸。個人對其資料的掌握力逐漸減弱。而在大數據商業應用下，業者除蒐集大量用戶資訊外，並與第三方業者交易及交換資訊，對於消費者個資及隱私問題形成隱憂，消費者難以要求業者完全移除不正確或是不恰當的資訊。即便業者蒐集的資訊為去識別化的消費者個資，也可能透過大數據的演算系統拼湊出得以直接指認個人的資訊（Podesta et al., 2014）。

我國於 2015 年 7 月推出的《ide@ Taiwan 2020（創意臺灣）政策白皮書》中提及，未來智慧商務不僅是市場規模擴大，對於隱私權的要求也更加進階，各方針對新興資訊技術與應用之發展，應當在規劃與建置之初便將隱私保護加以設計並置入。政府除了運用開放資料（Open Data）、巨量資料及社群網路媒體資料提供新的服務給民眾之外，更應制定整體配套的法令、法規、國家標準及認驗證體系，以期在隱私保護議題上找出最佳的解決方案。

# 結　語

近幾年來，隨著智慧型手機、行動寬頻以及 P2P 串流的使用，行動數據量大為增加。社群媒體以及網路影音服務的出現，更促使數據量變大。智慧型手機改善了網路使用經驗，並提升媒體和內容服務的消費，在寬頻使用方面，數據量也有大幅度的成長。

新的數據分析技術的出現，讓企業可以有效的管理大數據，並提出更多的創新商業模式。業者根據客戶的區隔可提供更為精準的行銷活動，而這些客製化的產品或服務不僅增加了企業的收入，且能進一步降低客戶的流失率。

儘管大數據的出現看似讓企業有了更好的經營管理策略，但是阿里巴巴副總裁車品覺也提出警告：「現在很多企業都陷入瞭數據迷思，為了數據而數據，卻忽略了更快更精確的方法，就好像去觀察一個人的家想要瞭解這個人，卻忘了其實直接問本人更快」（李欣宜，2015）。企業不可只是一昧的埋頭蒐集數據，數據的整理、解讀及創新運用的方式同樣重要。對媒體而言，做節目時也不可為數據而數據，以免創意受到箝制。

由於大數據具有巨量及多元的特質，因此，需要跨領域的合作，各個產業彼此之間互

相分享資料，讓無所不在的數據資料得以連接，才有可能激發出更有價值的資訊。

## 📖 參考書目

Yahoo 奇摩（2015）。〈巨量資料的時代，用「大、快、雜、疑」四字箴言帶你認識大數據〉。取自 http://www.inside.com.tw/2015/02/06/big-data-1-origin-and-4vs

李欣宜（2015）。〈[ 專訪 ] 三大數據迷思，八個數據實戰密技！阿里巴巴副總裁一次教〉。取自 http://www.bnext.com.tw/article/view/id/35555

科技產業資訊室（2015 年 8 月 10 日）。〈蘋果與谷歌藉數位助理搶奪大數據市場〉。取自 http://iknow.stpi.narl.org.tw/Post/Read.aspx?PostID=11441

張嘉玲（2014 年 12 月 23 日）。〈毛治國祭出科技三箭：開放資料、大數據、群眾外包〉，《數位時代》，取自 http://www.bnext.com.tw/article/view/id/34796

張萬珍（2015 年 9 月 23 日）。〈「擁抱 Big Data，共創資料經濟價值高峰論壇」摘要〉。取自 http://www.etop.org.tw/index.php?d=epp&c=epp13911&m=show&id=149

楊惠芬（2012 年 9 月 28 日）。〈Big Data 在台灣：指標企業 5 大應用面相〉。《iThome》。取自 http://www.ithome.com.tw/node/76527

郭佳蓉（2012 年 7 月 26 日）。〈Facebook 成功營運模式剖析〉。取自 http://www.mic.iii.org.tw/aisp/reports/reportdetail_register.asp?docid=3004&rtype=freereport

資策會（2014a）。〈台灣發展巨量資料產業之機會與挑戰〉。取自 http://mic.iii.org.tw/aisp/reports/reportdetail.asp?docid=CDOC20140630006&doctype=RC

資策會（2014b）。〈巨量資料產業與市場趨勢〉。取自 http://mic.iii.org.tw/aisp/default.asp

資策會（2015a）。〈萬物聯網風潮下大數據應用趨勢與商機〉。取自 http://mic.iii.org.tw/aisp/

資策會（2015b）。〈日本內閣通過 2015 年「世界最先進 IT 國家創造宣言」修訂版〉。取自 https://stli.iii.org.tw/ContentPage.aspx?i=7039

Adshead, A. (2014, April 9). *Data set to grow 10-fold by 2020 as internet of things takes off.* Retrieved from http://www.computerweekly.com/news/2240217788/Data-set-to-grow-10-fold-by-2020-as-internet-of-things-takes-off

Banerjee, A. (2013). *Big data & advanced analytics in telecom: A multi-billion-dollar revenue opportunity.* Retrieved from www.huawei.com/ilink/en/download/HW_323807

BIS (2013). *Seizing the data opportunity: A strategy for UK data capability.* Retrieved from https://www.gov.uk/government/uploads/system/uploads/attachment_data/file/254136/bis-13-1250-strategy-for-uk-data-capability-v4.pdf

Bowden, J. (2014). *The 4 V's in big data for digital marketing*. Retrieved from http://www.business2community.com/digital-marketing/4-vs-big-data-digital-marketing-0914845

boyd, D. & Crawford, K. (2012). Critical questions for strategies, issues, & recommendations: Provocations for a cultural, technological, and scholarly phenomenon. *Information, Communication & Society, 15*(5), 662-679.

Brynjolfsson, E. & McAfee, A. (2012). Big data: The management revolution. *Harvard Business Review, 90*(10), 60-68.

Chen, H., Chiang, R. H., & Storey, V. C. (2012). Business intelligence and analytics: From big data to big impact. *MIS quarterly, 36*(4), 1165-1188.

Constine, J. (2015, January 28). *Facebook beats estimates in Q4 with $3.85B revenue, user growth up to 3.2% QOQ to hit 1.39B*. Retrieved from http://techcrunch.com/2015/01/28/facebook-q4-2014/

Cooper, K. (2014, January 1). *Digital ads: How Facebook, Google, and Twitter target us*. Retrieved from http://readwrite.com/2014/01/01/digital-ads-personalization-google-facebook-twitter

Davenport, T. H. (2013). *Analytics 3.0*. Retrieve from https://hbr.org/2013/12/analytics-30

Donovan, A., Finn, R., & Wadhwa, K. (2014). *Legal, economic, social, ethical and political issues in big data*. Retrieved from http://trilateralresearch.com/legal-economic-social-ethical-and-political-issues-in-big-data/

EC (2015). *New 'BigDataEurope' project develops a platform to facilitate big data usage and empower communities with data technologies*. Retrieved from http://cordis.europa.eu/news/rcn/123038_en.html

Friedman, U. (2012, October 8). *Big data: A short history*. Retrieved from http://foreignpolicy.com/2012/10/08/big-data-a-short-history/

John, P. (2013). Privacy in the age of big data. *The Business Lawyer, 69*(1), 217-225.

Jones, S. (2012), *Why 'Big Data' is the fourth factor of production*. Retrieved from www.ft.com/intl/cms/s/0/5086d700-504a-11e2-9b66-00144feab49a.html.

Kelly, J. (2015). *Big data vendor revenue and market forecast, 2011-2026*. Retrieved from http://wikibon.com/wp-content/uploads/kalins-pdf/singles/big-data-vendor-revenue-and-market-forecast-2011-2026.pdf

Laney, D. (2001). *3D data management controlling data volume velocity and variety*. Retrieved from http://blogs.gartner.com/doug-laney/files/2012/01/ad949-3D-Data-Management-Controlling-Data-Volume-Velocity-and-Variety.pdf

Mahrt, M. & Scharkow, M. (2013). The value of big data in digital media research. *Journal of Broadcasting & Electronic Media, 57*(1), 20-33.

Mayer-Schönberger, V. & Cukier, K. (2013). *Big data: A revolution that will transform how we live, work, and think*. Houghton Mifflin Harcourt.

McKinsey (2011). *Big data: The next frontier for innovation, competition, and productivity*. Retrieved from http://www.mckinsey.com/insights/business_technology/big_data_the_next_frontier_for_innovation

Normandeau, K. (2013). *Beyond volume, variety and velocity is the issue of big data veracity*. Retrieved from http://insidebigdata.com/2013/09/12/beyond-volume-variety-velocity-issue-big-data-veracity/

Podesta, J., Pritzker, P., Moniz, E., Holdren, J., & Zients, J. (2014). *Big data: Seizing opportunities, preserving values*. Retrieved from http://www.whitehouse.gov/sites/default/files/docs/big_data_privacy_report_may_1_2014.pdf

Press, G. (2013, May 9). *A very short history of big data*. Retrieved from http://www.forbes.com/sites/gilpress/2013/05/09/a-very-short-history-of-big-data/

PwC (2013). *Where have you been all my life? How the financial services industry can unlock the value in big data*. Retrieved from https://www.pwc.com/us/en/financial-services/publications/viewpoints/assets/pwc-unlocking-big-data-value.pdf

Schenker, R. (2013). *Big data and the uses and disadvantages of scientificity for social research*. Retrieved from https://www.sussex.ac.uk/webteam/gateway/file.php?name=schroeder-sussex-big-data.pdf&site=25

ScienceGuide (2014). *Big data's brussels boost*. Retrieved from http://www.scienceguide.nl/201410/big-data's-brussels-boost.aspx

Spiegel, E. (2014, March 26). *Six challenges of big data*. Retrieved from http://blogs.wsj.com/experts/2014/03/26/six-challenges-of-big-data/

Talend, Y. D. M. (2014). *Facebook: A decade of big data*. Retrieve from http://www.wired.com/2014/03/facebook-decade-big-data/

van Rijmenam, M. (2013). *How Time Warner Cable uses big data to optimize the viewers' experience*. Retrieved from https://datafloq.com/read/time-warner-cable-big-data-optimize-viewers-experi/359

Winkler, R. & Bensinger, G. (2014). *Amazon prepares online advertising program*. Retrieve from http://www.wsj.com/articles/amazon-preps-a-challenge-to-googles-ad-business-1408747979

# 第二章 大數據與傳播研究方法

世新大學廣播電視電影學系副教授　江亦瑄

南洋理工大學黃金輝傳播與信息學院助理教授　林翠絹

世新大學新聞學系兼任助理教授　康力平

# 前　言

　　因應傳媒環境與閱聽行為變遷，蒐集與處理更多數據以獲得參考依據，提高判斷的精確度，已是當務之急。過往數據對於傳播產業的主要意義在於內容表現與廣告業務計算，媒體市場長期採用閱報率及收視率調查作為成效分析的衡量參數。以電視產業為例，收視率直至今日仍具有壟斷性的地位，因為需要共通的計算依據，甚至可謂電視市場的貨幣（currency），直接影響電視台營收及企業投放廣告的成本效益評估結果。儘管我們已經進入網路時代多年，數位行銷的經驗豐富，傳統的橫幅廣告（banner AD）、文字廣告（text link ad）、彈出視窗廣告（popups）、置入行銷文稿和活動網站（campaign site）繼續存在，卻無法滿足廣告主的需求，代理商又缺乏輔助結案評估的工具。2009 年開始，行銷傳播重視社交平台，早在 2008 富比世行銷長高峰會（Forbes CMO Summit）中，一位主持人針對富比世行銷長進行調查結果發現，超過 70% 的行銷長在接下來的一年將投放更多預算在社群媒體，但是當被問到「你會如何測量成果？」並沒有明確的答案，績效仍是難以釐清的狀態。雖然社群行銷比實體世界的「類比」廣告易於測量，相對於以網頁版位為基礎的數位廣告，還是比較困難（Owyan, 2009）。曝光與點閱行為之外，化為文字的口碑及其他大量的使用者產生內容（user generated content），這些都是每分每秒產生各類資料的來源。

　　大數據分析有助於產生更好的決策，意味著有機會提高運營效率，同時降低成本及風險。在數位的環境中，焦點已從商品化閱聽人轉移到匯流的閱聽人測量，提高媒體產業與廣告商更多有關使用者行為與個人化數據的開發利用極為重要（Jennes, 2013）。因此本章先介紹大數據基礎概念，包括應用原則、資料類型與來源、流程、解析方法，接著討論傳播行為調查與測量應用的轉變，最後討論大數據的發展方向與限制。

## 第一節　　大數據的資料性質與處理程序

### 壹、大數據應用的基本認知

　　一、數量帶來的問題：非結構化數據來自社交媒體研究。在過去，過度的數據量會產生儲存的問題。但隨著儲存成本降低，其他衍生的問題陸續出現，包括如何使用分析來創建有密切關係的數據值，以及如何確定大數據中的重要性。

　　二、速度帶來的挑戰：數據的流動與傳輸前所未有頻率及時處理。然而反應速度不夠快，以及處理數據的速度是當前多數組織機構的一大挑戰。

　　三、多樣化的處理能力：相較於傳統的數據資料庫以結構化的字母和數字排序，現今的數據有著各種類型格式。非結構化文本以各種形式呈現，例如每日文字報告、電子郵

件、影音、聲音和交易內容等（Lee, 2014）。

除了前面提到的鉅量規模，大數據的種類繁多複雜，數據生成速度極快，然而價值密度卻比傳統數據低，這些都造成了數據處理和集成的難度。與傳統數據資料不同的是，大數據通常包含大量的非結構化數據，例如文字、圖像、影音。處理非結構化數據的首要步驟是將結果複雜的數據轉化爲單一的、便於存儲的結構（劉智慧、張泉靈，2014）。

因此，Lee（2014）進一步提示從兩個方面討論大數據時代需要考慮的部分：

一、可變性：除了增加速度和類型方面的數據，數據可以是具有不一致的週期性和高度性。日常和季節性的事件發生的承載會成爲管理上的一大挑戰，更會使得非結構化的數據處理難度加重。

二、複雜性：現今數據的資料來自四面八方，而且它仍是一個包含連接、清理和轉換數據的系統工作。但是，需要連接關係這種層次結構和多個數據之間的聯繫時，我們對於數據的掌控有可能迅速失控。

然而我們並非瞬間進入充滿不確定感的大數據時代，資料其實早就開始大量且快速生成，回顧網路發展歷程早有端倪。如同 Teradat 首席技術長 Stephen Brobst 指出，大數據的發展可分爲三階段：「.com 時期」、「社群網路時期」和「物聯網時期」。2000 年開始積極被採用的網站 log 資料、使用者 cookie 和搜尋行爲等。接著是部落格、Facebook 及 Twitter 紀錄了使用者產生內容與關係連結等資料，社交互動數據有助於瞭解顧客，同時也帶來了新興商業價值，這些網站與 Google 提供應用程式介面（API）等共通性資料介接與存取，以及近年來的開放資料倡議，則促進了數據流動與運用。我們正經歷此階段，並且邁入資料無所不在的物聯網時期（李欣宜，2015）。因此，認識大數據的資料種類與各種來源是入門的基本功課。

## 貳、資料類型與來源

大數據的應用在現今被用來描述資料指數增長和數據的可用性，這其中包含了結構化和非結構化。結構化數據是具有關係型的，其是有序的、一致的、容易儲存在電子表格和資料庫中，這方面的分析較爲普遍，多以統計分析或資料挖礦（data mining）爲主。

非結構化數據的數據量反而較大、非關係型的，而且凌亂混雜，不容易在傳統的表格中顯示（Lee, 2014）。非結構化的資料類型與來源，可以進一步分爲文本、網頁、圖片與影音等。其中文本是最常見的非結構化數據，對文本的分析，通常是指從非結構化文本中提取有價值的訊息或知識。文本挖掘需要跨學科的合作，一般涉及到訊息檢索、機器學習、統計和計算語言學（computational linguistics），大部分文本挖掘系統都以自然語言處理（natural language processing, NLP）爲基礎。

　　屬於多媒體型態的圖像、影音等資料，缺少文字或數值的資訊，對此資料的分析有很多不同的研究面向，包括多媒體摘要、註解、索引等，進階的技術還包括影像及聲音辨識，目前仍常以標籤、文字描述的方式完成，基於內容資料庫與檢索過濾系統，為使用者推薦他們可能感興趣的多媒體內容。

　　如此多的資料型態來自何方？有五個主要來源：

　　一、網站與社群媒體（social media）已經是現今大數據應用的主要來源，其他還有人類產生的資料、交易資料、生物特徵及機器溝通（Soares, 2013）。首先，Web 數據來自網站本身，像是 Google Analytics 與協力廠商測量機構 comScore 都是多國普遍採用的數據分析工具。以 log 或使用者的 clickstream 累積資料，經過集成與梳理，透過稱之為儀表板（dashboard）的查詢介面或資料庫形式呈現圖表化訊息，方便非資訊工程人員掌握使用者分布，或者進行縱貫或橫斷檢索，理想情況是能夠顯示即時（real-time）的變化。

　　至於行動裝置上的資料，獨特價值在於個人化及定位，包括商業價值極高的聯絡人資訊、通訊與各種上網行為、清楚的地理資訊，幾乎足以勾勒單一使用者生活型態的資料，一方面可以收集到豐富的資料，另一方面又會面臨數據過於冗雜、換新手機的時間縮短及程式更新頻繁等挑戰。儘管如此，行動裝置無所不在的滲透，電信與傳媒產業必須掌握行為趨勢，並挖掘使用者或閱聽人的潛在需求。至於廣告主與廣告公司更為急迫，需要數據支援行銷宣傳策略，為因應此需求，全球主要的協力廠商監測機構 comScore 已建置行動媒體樣本和使用行為追蹤資料庫，並且推出跨屏數據分析服務。

　　二、人們主動製造的資料，例如客服電話錄音、出勤維修紀錄等。在傳播領域可以是出現在網站與社群媒體上的留言或發文、回應，這些資料處理難度高，並且含有足以辨識個體的訊息。社交網路服務（Social Network Service, SNS）及行動裝置正在每分每秒快速地生成大量行為與文字及多媒體資料，促使電訊與傳播領域開始重視大數據。由於社交網路含有大量連結和內容資料，連結是屬於結構型的分析，能夠用於勾勒使用者與其對象之間的聯繫，內容資料包含了龐雜的非結構化資料，不論是政治風向、議題或品牌口碑都有強烈的驅動潛力，近年來產官學皆投入相當資源進行探究。

　　三、交易大數據（big transaction data）相對較容易著手分析，以集團多元經營的中華電信為例，至少包括了行動上網帳單與 MOD 帳單，除了日期、時間與金額等結構化資料，深度的分析例如顧客需求挖掘或消費意願預測，則需要結合半結構（網址）或未結構化（隨選電影內容）資料，並與分析技術的運用程度有關。

　　四、生物特徵識別（biometrics）是指自動識別基於個人的行為特徵或個體特質，因而得到一組資料並從而預測其行為傾向。包括物理特徵，包括指紋、面部、語音等，行為資料包括手寫和鍵盤輸入進行分析。生物測定資料可以和其他類型的資料，例如網路與社群媒體進行組合，有機會成為有力的趨勢預測工具，進而開關新的商業機會（Soares, 2013）。

　　五、可能帶來更大衝擊的是經由有線或無線系統皆能與其他設備傳遞資訊的機器溝通（Machine to Machine, M2M）。有些企業已經開始分析感測器的資料，不只是穿戴式裝置或智慧家庭，更多數量與種類的數據將來自物聯網環境下機器與機器之間溝通的資料，Stephen Brobst 形容「無論是機器還是人都開始被資料解構」（李欣宜，2015）。

## 參、大數據的基本處理流程

　　雖然大數據的具體類別和相應的處理方式五花八門，但基本的處理流程可以說是一致的。劉智慧和張泉靈（2014）將大數據的處理流程歸納為「數據蒐集」、「數據集成與去蕪」、「數據分析」和「數據解讀」等四個主要階段。

### 一、數據蒐集

　　大數據擁有鉅量的資料，數據具有前所未有的完整性，所以採集大數據是最基本的步驟。根據劉智慧和張泉靈所述，目前常用的蒐集工具包括網路搜尋引擎（如 Google）、條碼及射頻辨識（Radio Frequency Identification, RFID）等。隨著智慧型手機、平板等行動裝置的發展，移動端也成為巨量資料的來源和蒐集途徑。緊接著 M2M 藉由裝置（例如感應器或流量計算器）來獲取資料，例如速度或溫度。透過網路中繼將發生的動作轉換成為資訊。物聯網中的各個物件，皆可能成為大數據分析的來源。

### 二、數據集成與去蕪

　　此過程中難免需要去除雜訊和清整，篩除干擾的數據，以保證數據品質。數據過濾常見的方式例如透過「群集或關聯分析的規則方法將無用或錯誤的離群數據挑出來過濾掉」（劉智慧、張泉靈，2014）。數據的存儲也是非常重要的一步，大數據早已突破傳統資料規模，需要龐大的存儲空間，因而出現了分布式檔案系統（distributed file system, DFS），代表性的工具是 GFS（Google File System），這是 Google 公司為了應對龐大冗雜的數據，根據 MapReduce 計算框架設計的處理系統。大數據還需要一組不同於傳統資料倉儲資料庫，或是在伺服器上作業的技術（例如雲端計算開源平台 Hadoop、NoSQL 即時處理架構等）。Hadoop 開發了包含分布式檔案系統在內的完整生態系統，目前已是主流的大數據處理平台。關鍵在於大數據則會以各種不同的格式出現，與傳統資料庫通常以整齊的列與欄格式呈現數值差異極大，大數據的技術是在適當的速度和合理的時間內管理不同的巨量資料，以允許即時（real-time）分析和反應的能力（Rabbani & Roghani, 2014）。

### 三、數據分析

　　數據分析是大數據處理過程中最核心的部分。與傳統社會科學統計的方法不同，由於

資料量龐大加上執行程序已不再始於明確的研究假設擬定等特質，大數據的分析偏向資料導向取徑（data-driven approach），因而從「精確分析」朝向「近似分析」，從「樣本分析」轉向「總體分析」，許多時候不先驗證「因果關係」反而較爲看重「關聯」所在（朱揚勇、熊贇，2015）。因此，現有的因素分析、回歸分析等統計方式，已經無法因應大數據分析（張引、陳敏、廖小飛，2013）。在軟體與平台方面，當前的趨勢爲整合雲端運算服務、分散式存取框架及開源系統（一種原始碼可以取用的電腦軟體，允許使用者修改及增進），同時降低蒐存取用的困難，並且提高計算資源彈性及效能，才能滿足大數據分析的需求（劉智慧、張泉靈，2014；資策會，2015）。

### 四、數據解讀

對於應用大數據的對象而言，最關心的可能不是上述過程，重點在於分析產出的理解與展示，結果的闡釋和呈現攸關決策參考，甚至直接影響判斷，畢竟多數管理者未具備資料科學專業或數據分析專長。傳統數據的分析結果多以文字呈現，輔之相應的圖表作爲說明，但大數據的分析結果往往非常複雜，文字敘述或簡單的圖表不一定能完整地傳達訊息，因而視覺化的呈現方式日益受到重視。「資料視覺化（data visualization）」結合介面互動理論與技術，將數據轉爲圖像呈現，比文字更容易被理解和接受（劉智慧等，2014）。

## 肆、大數據分析的階段

大數據方法較常被提及的包括：資料採礦演算（data mining algorithms）、預測解析能力（predictive analytic capabilities）、語意引擎（semantic engines）或語意分析，以及與大數據經營相關的資料品質和管理（data quality and master data management）。

1. 資料採礦是大數據分析的基礎，包括分類、關聯分析及分群等常見的類型。目的在於挖掘出資料內在的價值，因爲採礦意味著從資料集（dataset）挖掘資訊。一般的統計分析僅用單一規則或單一模式處理資料，但大部分的資料集是由多個規則或多個模型混合組成，透過資料採礦運用電腦計算的高效能，希望判讀哪個規則或哪個模型適合用來解讀，進而洞察資料隱含的意義（翁慈宗，2009）。同時演算方法的輔助也能幫助更加快速地處理龐大的資料集，讓大數據分析更有效率。

2. 預測是大數據應用最重要的目的之一，期望從分析中找出數據的特值，從而建立起對應的模型，以便日後輸入新的資料，估算可能的傾向。大數據解析方法可以分爲三階段：描述性的解析（descriptive analytics）、預測性的解析（predictive analytics）和處方性的解析（prescriptive analytics）。描述性的解析在於描述數據的特徵，概括數據呈現的樣貌。在此基礎上發展預測性的解析，運用各式數據統計、模型化或資料採礦方法來處理近期或過往的資料，有助於分析人員對未來可能的預測。處方性的解析則是新技術出現後的一

種預測性的解析，提供更多行動方向與顯示每一決策可能的結果。透過數據分析建立起一個完整複雜的模型，用來預測不同行為的結果。處方性的分析的結果不只是簡單的趨勢，更重要的是幫助決策者看出不同選擇帶來的風險和效益，以利決策者作出最佳選擇（Bertolucci, 2013）。

3. 至於大數據的語意分析運用標籤（tagging）和分類（categorizing）來量化文本資料，或是運用文本之間的關係、文本和辭典或者其他語意參照之間的關係對資料加以區分，這可以分為兩個層次：第一個層次，只是簡單地把文字資訊加入現有的數據集中，豐富數據資料；第二個層次，透過建立一個複雜的系統，實現機器學習（machine learning），學習的機制是透過對比現有的知識庫（knowledge store）來理解新的文本，這需要資料龐大完善的知識庫——大數據時代的產物。

## 第二節　傳播領域應用大數據探討閱聽行為

網路產業透過後台資料分析探討使用者行為的方式已存在許久，Stephen Brobst 接受專訪時指出，現在業者不只是想要知道使用者點擊了那些網頁，買了什麼東西，單獨分析瀏覽或交易資料告訴我們的有限，它沒有告訴我們顧客體驗，大數據追求的是更深層的分析（李欣宜，2015）。

同樣地，收視率如此權威地執行媒體曝光測量，電視與廣告產業過度依賴同一屬性的資料也令人擔憂，單憑眼球數（eyeballs）衡量節目設計、觀眾需求、製作表現和主持人能力等衍生弊病之外，所追求的百分比數據也進入到微收視率狀態，窄化評估方式也限制了產製和行銷的可能性。商業電視台的商業模式建立在閱聽人商品化，觀眾測量的前提一直以來都是在被動的收視之下。觀眾的行為越來越碎片化與自主，而且數位媒體變得容易追溯個人的行為資料，對廣告產業而言掌握更多數據是必要的（Jennes, 2013）。

當網路開始進入閱聽人生活中，網站經營者與媒體代理商仍延續採用收視率的概念來衡量網路媒體表現，監測機構稱之為到達率（reach），此外也計算造訪頻率（frequency）、瀏覽頁數（pageview）及平均時間（duration）。隨著線上廣告的成長，測量重點從 1996 到 2001 年專注「線上／線下的比較」（online vs. offline）轉向「經得起考驗的、經過試驗證明是可靠的」（tried and true）方法。產業號召新的範例，美國行銷協會研討會發表中出現把既存方法結合到新網頁測量工具的方式（Rolph, 2001; FitzGerald, 2002）。然而問題在於此方式未能全面地測量網路上的貢獻，想趨向線上投放價值的亮光往往卻只得到微暗、忽隱忽現的燭光，因而數位行銷研究專家 Rex Briggs 早在 2002 年即提出創造新測量系統的需求（Briggs, 2002）。十年後，Briggs（2012）同樣認為嘗試發明新方法的重要。當行銷傳播持續採取所謂「champion and challenger test」（並用測試），大部分的預算配置在過往「驗證

是好的」手段，小部分的比例劃分於嘗試新的方法。如果獲得的績效較優，行銷工作者獲得洞察，將會擴大推動創意「challenger」。如果此新方法持續表現良好，則它會成為新的「champion」而開始發明下一個新的「challenger」。

事實上，以抽樣方式推估電視節目與廣告曝光的收視率調查一直令人不安，主要擔憂之一在於樣本數量如何反應多頻道環境下的電視收看行為。提供網路到達率的公司同樣面臨樣本代表性的疑慮。網路媒體的規格相較於電視複雜許多，閱聽眾的分眾化程度亦高，加上網站數量多且經營模式差異大。因此，這十年來結合網站 tagging 與樣本群的作法，兼具網頁全面分析與輪廓建立的優點，已普遍獲得認可，此方式必須收集與處理大量資料，網路媒體其實早已進入大數據時代。

特別是社交媒體風潮正在徹底改變傳播模式，現有的測量數據能解釋的程度有限，包括到達率（reach）、計算版位大小等測量單位（metrics），對於一支在 YouTube 上的週一晚間足球賽影片所吸引到的大量閱聽眾恐怕無法理出頭緒，許多執行長開始對於他們的行銷長（chief marketing officer, CMO）所提出的衡量結果感到不滿意（Paine, 2008）。國內外行銷傳播界更關心「投入感」（engagement）、測量（measurement）或度量（metrics）等相關討論，不僅反應在產業研討會議程及雜誌期刊的報導，更落實在公關、廣告與媒體代理商的提案說明與廣告主的行銷傳播目標。近年來，許多關於社交媒體測量的討論和關鍵指標持續被提出，任何最佳化（optimization）策略欲達成的目標都是促進人們在當下或離場都能夠投入品牌、群眾、產品及服務。而主要與社交最佳化相關的概念之一即是投入感（Lake, 2009）。商業媒體組織的價值來源是廣告銷售，即使進入網路傳播時代，他們仍趨向退守於老式的測量項目，像是流量（traffic）或時間長度（time spent），而投入感所設定的目標是證明目標對象融入他們的媒體特質高於競爭者（Nail, 2006）。此一概念涉及情感和行為，不僅是關於內容是否有足夠的吸引力，更在於閱聽眾開始跟這個媒體或品牌發展關係（Paine, 2008），甚至可能促進目標對象形成虛擬社群意識（江亦瑄，2014）。

根據廣告研究基金會（Advertising Research Foundation, ARF）的研究長 Joe Plummer 所述，消費者開始把行銷訊息結合到自己的群落、符號及象徵，使得品牌或標的更貼近個人。消費者可能看過一則廣告，會回想起來，甚至能照著講出好處，但是不到他們從事這個過程或共創意義之前，他們都還沒真正地投入（engaged），因而未必能影響他們的行為（Nail, 2006）。這代表廣告的曝光引起的效果有限。學術研究也指出消費者對廣告的回應會受到投入媒體內容的程度影響，想傳達的訊息如果能夠符應敘事（narrative），則帶來的轉換效果比較高（Fu, Liu, & Wang, 2008）。針對平台連接與社交融合等新媒體特質及發展趨勢，新的研究取向宜超越過往計算接觸眼球的觀念，持續研發測量技術與資料處理及呈現的機制，盡早開始收集並追蹤參與行為、情緒與意識等，才能精準掌握關鍵閱聽眾，充份發揮從曝光到投入的傳播效果。

　　發展這些跨媒體或新媒體測量技術與度量標準的基礎即在於大量資料的收集與計算。媒體研究機構持續加緊腳步，因應快速發展的網路產業與變化中的閱聽行為。測量系統的研發帶來新的研究方式，隨著資料存取與分析技術進步，研究人員不需要直接訪問對象進行研究就能獲得研究結果，研究人員也許只需要從那些可蒐集到的個人資料和訊息中就可能分析出研究結果（Jin, Wah, Cheng, & Wang, 2015）。

　　在數位環境中，使用者或閱聽人都積極地獲得更多媒體體驗的控制權，因為他們可以決定何時何地透過任何裝置或設備上網。而且，他們現在可以扮演不同角色，像是生產和匯集內容者，這些是過去製作單位和媒體公司所獨有的（Jennes, 2013）。閱聽人正在改變，最為具體的動態變化即為閱聽人如何消費媒體。改變的能量來自新媒體技術，促進了閱聽人跨越時間、地點、方式的限制，除了增加控制權，更帶來許多選擇。這些改變引起產業思考他們的服務對象，開始採用非傳統的概念和分析方法，以新的角度探討閱聽人。雖然在某些方面閱聽人變得更難以捉摸及不可預測；另一方面，新的測量系統蒐集到的回饋、嘗試喜好與品味的預測等，讓業者可以從根本瞭解閱聽人對於傳媒產業的意義，並且把閱聽行為分析納入媒體策略與商業模式創新（Napoli, 2011）。

　　如同資料科學家 Michael Wu 受訪時所說，一旦擁有足夠的資料，可以開始看到模式（patterns），進而能夠建立數據運作的模式，有了模式可能產生預測（Bertolucci, 2013）。大數據的發展並非僅單純的提供巨量且精確的數據，透過大數據資料的比對與分析，研究人員可以推估與預測出結果來，此外大數據也能夠挖掘出資訊背後更深層的訊息，使得操控的人們做出更好的決策（Jin et al., 2015）。具有哥倫比亞大學資訊科學系任教經歷與創業經驗的資料採礦與預測分析專家 Siegel（2013）認為，企業機構採用大數據如能從描述到預測分析，從資料與處理經驗中學習，就可以有效提昇決策品質，並且持續進展到商業智慧（business intelligence）的層次。

# 第三節　社群大數據應用案例：資訊使用行為分析

　　前已提及，大量且普及的網路媒介和數位行動裝置，每天都在網路空間產生為數可觀的訊息。以 Facebook、Twitter 等社群媒體為例，使用者不僅單純瀏覽內容，也會在頁面張貼文章或圖片，以及對特定文本進行「按讚」、「留言」、「分享」或「轉推」、「收藏」等動作。SNS 成為日常生活的一部分，加上網路上的任何活動，皆可藉由不同類型的工具予以記載和保存，因此，這些人際互動與軌跡，以及訊息傳散路徑等紀錄，這些都是較易取得的大數據冶煉材料。蒐集社群媒體上的圖片、文字、影音、鏈結（link）、位置、狀態等為數可觀的各類型資料，加以處理和轉換，運用於各種研究，可稱之為「社群大數據」（social big data）（Manovich, 2011; boyd & Crawford, 2012）。

　　首先介紹社群大數據結合社會網路分析的研究取徑，舉例社會動員和政治傳播領域運用 Twitter 資料探討公民行動的學術研究案例。試想如果我們只進行總量統計，像是推文數（tweets）、轉推人數，只看到特定議題或區域的排行和熱度人數，加上釐清發文與轉推的時間（timestamp），可以觀察趨勢，然而這些分析如同 Google Trend 工具提供的查詢服務，侷限於描述性的資訊，難以產出更多意義。如同 Chapman（2009）認為社群媒體的本質是建立於用戶關係與對話，研究者進一步探討節點之間的關聯與文本流動，才能發揮社群大數據的價值。

　　因此，推特資料中更值得注意的是以 # 開頭的主題標籤（hashtag），以及在推文中嵌入網址（URL）的鏈結。Segerberg 和 Bennett（2011）氣候議題抗爭行動的研究，已強調探索使用者在推文之間關注的超連結。接著是有關美國「占領運動」（Occupy movement）運動的論文發表，在六千萬條的推文資料集，試圖分析社群媒體在抗議過程中不同網路相互聯繫的多種型態（Segerberg & Bennett, 2012）。此一社群平台鉅量資料應用於政治傳播的研究成果，幫助我們理解大規模的行動網路有兩種主要的運作邏輯：「集體性行動」（collective action）和「連結性行動」（connective action）。新媒體雖然沒有改變過往基於身分認同與組織作用的集體性行動，而是在「連結性行動」過程扮演關鍵因素（Segerberg & Bennett, 2013）。在歐洲亦有研究針對 2011 年西班牙「憤怒者」（Indignados）運動，追蹤蒐集數萬筆在 Twitter 的活動情形，藉以瞭解該運動如何在社交平台中傳播、成員如何與主流媒體和新媒體互動、不同類型的成員在社群中扮演何種角色，以及網路動員與增長擴散的情形（González-Bailón, Borge-Holthoefer, & Moreno, 2013）。

　　由於 Twitter 的資料屬性豐富與擷取容易的優點，國內學者亦用於選舉議題研究，探索社群平台上總統大選之新聞來源。鄭宇君和施旭峰（2014）指出大量推文中含有網址（在推文中以短網址形式出現），這些網址指向的文本有助於瞭解參與選舉討論者想傳達的訊息及其主要資訊來源。透過網址還原技術（URL unshorten）獲得更豐富的資料，包括被社群引用的文字、影音、圖片內容等。參考此研究在研討會發表對於資料屬性及處理方式的說明，更能理解大數據入門始於大量的未結構化資料或結構化資料的獲取與辨識，接著必須理解用於處理與分析它的技術，同時需要新舊方法的並用。以下先呈現該資料集概況：

1. 不重複的使用者（參與討論者）：9,416；
2. 推文數（與研究主題相關的討論）：27,968；
3. 其中內含網址的推文數：16,907；
4. 網址數量：20551。

在還原短網址之後，接下來進行電腦處理與人工辨識：

1. 以電腦計算各語系推文所含網址的網域（domain URL）；
2. 篩選出頻率在 6 次以上的網域；

3. 人工檢視網址所指向的網頁內容，標示名稱；

4. 進行分類，例如來源、地區等，同時刪除垃圾資訊或無法識別之網站。

這是傳播與資訊科學研究者組成的團隊，著重收集社群媒體中的行為與鏈結資料，採用大數據分析取徑，呈現網路關係的形貌，並且洞察傳播模式的變化（鄭宇君、陳百齡，2014）。前述針對總統大選的資訊行為分析結果已發現 Twitter 使用者引用最多的是新聞網站（鄭宇君、施旭峰，2014）。由於台灣最多人使用的社群媒體不是 Twitter，以下介紹臉書上的新聞傳播大數據實務案例「新文易數」（http://tag.analysis.tw/）。

數據專家洪進吉和社群工程師陳其貝（2015）認為「大數據的時代，透過使用者行為能夠獲取相當數量的資料，但要轉化成有意義的資訊須要一些過程，利用專家系統的聚焦然後配合社群行為的大量資料，就可以提高解讀資訊的價值」。這提醒了我們採用大數據方法時，需要更加注意資料的擷取與聚合，而「新文易數」此一即時資訊採集分析系統的建構就是植基於記者定義的新聞內容標籤（tag）結合臉書使用者的新聞資訊行為，即是根據社群大數據結合專家系統的原則。記者下的標籤在此具有連接的功用，可以形成所有記者的聚焦，同時對應社群的熱度，自動化計算帶有特定標籤的熱門話題，動態顯示該話題是否媒體過度報導或社群過熱，並且隨時將相關標籤及各媒體帶有此標籤的新聞文章集合在一起。詳細的系統處理流程如下圖所示：

---

**新文易數的系統流程**

1. 抓取媒體的文章列表
2. 每篇文章的 tags
3. 計算 tags 總數
4. 計算分數（normalization）
5. 從趨勢計算爆發力
6. 計算 tag 關聯與距離等基本數值
7. 計算等值標籤
8. 把 tag 組成事件
9. 計算出主要標籤
10. 做成事件簿與新聞稿
11. 計算在意義的標籤
12. 套用在沒有 tag 的新聞網站
13. 計算連結文章的社群數值
14. 回算出每個 tag 的社群數值

圖 2-1　新文易數系統的處理流程

資料來源：洪進吉、陳其貝（2015）。

---

值得注意的是，系統中每個標籤都具有臉書使用者跟該標籤相關文章的互動行為（按讚、分享、評論）數量，而且會計算標籤之間的距離，以關聯圖呈現。

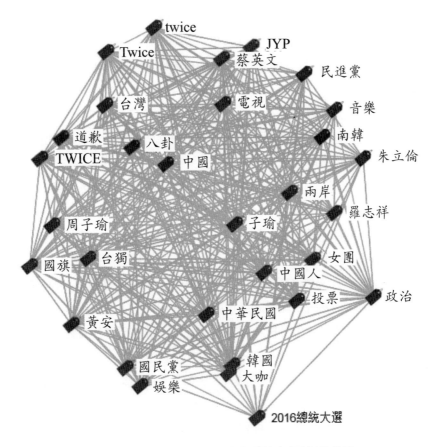

圖 2-2 新聞在社群上的分享數據與標籤關聯圖

資料來源：新文易數（2016）。

此外，新出現的標籤會自動存入資料庫，臉書使用者持續與新聞互動的行為也不斷進入系統，並且隨時運算以掌握話題消長及正負向變化，亦可比較不同媒體在特定話題上的跟風或導風程度，甚至能評估個別使用者的意見傾向。

綜上所述，社群網站的運作核心就是不斷地連結及使用者的投入，網路化的過程中，連帶串起各類內容、互動行為，以及人與內容的關係。當前的數位環境，智慧型手機、筆記型電腦或平板等裝置已相當普及，愈來愈多人在隨時連網的情況下，依賴 Facebook、Twitter、LINE 或 WhatsApp，甚至觀看影音的行為也遷移到行動裝置，或是離不開手機遊戲。如此一來，鉅量資料源源而生，期待傳播領域更積極掌握網路與社群大數據所帶來的機會。

# 結語：大數據方法的跨界應用

大數據管理的方向將會有愈來愈多的要求是將外部資料與企業運作範圍內的核心資料結合，像是客戶忠誠度分析可能涉及整併核心業務流程的主資料（master data）與來自網路和社群媒體的顧客互動資料（Soares, 2013）。

既然大數據的資料可能來自任何地方，應用關鍵在於整合，那麼也就帶來了雨後春筍的現象與跨界趨勢。互聯網、物聯網和雲端計算的快速發展，導致數據資料在各行業中大量的被需要，非常廣泛地包括學術界、工商業界及政府部門，因而出現了新的數據服務公司與分析師職缺。大數據的發展反映在產業界與政府部門對於數據分析的重視，以及學者發表的大數據相關研究日益增加（Jin et al., 2015）。

大數據飛快進展使得科學界開始重新審視研究方法，這也促使了科學思維和方法的革命。早期的科學研究室依據實驗的經驗結果而來的，後來根據各種定理的理論科學研究則應運而生，但分析過程過於複雜，加上寫作及出版耗時，難以因應快速變化中的實際問題，於是人們開始尋求模擬的方法，電腦計算科學方法也因此誕生（Jin et al., 2015）。著名的應用實例之一即為美國 2012 年的總統大選，歐巴馬（Barack Obama）的競選分析團隊創建了一個龐大的數據處理系統。該團隊通過數據採集和分析，分析出該如何獲得選民的注目，也對這些選情的投票傾向做分析，這支競選分析團隊每天進行實驗模擬，並提出模擬的結果，藉此更精確的分析選戰資源的分配，還來事實也證明，該團隊透過大數據的資料分析，不僅對 Obama 的連任有極大的幫助，大數據帶來的精準度與分析測量結果更是遠遠超出人們的想像（Jin et al., 2015）。

近年來學術界逐漸重視大數據，具體行動除了創辦以大數據為名的期刊及研討會。傳播研究領域的現有學術期刊，亦發行專刊或收錄運用大數據探討傳播行為的論文，然而以國內外社會科學引用索引 SSCI 和 TSSCI 所收錄的傳播類核心期刊，既有的實證研究成果

無論從篇數、數據規模、種類、來源等方面都仍相當有限，多種資料集（datasets）的整合分析更付闕如。已發表的文章多為合著，作者來自大學與企業，採用的數據即來自業界作者所屬的公司。可見因應大數據的複雜性與技術門檻，大學研究人員需要更積極朝向跨領域及產學合作發展（江亦瑄、林翠絹，2015）。

　　如果研究人員可以通過有效整合多元異質的大數據，執行精確分析，對於事件的發展趨勢能有更好的預測，在數據服務此一新興專業上邁進，更理想的是能促進社會和經濟的持續發展。由於大數據應用上有機會創造價值和重大意義，許多國家都開始著手進行大數據相關的研究計劃或行動，例如 Obama 政府投資了超過兩億美元來正式啟動了大數據研究。此一計畫也結合了六個聯邦政府機構，包含美國國防部（DOD），美國國防部高級研究計劃局（DARPA），能源部（DOE），健康（NIH）全國學院，美國國家科學基金會（NSF）與美國地質調查局（USGS）。然而，該計畫的進行是政府單位和業界、學術界及非營利組織都有所合作，充份利用大數據創造的機會，拓展更高的合作潛能（Jin et al., 2015）。

　　現今我們仍會面對到諸多複雜的數據現象，但是大數據的出現為我們提供了前所未有的大規模樣本計算。大數據的典型特徵是多樣化的類型和模式、複雜的相互關係，以及變化很大的數據質量。回到開端，反思資料的價值是最重要課題，Trefler（2014）提醒：「資料僅是記憶」，它是關於過去，其實是行動存留下來的產物，我們應該時常檢視資料侷限，處理與判讀時需要考量是否遺漏了什麼，必須體認到資料置身於脈絡（context）之中，探尋相關的線索，才可能有精確的洞察，真正發揮大數據的應用價值。

## 參考書目

江亦瑄（2014）。〈從媒介體驗觀點探討臉書投入感對虛擬社群意識之影響〉，《電子商務研究》，12(4)：357-376。

朱揚勇、熊贇（2015）。〈大數據是數據、技術，還是應用〉，《大數據》，1(1)：1-11。

李欣宜（2015 年 2 月）。〈[專訪]美國 Top 4 技術長寶立明：大數據即將在五年內消失〉，《數位時代》。取自 http://www.bnext.com.tw/article/view/id/35404

洪進吉、陳其貝（2015 年 9 月）。〈從專家到社群：建立與使用即時資訊採集分析系統〉，「2015 調查研究方法與應用學術研討會」，台北市。

翁慈宗（2009）。〈資料探勘的發展與挑戰〉，《科學發展》，422：32-39。

張引、陳敏、廖小飛（2013）。〈大數據應用的現狀與展望〉，《計算機研究與發展》，50(2)：216-233。

新文易數（2016 年 1 月 18 日）。〈周子瑜社群 share，周子瑜事件關聯圖〉。取自：http://tag. analysis.tw/tag/%E5%91%A8%E5%AD%90%E7%91%9C/

資策會（2015 年 8 月 20 日）。〈2017 年台灣巨量資料市場上看百億，資策會「Bistro 巨量資料管理平台」社群版，產學應用好方便〉。取自 http://iiio.iii.org.tw/m/News-more. aspx?id=1592

鄭宇君、施旭峰（2014 年 12 月）。〈探索 2012 台灣總統大選社交媒體之新聞來源引用〉，「第五屆數位典藏與數位人文研討會」，台北市。

鄭宇君、陳百齡（2014）。〈探索 2012 台灣總統大選之社交媒體浮現社群：鉅量資料分析取徑〉，《新聞學研究》，120：121-146。

劉智慧，張泉靈（2009）。〈大數據技術研究綜述〉，《浙江大學學報 ( 工學版 》，48(6)：957-972。

Bennett, W. L., & Segerberg, A. (2012). The logic of connective action: Digital media and the personalization of contentious politics. *Information, Communication & Society, 15(5)*, 739–768.

Bennett, W. L., & Segerberg, A. (2013). The logic of connective action: Digital media and the personalization of contentious politics. (Shi, A. B., & Yang, Y. K. Trans.). *Communication & Society, 26*, 211–245.

Bertolucci, J. (2013). Big data analytics: Descriptive vs.predictive vs. prescriptive. *InformationWeek*. Retrieved January 10, 2015, from http://www.informationweek.com/big-data/big-data-analytics/ big-data-analytics-descriptive-vs-predictive-vs-prescriptive/d/d-id/1113279

Bowker, G. C. (2014).The theory/data thing. *International Journal of Communication, 8*, 1795–1799.

boyd, D., & Crawford, K. (2012). Critical questions for big data: Provocations for a cultural, technological, and scholarly phenomenon. *Information, Communication & Society, 15*(5), 662-679.

Briggs, R. (2002, June). *Cross-media measurement: The new medium necessitates a new approach to an old problem*. Paper presented at the WAM - Week of Audience Measurement, Cannes, France.

Briggs, R. (2012). *Sirfs up - catching the next wave in marketing: The story of how "spend to impact response functions" (Sirfs), algorithms and software are changing the face of marketing*. North Charleston, SC: Createspace Independent Pub.

Chapman, T. (2009). *Measuring the success of social media*. Retrieved December 13, 2014, from http://www.socialmediamarketinguk.com/measuring-the-success-of-social-media-2

Chen, H., Chiang, R. H. L., & Storey, V. C. (2010). Business intellightence and analytics: From big data to big impact. *MIS Quarterly, 36*(4), 1165-1188.

FitzGerald, J. (2002, June). *Site-centric measurement: Can traditional panels meet the new standard?* Paper presented at the WAM - Week of Audience Measurement, Cannes, France.

Fu, F., Liu, L., & Wang L. (2008). Empirical analysis of online social networks in the age of Web 2.0. *Physica A: Statistical Mechanics and its Applications, 387* (2-3), 675-684.

González-Bailón, S., Borge-Holthoefer, J., & Moreno, Y. (2013). Broadcasters and hidden influentials in online protest diffusion. *American Behavioral Scientist, 57*(7), 943-965.

Jennes, I. (2013). From eyeballs to click-through: The role of the user/consumer as actor in the television value network as TV makes the transition to a digital, connected era. In I. T. Trivundza, N. Carpentier, H. Nieminen, P. Pruulmann-Vengerfeldt, et al. (Eds.), *Past, future and change: contemporary analysis of evolving media scapes* (pp. 71-82). Ljubljana, Slovenia: University of Ljubljana Press.

Jin, X., Wah, B. W., Cheng, X., & Wang ,Y. (2015). Significance and challenges of big data research. *Big Data Research, 2*, 59–64.

Lake, C. (2009). 35 social media KPIs to help measure engagement. Retrieved November 26, 2014, from http://econsultancy.com/blog/4887-35-social-media-kpis-to-help-measure-engagement

Lee, T. B. (2014). Big data: structured and unstructured. In K. Holdaway (Ed.), *Harness oil and gas big data with analytics: Optimize exploration and production with data driven models* (pp. 309-341). Hoboken, NJ: John Wiley & Sons.

Manovich, Lev. (2011). Trending: The promises and the challenges of big social data. In M. K. Gold (Ed.), *Debates in the digital humanities* (pp.460-475). Minneapolis, MN: The University of Minnesota Press.

Nail, J. (2006). The 4 types of engagement. Retrieved November 26, 2014, from http://www.imediaconnection.com/content/11633.asp

Napoli, P. M. (2011). *Audience evolution: New technologies and the transformation of media audiences.* New York, NY: Columbia University Press.

Owyan, J. (2009). Behind closed doors: What's on the mind of chief marketing officers? Retrieved December 6, 2014, from http://www.forbes.com/2009/11/02/jeremiah-owyang-cmo-network-owyang.html

Paine, K. D. (2008, March). *Engagement in social media: Web stats, visitor behavior, and relationship theory.* Paper presented at the 11th Annual International Public Relations Research Conference, Miami, Florida.

Rabbani F., & Roghani, A. (2014). *Big data analytics for beginners.* North Charleston, SC: Createspace Independent Pub.

Rolph, J. (2001, January). *ThinkStream: A new paradigm for web site measurement.* Paper presented at the Attitude / Behavioral Research Conference, Tampa, Florida.

Segerberg, A., & Bennett, L. (2011).Social media and the organization of collective action: usingTwitter to explore the ecologies of two climate protests, *The Communication Review, 14*(3), 197-215.

Siegel, E. (2013). *Predictive analytics: The power to predict who will click, buy, lie or die.* Hoboken, NJ: John Wiley & Sons.

Soares, S. (2013). *Big data governance: An emerging imperative.* Boise, ID: Mc Press.

Trefler, A. (2014). *Built for change: Revolutionizing customer engagement through continuous digital innovation.* Hoboken, NJ: John Wiley & Sons.

# 第三章　大數據、開放資料與公民傳播

長榮大學大眾傳播學系助理教授　陳彥龍

# 前　言

　　2011 年麥肯錫全球研究所（McKinsey Global Institute）曾對「大數據」（Big Data）做出簡明定義，即「大小超出了傳統資料庫軟體所能採集、儲存、管理和分析能力的資料集」。大數據不但有利於私人商業活動，也有利於國民經濟和公民。從此，大數據成為各國政府提升效能、企業淘金、以及創造世界經濟價值的新興應用領域。然而，一般民眾既非大數據的擁有者，也往往不具技術分析能力，大數據時代的來臨，對於公民傳播權的意義為何？

　　本章將「大數據」的關注，從資料（data）的分析運用，轉移回公民（citizen）身上。從大數據時代的公民樣貌出發，析論「開放資料」（open data）已成為民眾近用資料（access to data）的最重要途徑，並據此探討公民傳播權（the right to communicate）在大數據時代的概念擴充。透過開放資料在我國發展的檢視，本章認為大數據與匯流時代的公民傳播權，應針對資料的近用與隱私保護，建立起相應的法制保護措施。

## 第一節　大數據時代的公民樣貌

　　資通訊技術發展與行動裝置的普及化，是大數據的重要基礎。根據財團法人台灣網路資訊中心所做「2015 年台灣寬頻網路使用調查報告」，我國上網人數達 1,883 萬人，民眾上網率為 80.3%，其中 18 至 30 歲民眾的上網率達 100.0%，成為我國網路主要使用族群。至於民眾上網最常從事的活動，仍以社交功能的「上網路社群」（60.1%）所占比例最高，其次為「使用即時通訊軟體」（56.3%）以及「瀏覽網頁」（40%）。調查也發現，智慧型手機已經超越桌機成為主要上網設備（TWNIC，2015 年 6 月）。由此可知，我國網民的溝通互動相當頻繁，而同一時間，民眾上網的所有行為數據，也被網路服務提供者與行動通訊業者所掌握、蒐集與記錄。本節透過文獻整理，將大數據時代的公民樣貌分成五種：網民、部落客、群眾、黑客、產消合一者，分述如下：

### 壹、網民（netizen）

　　網民（netizen）一詞的英文，是來自網際網路（internet）和公民（citizen）的組合，意指網際網路上的公民。在台灣則流行用「網友」、「鄉民」、「婉君」等用語，其意相通，泛指網路使用者。「鄉民」的稱法，是來自於台大電子佈告欄系統（BBS）批踢踢實業坊（PTT）的使用者，對於愛看熱鬧行為的自嘲，後來擴散成為其他網路論壇使用者的代名詞。「婉君」則是「網軍」的諧音，指的是「一群人有組織的藉由網路傳播內容，並試圖

創造有利己方言論的行為」（徐乙喬、林安儒，2015）。「網軍」原指國際網路戰爭中的攻擊單位（cyberwarfare units），2014 年九合一大選期間，鄉民將「網軍」KUSO 成「婉君」後，意外爆紅。柯文哲的勝選，也讓朝野政黨認知到大數據輿情分析的重要性。戴季全（2011年 6 月 28 日）就認為，社群媒體的崛起，一定會加速事實回到鄉民手裡的速度。一但掌握了事實，人們就會越來越懂得判斷是非。

歷經 2014 年九合一敗選與柯 P 效應，行政院院長毛治國特辦理兩梯次「網路發展趨勢研習營」，邀請國內資訊通訊專家，甚至是柯文哲選舉時的網路軍師，來幫百餘位閣員上課，好認識「網民」。前來授課的翟本喬直言：「網民就是會用網路溝通的所有民眾」（翟本喬，2015 年 2 月 13 日）。另一講師張育寧則簡析，網民的行為模式，就是「想要成為事件的紀錄者；想要成為觀點的詮釋者；想要成為真相的守護者」（張育寧，2015 年 1 月 24日）。以上描述，適足以說明網民最基本的互動行為模式，就是網路傳播與溝通。

## 貳、部落客（blogger）

部落客（blogger）指的是寫部落格（blog）的個人。部落格（blog）一詞原是從 web和 log 兩字組合而來，意指網路上的記錄行為（web log），因此，也稱作「網誌」。而「部落客」就是網路日誌的作者，中國大陸習稱「博客」。1997 年部落格的出現，逐漸開啓網路第二代應用模式（Web 2.0），大眾媒體時代的閱聽眾，也轉化成主動的傳播者。無論是上傳圖文或影音，部落格體現了網路世界的分享文化。部落格的深化應用，更促成網路公民媒體（citizen media）、自媒體（we media），以及社群媒體（social media）的快速發展（陳順孝，2009）。

前述傳播新科技已成為網路公民媒體滋生與成長的溫床。21 世紀以降的重大國際事件，公民開始成為第一現場的見證者與記錄者，部落客的直擊報導與傳散速度及廣度，絲毫不遜於主流媒體記者。胡元輝（2014）分析，公民媒體網站的興起，已開始在各國選舉發揮相當的政治影響力，最著名也是最早的案例就是韓國的公民新聞網站《OhmyNews》，對盧武鉉當選 2002 年南韓總統，可說頗具助力。

Web 2.0 時代，任何人可以在任何時間發表任何作品。美國網路作家 Clay Shirky 認為，如果每個人都可以成為出版者，那麼每個人都可以成為新聞工作者（Shirky, 2008 / 李宇美譯，2011）。現今無論是網路上的公民記者（citizen journalist），或是如 Plurk、Facebook、Twitter 等微網誌（microblog）用戶，都可以稱為廣義的部落客。透過貼文、按讚、留言回應或上傳、分享等行為，公民透過部落客身分自主發聲。網路新聞專家也倡言，當越來越多的訊息透過網路社群來傳播時，每個人就必須擔任「我是媒體」的角色，即：多看多訂閱、多轉多分享、以及多產出內容（李怡志，2012 年 12 月 21 日）。

## 參、群眾（crowd）

群眾（crowd）就字面上的意義，可指「不特定的多數人，在特定或不特定的時間、場所下，基於特定或不特定目標而共同聚集的一群人」（陳國興，1988）。拜網路力量之賜，數位平台可以輕而易舉將一大群根本不相識的人串連在一起。這時的群眾即使是烏合之眾，也有可能發揮群體智慧，實際解決問題。近年興起的「群眾募資」（crowdfunding），就是透過網路平台連結起贊助者與提案者，以社會大眾的小額資金贊助，支持個人或組織得以執行完成目標或專案。而「群眾外包」（crowdsourcing）則是另一新興的勞務解決方案，泛指以資料和資訊爲基礎的線上協作（Gurin, 2014／李芳齡譯，2015）。

「群眾外包」是由群眾（crowd）和外包（outsourcing）所組合而成的新名詞。提出此概念的《Wired》雜誌記者 Jeff Howe 定義：「群眾外包是指將過去由指定公司雇員完成的工作，公開號召交由不固定的一大群人來完成」（Howe, 2006）。在過去，企業將部分服務或生產工作外包給中國、印度、東南亞等公司，但是現在企業可以免除麻煩，直接將工作任務丟到公開的網路平台，外包給不特定的群眾，來完成任務，而且做得可能更好。《群眾智慧》的作者 James Surowiecki 更直言，群眾可以比單打獨鬥的專家更聰明（Surowiecki, 2004／楊玉齡譯，2013）。

除了商業上的策略，群眾力量也可運用在公益性質的群眾活動上，最明顯的例子，就是利用群眾來編寫線上百科全書 —— 維基百科（Wikipedia）。維基百科協作計畫，是透過共筆技術（Wiki），使得所有人皆可以簡單地使用網頁瀏覽器，編寫任何詞條與修改內容。類似這種免費的、開放的、任何人都可以編寫的群眾外包與協作（collaboration）模式，等於是「將開放源碼（Open Source）的原則，應用在軟體之外的其他領域」（Howe, 2006）。由於大數據時代的公民，不必然是軟體工程師或資料科學家，懂得打破專家的迷思，網路群眾就會是「三個臭皮匠，勝過一個諸葛亮」。

## 肆、黑客（hacker）

「黑客」一詞由英文 hack 而來，中文意思是「砍伐」，因此，hacker 常被曲解成搞破壞的電腦系統專家。著名的黑客理論家 Eric S. Raymond 在其「如何成爲一名黑客」的文章中曾解釋，「黑客」（hacker）其實是形容「有精熟技術且熱衷於解決問題及超越極限的人；作爲一名黑客，除了具備撰寫開源軟體（open-source software）的技能，還必須具備態度，才能獲得黑客社群的尊敬」（Raymond, 2001）。換言之，「黑客」做的事是大破大立，設計創新程式來解決問題，和專搞破壞的「駭客」（cracker）大不相同。

Raymond 追溯最早的黑客精神，是 1985 年的元老級黑客 Richard Stallman 所推動的「自由軟體」（Free Software）運動。臉書創辦人 Mark Zuckerberg 也認爲，黑客是充滿理想，

希望對世界做出正面貢獻的人；黑客相信事情總能變得更好，創新沒有止境；比起口舌爭論，黑客更願意直接動手實踐，設計程式，並檢驗成果（Zuckerberg, 2012）。而今，「黑客之道」（hacker way）也成爲 Facebook 獨特的組織文化和管理模式。爲了促成黑客文化，Facebook 內部定期都會舉辦「黑客松」（hackathon）大賽，許多成功的產品就源自這個比賽。

「黑客松」（hackathon）是由「黑客」（hacker）加上「馬拉松」（Marathon）的複合字。最早起源於 Google、Microsoft、Yahoo!、美國太空總署和世界銀行於 2009 年合作發起的「慈善的隨機黑客」（Random Hacks of Kindness, RHoK）組織，該組織定期招募全球開放源碼社群（open source community）與軟體科技界的黑客高手集會，進行馬拉松式的程式開發活動，以期共同解決全球災難風險控制與氣候變化問題。RHoK 計畫強化了黑客的正面形象，也引入了公民協作（civic collaboration）模式。

近年拜開放資料風潮之賜，「黑客松」已漸成爲全球各地興起的重要公民創作運動。2012 年下半年台灣也出現「寫程式改造社會」的計劃組織「Code for Tomorrow」和開源社群「g0v 零時政府」。美國白宮在 2013 年 6 月起開辦「全國公民黑客日」（National Day of Civic Hacking）活動，強調任何人都可以參加，參與者都是「公民黑客」（civic hackers）。公民黑客可以是程式設計師、設計家、資料科學家、擅於溝通者、公民組織代表、創業者、政府僱員，或是任何一個願意著手解決公民社會問題的人（Tauberer, 2014）。而「好的黑客，就會成爲好公民」（Bracy, 2013）。

## 伍、產消合一者（prosumer）

「產消合一者」（prosumer），是英文的「生產者」（producer）與「消費者」（consumer）的複合字，是經濟學者 Alvin Toffler（1980）所創的概念，意指消費者參與商品的設計與製造，使產品更符合個人需求的新興消費模式。Toffler 舉例，新興通訊技術讓原本的消費者，也可以製作自己的資訊產品，成爲生產者。如 YouTube 影片、部落格文章、電子書，透過網路免費上傳與分享，幾乎消滅了報紙和出版業。事實上網路業者提供的只是一個平台，所有的內容與加值，都是網路使用者所創（Toffler, 2006）。

Toffler 的見解提醒吾人，資本主義社會中，公民有另一重要面向，就是消費者。而網際網路世界中，主要交易的「商品」是資料、資訊、知識。過去十年來 Web 2.0 應用與大眾傳播產業的數位化，已使公民開始兼具消費者與生產者的雙重角色。這種自己生產且自己消費的產消合一經濟型態，已經成爲 Toffler 口中席捲全球的「財富革命」。

未來當整個世界都數位化的時候，又將引領公民進入什麼樣的新經濟體制呢？對此，未來學學者 Jeremy Rifkin 說明，未來幾年「通訊網路」會跟「綠色能源網路」、「物流網路」合併起來，形成一個「物聯網」（Internet of Things, IoT）。Rifkin 大膽預測，不久的將

來，當大數據輸入至「萬物聯網」（Internet of Everythings, IoE）的神經系統之中，越來越多的「產消合一者」，利用大數據的各種分析的結果來促進更多產品的生產效率，並透過「協力共享」（collaborative commons）模式，取代資本主義市場的傳統交易模式。Rifkin 預料，當更多商品的生產，其邊際生產與銷售成本都將趨近乎零時，我們就進入了「零邊際成本社會」（Zero Marginal Cost Society）（Rifkin, 2014／陳儀、陳琇玲譯，2015）。也即是說，公民透過網際網路來實踐「產消合一者」角色，會越來越普遍。

## 第二節　大數據與開放資料之關係

對於大數據的特性，數據分析師 Doug Laney 曾以巨量性（Volume）、快速性（Velocity）、多樣性（Variety）來形容之（Laney, 2012），這「三個 V」，是對大數據最重要的解釋。其中「巨量」指的是以現今標準，數 TB（terabyte）到數 PB（petabyte）之間的資料量；「快速」指的是資料產生與更新的頻率很快，一秒內可達數十條以上；「多樣」說的是資料的多樣性，除了過去儲存在企業內部的營業資料外，還有更多像是網站的日誌資料（log data）、客服中心通話紀錄、推特或臉書等社群媒體資料、智慧型手機全球定位系統（GPS）產生之位置資訊、各式感測器（sensors）資料，以及圖片與影像等等（城田眞琴，2012／鐘慧眞、梁世英譯，2013）。

現今蒐集不同源頭、不同類型的大數據，需容忍資料的雜亂（Messy）、資料格式的差異或不相容，也引發資料庫分析技術的革新挑戰。《大數據》一書作者麥爾荀伯格（Viktor Mayer-Schönberger）與庫基耶（Kenneth Cukier）強調，「資料」已成為關鍵生產要素，重要性有如土地、勞力、資本。若以人來檢視，大數據的價值鏈主要分成三種人：資料持有人、擁有專業知識或分析技術的資料專家，以及擁有大數據思維的人（Mayer-Schönberger & Cukier, 2013／林俊宏譯，2013）。然而，過去只有間諜組織、科學實驗室、企業龍頭，或少數人才能夠掌握或使用資料。一般民眾要如何擁有資料？近用資料？進而創造資料的價值呢？接下來介紹的「開放資料」將是重要的途徑。

### 壹、開放資料的定義與內涵

「開放資料」（Open Data）是網際網路盛行後，很重要的一項網路開放運動。有人將之等同於「開放政府資料」（Open Government Data），但其實兩者雖有重疊，卻非完全相同。因為「開放資料」，可以來自任何源頭，包括政府公部門、私人企業、非營利機構、甚至是個人資料（My Data）。只不過在資料的蒐集與釋出上，「政府」往往扮演了一個非常重要的角色，因此，受到最多關注。最具代表性者，就是 2009 年 1 月美國歐巴馬總統上任

後簽署的「透明與開放政府備忘錄」，揭櫫了透明（transparency）、參與（participation）及協作（collaboration）三項原則，並推動開放政府網站（Data.gov）。英國政府則於 2012 年 7 月發布《開放資料白皮書》，提出具體實踐方針與做法，並完成資料集再利用的相關立法（HM Government, 2012）。我國也在同時期由行政院國家資訊通信發展推動小組（NICI）提出「政府資料開放推動策略建議」，成爲我國政府資料開放政策的濫觴。

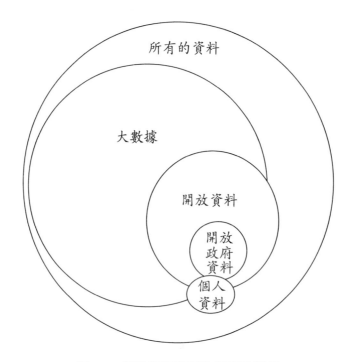

圖 3-1　開放資料與其他資料的關係

資料來源：McKinsey Global Institute（2013）。

關於「開放資料」的定義，英國開放知識基金會 2012 年出版的《開放資料手冊》曾敘述：「開放資料指的是資料能被任何人自由地使用，重新使用與散佈」。這句話包含三個特徵：(1) 資料的可得性與近用性（Availability and Access）；(2) 資料可重複使用及再散佈（Reuse and Redistribution）；(3) 任何人可普同參與（Universal Participation）。需注意區辨的是，「開放資料」和現行「政府資訊公開」法制的意義並不同。政府資訊的「公開」，講的是政府應滿足人民知的權利（right to know）（湯德宗，2007）。至於政府資料的「開放」（open），則意味資料的使用與使用者，沒有法規上、財務上或是技術上的任何限制（Open Knowledge Foundation, 2012）。

麥肯錫全球研究院在 2013 年 10 月發布一項有關全球開放資料價值的研究報告，也給予「開放資料」四項特徵，即此資料集：(1) 任何人都能近用（accessibility），(2) 所有

機器皆能讀取（machine readability），(3) 獲取免費（free）或幾近零成本，以及 (4) 授權（right）限制最小化。麥肯錫所詮釋的，正是「開放」的意涵，即資料的流動性和可轉讓性（liquid and transferable），目的就是要讓不同的資料集可以具備彼此互用或是相互混合的能力（interoperability），以釋放潛藏的資料價值（McKinsey Global Institute, 2013）。綜合《開放資料手冊》與麥肯錫報告兩者定義可知，開放資料就是所有公民都可近用的資料，這點已無庸置疑。

　　暢銷書《開放資料大商機》作者 Joel Gurin 分析，大數據、開放政府、開放資料，這三者密切相關，但不相同。廣義來說，開放資料就是：「可以取得的公開資料，民眾、公司及組織可以利用這些資料來建立新創企業、分析型態與趨勢、做出資料導向的決策，以及解決複雜問題」（Gurin, 2014 ／李芳齡譯，2015）。Gurin 認為，開放資料的理念始於民主化目標，即政府應該將蒐集到的資料，開放給付錢讓政府蒐集這些資料的納稅人，而最具影響力的資料集，就是「開放的政府大數據」（圖 3-2 中三者的交集）。

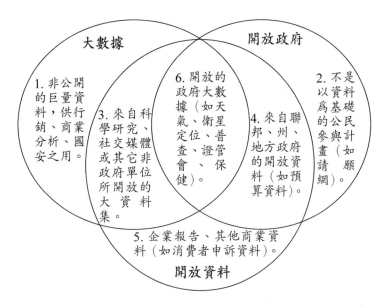

圖 3-2　大數據、開放政府、開放資料的關係

資料來源：Gurin（2014）／李芳齡譯（2015）。

　　Gurin 提醒，「開放資料」運動的推動者可以來自企業界、科技界、政府、學術界、非營利組織、教育界、環境科學等各領域。由於大部分政府所收集的資料主要是公共資料（public data），這些資料經「去識別化」（De-identification）處理成為「匿名化」（anonymization）資料後，就能開放釋出提供公民自由使用、創意加值。事實上「開放政府資料」已逐漸被視為是一種公民權（civil right）（Yoshida, 2014）。其對公民的意義，已表

現在透明化與民主監督（transparency and democratic control）、參與（participation）與自我賦權（self-empowerment）等面向（Open Knowledge Foundation, 2012）。

　　要注意的是，開放出來的資料，若只是人類可讀的文檔，電腦無法處理，也無法將資料的價值從分析程式中挖掘出來。因此必須要擁有電腦可判讀處理的資料集，且搭建起資料和資料之間的連結橋梁，這樣開放出來的資料會更有價值潛力。

## 貳、連結開放資料與資料的五顆星

　　全球資訊網（WWW）的創始人 Tim Berners-Lee 在 2009 年的一場 TED 大會演講中，便提及「連結開放資料」（Linked Open Data, LOD）的重要性（Berners-Lee, 2009）。他回顧二十年來全球資訊網的發展，人們想把什麼東西放在網路上，或是查找資料，都是透過 HTTP 協議，但是不同網站之間的資料卻無法連結。如果將所有公開在網路上的資料或資料集彼此連結（link）起來，而這些資料又是「機器可讀」（machine readable）的形式，吾人就能把 Web 空間化為巨大的資料庫，並從這樣全新的網路架構中查詢或使用資料，進而獲取文檔之外的巨大力量。

　　為此 Tim Berners-Lee 大聲疾呼：「馬上給我原始資料！」（Raw data, now!）此「連結開放資料」運動，力倡中央或地方政府開放所擁有的統計、地理資訊、生命科學等資料的原始格式，再彼此連結，由眾人共享，以求對整體社會產生巨大價值。Tim Berners-Lee 更於 2010 年發展了一項連結開放資料分類的五星評定準則（Linked Open Data star badges），而最佳的五星級資料，因兼備一、二、三、四星級資料之特徵，最能發揮資料再運用的效益（Berners-Lee, 2010）。

表 3-1　連結開放資料分類的評定準則

| 五星級別 | 說明 | 格式範例 | 辨識 |
|:---:|:---|:---:|:---:|
| ★ | 合乎開放資料定義、開放授權、格式不拘的所有網路可得資料 | JPG、DOC、PDF | 人眼 |
| ★★ | 除一星特徵外，屬機器可讀的結構化資料 | Excel | 機器 |
| ★★★ | 除一、二星特徵外，亦使用非專屬的資料格式 | CSV、XML | 機器 |
| ★★★★ | 除一、二、三星特徵外，亦使用統一資源標識碼（Uniform Resource Identifier, URI）來標定資料，讓機器可以直接標示、存取、運用資料集裡的每一個單筆資料 | RDF、SPARQL | 機器 |

| 五星級別 | 說明 | 格式範例 | 辨識 |
|---|---|---|---|
| ★★★★★ | 除一、二、三、四星特徵外，再將資料與其關聯性資料相互連結，建立脈絡 | Linked Open Data | 機器 |

資料來源：整理自 Berners-Lee（2010）；鐘嘉德（2015 年 2 月 5 日）。

　　連結開放資料的主要用意，就是促進以電腦網路與資料庫程式來讀取及分析大數據。藉由知識管理（Knowledge Management）的「DIKW 金字塔模型」（Ackoff,1989; Rowley, 2007），吾人能瞭解資料（Data）、資訊（Information）、知識（Knowledge）及智慧（Wisdom）的階層體系，以及各界對大數據商機的期待和開放資料倡議，正是將「資料」視為蘊含價值的原礦，以淬煉及層層轉化成可用的「資訊」、「知識」與「智慧」（圖 3-3），如智慧家庭、智慧生活、智慧城市之應用，進而改善人類的生活。另外，若從「情報理論」（Theory of Intelligence）觀點視之，「資料」的運用的目的，就是要根據精準情報，擬定對未來的「決策」（Decision）（David，2013 年 1 月 3 日）。

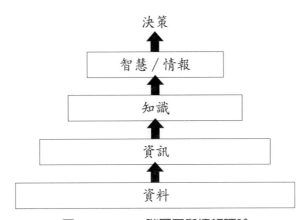

圖 3-3　DIKW 階層圖與情報理論

　　在此，「資料」（Data）與「資訊」（Information）之關係應詳細區辨：「資料」是未經分析或詮釋過的、定質或定量的敘述語句或實際數字。「資訊」則是資料經統整、詮釋過後的產出，或是已用其他方式呈現出意義者（UK Cabinet Office, 2012）。事實上，「資料」經整理、賦予意義，可供決策參考者，就可視為是一種「資訊」。像是大數據經整理分析，可提供決策、判斷，在實務面的應用上，就成為一種資訊。而大數據應用之目的，往往就是從過去無法掌握的海量資料處理中，提取真知灼見，做出更高明的決策，甚至是以前不可能做到的事情。

　　大數據專家也強調「資料化」（datafication）工作的重要性。「資料化」指的就是把天

底下的所有資料或資訊，重新轉變成可量化的格式（Mayer-Schönberger & Cukier, 2013 / 林俊宏譯，2013），像是手機使用者的位置、社群媒體的人際互動，或是生理資訊，都可以資料化。此時各方蒐集來的可量化資料，就能有意想不到的用途，並引出潛藏的價值。

## 參、釋放個人資料的價值

本文探討的「開放資料」，講的不僅是政府應開放「公共資料」，「個人資料」也可以釋放出來還給民眾，因為個人資料也有其價值。英國開放資料白皮書曾定義「公共資料」（public data）是「在公共服務運行與評估下，基於政策決定，或是公共服務運行之因，而產生或蒐集的，匿名性、非核心指涉性資料」；而「個人資料」（personal data）則是指「《個人資料保護法》中所定義，可由資料接收者直接識別的，或可被識別出的，關於特定的個人的資料」（UK Cabinet Office, 2012）。

世界經濟論壇於 2013 年 2 月出爐一份《釋放個人資料的價值》報告，主張別把個人資料的價值鎖住，應予開放出來，但前提是當事人有被告知與同意，以維護其個人權利（World Economic Forum, 2013）。這份報告也探討「個人資料儲存庫」（personal data store）或「個人資料保險庫」（personal data vaults/lockers）的概念，意即「安全的私人雲端，個人可透過網路和行動裝置應用程式存取……，它們賦予個人控管其資料的權利，讓人們能夠匯總、儲存、尋找、安全地分享有關於自己和自身生活的資料，並從這些資料中獲得益處」（Gurin, 2014 / 李芳齡譯，2015）。

麻省理工學院人類動力實驗室（MIT Human Dynamics Lab）主持人潘特蘭（Alex Pentland）和他的研究團隊，就是藉由處理大量的私人手機資訊，推論和預測人的行為，成功找出那些已經感染流感、甚至自己都還不知道的病患，成為「現實挖掘」（Reality Mining）研究的先驅。《連線》雜誌主編 Kevin Kelly 和 Gary Wolf 亦創造「量化生活」（Quantified Self）的概念，因而掀起近年來透過穿戴式感測器（wearable sensors），把自己身體的狀況資料化（datafication），以求更健康的生活的個人資料運用風潮。

各國政府在釋放個人資料方面，2011 年 7 月美國政府由白宮主導「智慧揭露政策」（smart disclosure policy）（White House, 2013），在教育領域推動「我的資料倡議」（MyData Initiative），學生可以下載自己的教育資料，對過去的學習進行評量，調整未來學習目標。在健康照護面向，則執行「藍色按鈕倡議」（Blue Button Initiative），民眾得透過特定網頁下載其健康資料，並將之分享給健康照護業者、保險公司和信任的第三方機構。在能源科技領域，則發起「綠色按鈕倡議」（Green Button Initaitive），要求國內的公用事業（如電力、汽油、瓦斯、自來水），提供民眾下載自己的消費個資，業者釋出資料須採行一致性標準格式。換言之，當民眾擁有自己的就醫紀錄、民生用水、用電等個人資料後，就可以找顧

問公司進行分析，管理個人健康或節能。

其他釋放個人資料價值的政府行動，還有英國商務創新技術部於 2011 年 4 月提出的「Midata 計畫」。由英國政府、企業界、消費者團體、監管機構和貿易機構共同組成 Midata 平台。參與之業者或機構會在消費者的要求下，將所擁有消費者個人資料，以電子化及機器可讀形式，在 Midata 平台釋出。目的是方便消費者利用這些資料瞭解自己的消費行爲，在購買產品和服務時做出更爲明智的選擇（李科逸，2013 年 8 月 26 日）。

綜合以上所述，各國風起雲湧的開放資料行動，爲公民「近用」（access）資料帶來一定的機會。然而這種的機會，究竟是不是一種權利（right）？會不會造成個人隱私的侵害？此與吾人所認知的表意自由、資訊權、傳播權等人權普世價值又有何關聯？以下進一步探討。

## 第三節　傳播權的概念與擴充：從大眾媒介到網際網路

本文所欲探討之「傳播權」，是一種「公民資格」（citizenship），指的是作爲公民應具有的一種權利內涵。英國社會學家 Marshall（1950）曾主張，公民資格意味一套權利體系（citizenship is rights），歷經市民權（civil rights）、政治權（political rights）、以及社會權（social rights）三階段演進。而當代對於「傳播權」的討論，最早可追溯到 1948 年《世界人權宣言》第 19 條對於「表意自由」（freedom of opinion and expression）之闡述：「人人有權享有主張和發表意見的自由，此項權利包括持有主張而不受干涉的自由，和通過任何媒介和不論國界尋求、接受和傳遞資訊和思想的自由」。此宣言將「表意自由」涵蓋「資訊自由」，後來也成爲《公民與政治權利國際公約》（1976 年 3 月 23 日生效）的主要條文。其實早在 1946 年底聯合國成立的第一次大會上，就已經透過第 59（1）號決議，宣告「資訊自由」是一項基本人權（Freedom of information is a fundamental human right）。由此而知，「表意自由」與「資訊自由」意義相通，都是國際間很早就認可的基本人權。

值得注意的是，「資訊自由」的意含亦涵蓋公民從國家獲得資訊的權利，即所謂「知的權利」（the right to know）。也就是說，人們尋找、接收與傳遞資訊的權利，國家負有積極的義務，以保證人民能近用資訊，尤其是以所有方式儲存的政府資訊。爲此，政府應立法保障民衆「瞭解眞相的權利」（the right to truth），以及「近用資訊的權利」（the right to access information）（La Rue, 2013）。國際上最早的資訊自由法制化實例，就是 1776 年的瑞典憲法條文中，規定國民有權取得政府各種公文資料（Mendel, 2008）。「資訊自由」的理念，日後也成爲各國「開放政府」的法制基石，如美國國會在 1966 年制定《資訊自由法》（Freedom of information Act, US FOIA），確立政府資訊「以公開爲原則，不公開爲例外」。我國大法官第 509 號解釋理由亦敘明，憲法第十一條之表意自由應予保障，以滿足人民知

的權利。

隨著傳播技術從印刷邁向廣電科技，「表意自由」與「資訊自由」的概念也有所擴充。1969 年法國學者達西（Jean D'Arcy）有感於蘇聯和美國先後發射人造衛星，將人類帶入直播衛星時代，因此主張應該有一項比《世界人權宣言》第 19 條所揭示之資訊權還廣泛的權利被包含，那就是「人類傳播之權利」（right of man to communicate）。達西提倡「傳播權」，目的在保障人們的新型態傳播，以補足傳統人權項目之不足（D'Arcy, 1969）。我國大法官解釋第 364 號也認定，以廣播及電視方式表達意見，屬於憲法第十一條所保障言論自由之範圍，至於人民平等接近使用傳播媒體之權利，國家應以法律予以保障。前揭「媒體近用權」（the right of access to the media）之理念，是法律上可以強制執行的權利，已成為廣電媒體時代公民行使傳播權的重要法制規範。

法國駐聯合國國際文教處人權與和平局局長 Karel Vasak 曾提出「三代人權」（three generations of human rights）的概念（Vasak, 1977）。強調第一代人權是為免於被國家侵害的自由權，亦即「消極人權」，是「公民的、政治的權利」（civil and political rights），用以對抗國家。第二代人權，是請求國家作為的權利，強調國家的積極作為以救助社會、經濟上的弱勢團體，以求社會之平等，屬於「社會、經濟、文化權」（social, economic and cultural rights）。第三代人權則是建立在社群、集體聯帶關係的基礎上，以實現和平權、環境權與發展權等集體權利（collective rights）。Vasak 主張第三代人權的範疇，也須包括「傳播權」（to communicate and communication rights）。

聯合國教科文組織在 1980 年代成立工作小組，就「傳播權」議題進行探討，在著名的麥克布萊德報告（McBride Report）中，主張將傳播權視為一個促進傳播與資訊權利形成的獨立概念（UNESCO, 1980）。時序進入資訊社會時代，跨越亞洲、非洲、美洲之非政府組織「傳播權平台」（the Platform for Communication Rights）於 1996 年成立，並在 2001 年啟動「資訊社會的傳播權」（Communication Rights in the Information Society, CRIS）運動，促使聯合國於 2003 年及 2005 年舉辦「資訊社會高峰會」（World Summit on the Information Society ,WSIS），將傳播權納入主要討論議題。此高峰會提出一份「傳播權宣言」，開宗明義指出：

「傳播在全球社會的政治、經濟及文化等層面扮演核心角色，藉由資訊傳播科技來落實傳播權能夠提供政治互動、社經發展及文化永續的嶄新機會。欲達上述目的，應普及近用所有傳播資訊工具以及近用世界上多樣的媒介作為其手段。」（WSIS, 2003）

資訊網路的傳播權受到關注，聯合國表意自由特別報告人辦公室（The UN Special Rapporteur on Freedom of Opinion and Expression）於 2011 年也提出一份報告，肯定網際網路迥異於傳統大眾媒介，使得個人能瞬間廉價地跨國界尋求、接受和傳遞各種資訊和想法的能力。網際網路大大擴展個人的表意自由權利，也是其他人權的推動者，推進了經濟、社

會和政治發展，為整個人類的進步作出了貢獻（La Rue, 2011）。

　　檢閱國際組織的相關文獻後可知，21 世紀全球資訊網發展快速，傳播基本人權的概念，也與時俱進。本文認為，對於表意自由、資訊自由、傳播權等基本人權的詮釋，應置於大數據與開放資料的脈絡中重新審視。以下檢視我國推動開放資料之現況，以構思如何透過政府政策或法律規範，來落實與保障大數據時代的公民傳播權。

## 第四節　開放資料在台灣的推展

　　我國開放資料運動深受國際社會之影響，首先是 2009 年美國總統歐巴馬就任後，基於「政府資料是人民的財產」這項理念，促成「Data.gov」平台，民眾可透過此入口網，取得機器可讀取之聯邦政府資料，相關組織也陸續出現，例如美國密碼（Code for America）、陽光基金會（Sunlight Foundation）等。英國則是邀請全球資訊網創始人 Timothy John Berners-Lee 擔任政府顧問，並由其主導成立「開放資料協會」（Open Data Institute, ODI），英國知名推動組織，還包括「開放知識基金會」（Open Knowledge Foundation, OKFN）。這樣的國際氛圍下，台灣的公民社會已先於政府腳步，起而效尤。值得一提的三個民間社群團體分別是：「OpenData.tw」、「Code for Tomorrow」，以及「g0v 零時政府」。

　　台灣最早致力於開放資料討論與推廣的線上平台，可以追溯至 2010 年 9 月青平台資訊長張維志設立的「OpenData.tw」論壇。2011 年 7 月「Open Data/TW 開放資料」網站（http://opendata.tw/）正式營運，最大的目標就是讓 Open Data 能夠成為「全民運動」。青平台 Open Data 計畫透過翻譯 Open Data 手冊、舉辦講座與營隊等，讓關心 Open Data 的人與一般大眾都能夠更加瞭解這個議題（陳怡樺、彭維成，2012 年 11 月 1 日）。

　　2012 年 6 月 23 日成立的「Code for Tomorrow」（後簡稱 CfT），則是一個基金會籌備處，發起人為徐子涵、劉嘉凱和陳映竹。「CfT」以促進開放發展（Open Development）為宗旨，常舉辦各種不同的活動，與國外 Code for America 接洽或是參與全球 Open Data Day，收集各種應用案例。或藉由農業相關議題、食品安全議題、醫療領域、城市設計等不同主題舉辦小型聚會來媒合不同領域的資料供給者與需求者，甚至與業界合作，培育資料科學人員（陳映竹，2014 年 10 月 13 日）。

　　「g0v 零時政府」（後簡稱 g0v）則是源自一群參與 Yahoo! 奇摩「Open Hack Taiwan 2012」活動的參賽團隊成員，為持續推動資訊透明化而創立的開源社群。「g0v」以開放源碼的精神為基石，關心言論自由、資訊開放，寫程式提供公民容易使用的資訊服務，共同創辦人為高嘉良、吳泰輝、瞿筱葳、唐鳳等公民黑客。「g0v」成立後，多次舉辦黑客松活動，打響「寫程式改造社會」這個口號。核心成員並運用政府開放資料，開發多項專案，如「萌典」計畫（高嘉良，2013）。值得一提的是，「g0v」曾在 318 太陽花學運中，主動提

供技術支援，協助學生占領立院期間的網路直播，因而聲名大噪。「g0v」並與其他開源社群於 2014 年 6 月共同成立「財團法人開放文化基金會」，致力於推廣各類開放文化活動，包括開放源碼、開放標準、開放硬體、開放資料、開放系統等相關領域之活動。「g0v」後來也成為我國政府推動開放資料的民間合作對象。如 2015 年 2 月正式上線的行政院「虛擬世界法規調適交流平台 vTaiwan」，就是「g0v」參考世界各地參與式民主的網路工具，彙集心得後的研發成果。

而我國政府推動開放資料的重要里程碑，就是中央機關部會的開放資料統一平台「data.gov.tw」於 2013 年 4 月底正式上線。馬政府並延攬 Google 亞太區硬體管理總監張善政，擔任國家資訊通信發展推動小組（NICI）總召集人兼行政院資訊長，執行行政院各部會推動開放政府資料政策。自此，中央部會及地方政府陸續推出自己的政府資訊開放平台。至 2015 年 10 月為止，已經開放超過 1 萬多筆資料，釋出的資料，皆為「三顆星」等級以上的開放格式檔案。

2014 年底上任的行政院長毛治國，更宣布 2015 年為「開放資料深化應用元年」，以開放、免費為原則，不開放為例外，並研擬「網路智慧新台灣政策白皮書」，利用大數據及群眾外包強化資源共享。「開放資料」、「大數據」與「群眾外包」因此被稱為毛揆的「科技三箭」（數位時代，2014 年 12 月 23 日）。毛內閣的做法還包括擴大公民社群參與，請民間研究提供各類推廣與加值之創意構想。2015 年 10 月由行政院國發會啟動和民間社群協作的模式，與「台灣開放資料中心」（TODC）網站和 SheetHub.com 合作，讓所有政府單位的開放資料都可上傳至此，而且格式統一，便利所有民眾蒐集資料（葉素萍，2015 年 10 月 5 日）。

受限篇福，本文整理我國政府與民間推動開放資料大事記，參見第 58 頁本章附錄。就表面上看起來，台灣的資料開放看來是十分活躍，但僅止於政府的資料開放，民間的資料開放還是很難推廣。一方面可能涉及民間企業的營業秘密，另一方面則是民眾還無法信任政府能否為自己的隱私、健康、安全把關（陳映竹，2014 年 10 月 13 日）。可以推知，大數據的風潮使得蒐集、儲存及使用個人資料的情況加劇，伴隨著資料型態與來源的多元化、儲存成本的降低、以及資料分析技術的精進，去匿名化（De-anonymization）的隱憂，將造成個人隱私極大的威脅。因此當政府與各界努力擁抱大數據的時刻，制訂相關配套法律規範，已是刻不容緩的議題。

# 第五節　大數據時代的公民資料近用與隱私保護

大數據時代，公民可透過不同的身分，在網際網路進行傳播與溝通。對於民眾來說，大數據運用最重要的途徑，乃是透過各國「開放資料」風潮，來獲取開放的政府資料（Open

Government Data）、其他民間機構開放資料，與釋出的個人資料（My Data），如圖 3-4 所示。本文將「國家」（State）和「公民社會」（Civil Society）區隔出來，成為彼此對立的概念。「國家」意指各級政府與公部門，「公民社會」概念則是西方流傳而來，其內涵指涉範疇相當龐雜（莊富源，2006），然本文採用此概念之目的，即思考大數據時代，台灣社會所需公民權利之擴充與提升。本圖最外圈是大數據時代的整體，從涵蓋性來看，數位匯流下的通訊傳播產業，開放政府資料，以及新興物聯網應用等趨勢，已因雲端運算漸趨成熟，促成「資料開放整合平台」與「雲端資料中心」建置需求，以因應公部門與各界對大數據產出、儲存與分析之運用。

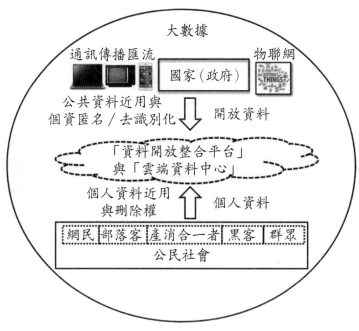

圖 3-4　大數據、開放資料與公民傳播

　　網際網路同時給予國家和私人企業同時提供了新的工具和機制，使其得以監控和蒐集個人在網路通訊活動的資料，開放資料風潮提供了公民對「公共資料」的近用機會，尤其有一些開放資料，雖然已經強調用代碼或隱藏等方式「匿名」或「去識別化」，來除去個人資訊，但在多源資料的交叉處理過程中，還是有可能追溯至個人，或是推斷出某人生活中很私密的細節，構成網民隱私權之威脅。因此，公民的資料近用與隱私保護，變成是一體兩面，成為迫切需要解決的法制課題。以下依據「公共資料」與「個人資料」兩個面向進行說明。

## 壹、公共資料近用與個資匿名／去識別化

　　對於政府擁有的公共資料近用，我國《政府資訊公開法》已公布實施，但是「資訊公開」與「資料開放」的意義不同，必須建構新的配套規範。行政院國發會在 2013 年年初，先公布《政府資料開放平台資料使用規範》、《行政院及所屬各級機關政府資料開放作業原則》、《政府資料開放資料集管理要項》（項靖、陳曉慧、楊東謀、羅晉，2015 年 2 月）。2015 年起，又陸續發布資料開放相關指導文件，如《政府資料開放授權條款》、《行政院及所屬各機關政府資料分類及授權利用收費原則》、《政府資料開放資料集管理要項》、《政府資料開放跨平台介接規範》等，供各部會與公部門參考應用（國家發展委員會，2015 年 12 月）。

　　我國政府資料開放過程中，已遇到含有敏感性個人資料能否開放的疑義。依法務部部函釋見解（法務部 103 年 11 月 17 日法律字第 10303513040 號函），若資料經過「去識別化」處理後，該資料即非個資，就能開放使用（法務部，2015 年 4 月 24 日）。但究竟要做到什麼程度才符合法律規範，多數機關因為缺乏參考依據而不敢開放。因此提供一個政府部門在執行個資匿名和去識別化的共通標準就很重要。

　　為此，行政院要求各部會依循由經濟部標準檢驗局公告的兩項國家標準，一個是「資訊技術－安全技術－隱私權框架」（CNS 29100），討論的是如何確保隱私權；另一個則是「資訊技術－安全技術－部分匿名及部分去連結鑑別之要求事項」（CNS 29191）用來建立去識別化的標準。目前這兩項國家標準將由負責 NCC 產品驗證的台灣電子檢驗中心負責相關的驗證（黃彥棻，2015 年 10 月 3 日）。民間機構的公共資料開放議題，未來同樣可視實際需求，導入前述兩項國家標準，評估開放的可行性。

## 貳、個人資料近用與刪除權

　　對於個人資料的近用，我國行政院推動開放資料之際，已順勢推動 My Data，如 2014 年 9 月健保署官網開放民眾以自然人憑證，下載個人就醫紀錄「健康存摺」（My Health Bank）或個人稅務資料，即為代表。然而所有網民在網路上的電子足跡，無論是搜尋引擎、社群媒體、行動通訊業者，都會不斷累積這些「數位記憶」而無法刪除，形成大數據時代的「圓形監獄」（Mayer-Schönberger, 2009／林俊宏譯，2015），引發各界對於資料當事人（data subject）的「刪除權」（the right to delete）或稱「被遺忘權」（right to be forgotten）之相關探討（陳靜怡，2014 年 11 月）。

　　事實上，被蒐集的資料本可重複使用，資料的價值並不限於原始用途，更包括延伸用途，這些新用途若未經當事人重新同意，同樣造成個人隱私侵害之疑慮。世界經濟論壇大數據與個人資料倡議（World Economic Forum Big Data and Personal Data initiatives）的

發起人潘特蘭就認為，開放資訊市場的第一步，就是賦予人們對自身資料的「所有權」（ownership）。此「所有權」包括資料的「持有權」（possession right）、「使用權」（use right）、以及「處置權」（disposal right）（Pentland, 2009）。本文認為潘特蘭所提出的概念，可成為大數據時代個人資料管理的重要理論參考。

# 結　語

　　總結本章探討，大數據時代的公民傳播，已形成一個新興的權利意涵，即資料近用權與隱私權保護的修法議題，各國政府已逐步建構相關法制規範。若將資料區分為「公共資料」和「個人資料」兩大面向，近年各國「開放政府資料」行動，已成為公民近用公共資料的最重要途徑，伴隨而來的則是個資匿名與去識別化的要求，政府制定相關配套規範已刻不容緩；而益形重要的個人資料近用與隱私保護課題，也對於現行《個人資料保護法》形成適用挑戰，本書後續章節對此將有進一步的探討。

　　不久之前，英國開放知識基金會公布 2015 年全球開放資料指標評比結果，台灣在 122 個參與地區中獲得第一名。然而我國推動政府資料開放，仍面臨機關資料開放主動性及資料價值認知度不足、現行法制未明確規範利用資料的權利，以及資料開放與民間應用鏈結較於薄弱等課題（國家發展委員會，2015 年 12 月）。至於民間資料開放的處境，同樣遇到個資或營業秘密的法律或技術問題。

　　因此未來除了持續建構資料近用與隱私保護的法制環境外，更需要公私部門的合作與應用推廣。另一個更大的關鍵是在政府與民間企業主事者是否能體認，「開放」已經是一個觀念上的改變、文化的改變。惟有政府、企業與個人共同攜手，才能在我國通訊傳播產業邁向數位匯流，以及物聯網時代來臨之際，共享大數據帶來的公共利益與經濟效益。

# 📖 參考書目

David（2013 年 1 月 3 日）。〈海量資料分析與精準情報決策〉。取自 http://cdnet.stpi.org.tw/techroom/analysis/2013/pat_13_A002.htm

TWNIC（2015 年 6 月）。《2015 年台灣寬頻網路使用調查報告》。取自 http://www.twnic.net.tw/download/200307/20150901e.pdf

林俊宏譯（2015）。《大數據：隱私權 — 數位時代，「刪去」是必要的美德》。台北：天下文化。（原書：Mayer-Schönberger [2009]. *Delete: The Virtue of Forgetting in the Digital Age.* Princeton & Oxford: Princeton University Press）

林俊宏譯（2013）。《大數據》。台北：天下文化。（原書：Mayer-Schönberger, V. & Cukier, K. [2013]. Big Data: A revolution that will transform how we live, work, and think. New York, NY: Eamon Dolan/Houghton Mifflin Harcourt）

李宇美譯（2011）。《鄉民都來了：無組織的組織力量》。台北市：貓頭鷹出版。（原書：Shirky, C. [2008]. *Here Comes Everybody: The Power of Organizing Without Organizations*. USA: Penguin Press.）

李怡志（2012 年 12 月 21 日）。「我是媒體」。TEDxXinyi 2012 演講。取自 https://www.youtube.com/watch?v=5PFM_wYXP_w

李芳齡譯（2015）。《開放資料大商機》。台北：時報文化。（原書：Gurin, J. [2014]. *Open Data Now: The Secret to Hot Startups, Smart investing, Savvy marketing, and Fast Innovation.* United States: McGraw-Hill education.）

李科逸（2013 年 8 月 26 日）。〈英國政府推動 Midata 計畫，促進智慧商業創新及跨產業應用〉。取自 https://stli.iii.org.tw/ContentPage.aspx?i=6312

周婷譯（2011）。《烏合之眾：為什麼「我們」會變得瘋狂、盲目、衝動？讓你看透群眾心理的第一書》。台北市：臉譜出版。（原書：Le Bon, G. [1896]. *The Crowd: A Study of the Popular Mind.* London: Transaction.）

法務部（2015 年 4 月 24 日）。〈個資利用與去識別化議題〉。虛擬世界法規調適諮詢會議專題報告。取自 http://www.slideshare.net/vtaiwan/ss-47314074

胡元輝（2014）。〈公民不應成為投票機器〉，《愛心世界》。30: 70-74。

徐乙喬、林安儒（2015）。〈PTT 寫下網路世界台灣奇蹟：鄉民婉君站出來〉。《我是公民也是媒體：太陽花與新媒體實踐》。台北市：大塊文化。頁 216~235。

高嘉良（2013）。〈g0v.tw 零時政府：從開放源碼到開放政府〉。取自 https://g0v.hackpad.com/-g0v.tw-v5fhUsmI7UO

葉素萍（2015 年 10 月 5 日）。〈打開資料金庫，翟神與政府合作〉。取自 http://www.cna.com.tw/news/aipl/201510050237-1.aspx

黃彥棻（2015 年 10 月 3 日）。〈擴大開放資料廣度的關鍵下一步，個資匿名和去識別化也有國家標準〉。取自 http://www.ithome.com.tw/news/98997

陳怡樺、彭維成（2012 年 11 月 1 日）。〈青平台 Open Data 計畫，開放新生活〉。取自 http://www.vita.tw/2012/11/open-data.html#.VhqybtKqpBc

陳映竹（2014 年 10 月 13 日）。〈開放資料在台灣的推動觀察〉。取自 http://www.inside.com.tw/2014/10/13/open-data-in-taiwan-and-my-observation

陳國興（1988）。《警察機關防制群眾事件之研究》。台北：三峰。

陳順孝（2009）。〈台灣網路公民媒體的發展與挑戰〉。《台灣傳媒再解構》。台北：巨流。頁

239-276。

陳儀、陳琇玲譯（2015）。《物聯網革命：共享經濟與零邊際成本社會的崛起》。台北：商周。（原書：Rifkin, J. [2014]. *The Zero Marginal Cost Society: The Internet of Things, the Collaborative Commons, and the Eclipse of Capitalism.* New York: Palgrave Macmillan.）

陳靜怡（2014年11月）。〈隱私權新觀點：走過不留下痕跡？淺談被遺忘權與大數據〉。《NCC News》，8(7): 16-22。

張育寧（2015年1月24日）。〈網路新媒體與網民的行為模式〉。取自 http://ws.ndc.gov.tw/001/administrator/10/relfile/5566/5451/0062238_7.pdf

國家發展委員會（104年12月）。《政府資料開放進階行動方案》。取自 https://www.ndc.gov.tw/Default.aspx

莊富源（2006）。《轉變中的台灣公民社會與公民教育－有關學校公民教育問題面向及其發展趨勢之研究》。國立政治大學中山人文社會科學研究所博士論文。

湯德宗（2007）。〈政府資訊公開請求權入憲之研究〉，湯德宗、廖福特（編），《憲法解釋之理論與實務第五輯》，頁261-291。台北：中央研究院法律學研究所籌備處。

項靖、陳曉慧、楊東謀、羅晉（2015年2月）。《開放資料及其對政府治理與個人隱私影響之研究》。行政院國家發展委員會委託研究。

楊玉齡譯（2013）。《群眾的智慧：如何讓個人、團隊、企業與社會變得更聰明》。台北市：遠流。（原書：Surowiecki J. [2004]. *The Wisdom Of Crowds: Why The Many Are Smarter Than The Few, And How Collective Wisdom Shapes Business, Economies, Societies, And Nations.* New York: Random House Inc.）

翟本喬（2015年2月13日）。〈給總統上課〉。取自 https://www.facebook.com/notes/ben-jai/%E7%B5%A6%E7%B8%BD%E7%B5%B1%E4%B8%8A%E8%AA%B2/10153139214764113

數位時代（2014年12月23日）。〈毛治國祭出科技三箭：開放資料、大數據、群眾外包〉。取自 http://www.bnext.com.tw/article/view/id/34796

戴季全（2011年6月28日）。〈當鄉民變成公民〉。取自 http://www.businessweekly.com.tw/KBlogArticle.aspx?id=119

鐘嘉德（2015年2月5日）。〈推動開放資料的回顧與展望〉。行政院科技會報辦公室報告。取自 http://www.slideshare.net/OpenMic1/ss-44285568

鐘慧眞、梁世英譯（2013）。《Big Data 大數據的獲利模式：圖解・案例・策略・實戰》。台北市：經濟新潮出版社。（原書：城田眞琴 [ 2012 ]。《ビッグデータの衝撃―巨大なデータが戦略を決める―》。東京：東洋経済新報社）

Ackoff, R. L. (1989). From data to wisdom. *Journal of Applied Systems Analysis*, 16, 3-9.

Berners-Lee, T. (2010). *Linked data.* Retrieved from http://www.w3.org/DesignIssues/LinkedData.

html

Berners-Lee, T. (2009). *The next web*. Retrieved from http://www.ted.com/talks/tim_berners_lee_on_
the_next_web

Bracy, C. (2013). *Why good hackers make good citizens*. Retrieved from https://www.ted.com/talks/
catherine_bracy_why_good_hackers_make_good_citizens

D'Arcy, J. (1969). Direct broadcast satellites and the right to communicate. *EBU Review,* 118, 14–19.

HM Government (2012). *Open data white paper unleashing the potential*. Cabinet Office, London.
Retrieved from https://www.gov.uk/government/publications/open-data-white-paper-unleashing-
the-potential

Howe, J. (2006). *The rise of crowdsourcing*. Retrieved from http://archive.wired.com/wired/
archive/14.06/crowds.html

Laney, D. (2012). *Deja VVVu: Others claiming Gartner's construct for big data*. Retrieved from
http://blogs.gartner.com/doug-laney/deja-vvvue-others-claiming-gartners-volume-velocity-variety-
construct-for-big-data/

La Rue, F. (2013). *Report of the special rapporteur on the promotion and protection of the right to
freedom of opinion and expression*. Retrieved from http://daccess-dds-ny.un.org/doc/UNDOC/
GEN/N13/464/76/PDF/N1346476.pdf?OpenElement

La Rue, F. (2011). *Report of the special rapporteur on the promotion and protection of the right
to freedom of opinion and expression*. Retrieved from http://www2.ohchr.org/english/bodies/
hrcouncil/docs/17session/A.HRC.17.27_en.pdf

Marshall, T. H. (1950). *Citizenship and social class.* New York: Cambridge University Press.

McKinsey Global Institute (2013). *Open data: Unlocking innovation and performance with liquid
information*. Retrieved from file:///C:/Users/dragon%20Chen/Downloads/MGI_OpenData_Full_
report_Oct2013.pdf

McKinsey Global Institute (2011). *Big data: The next frontier* for *innovation, competition*, and *produc
tivity*. Retrieved from file:///C:/Users/dragon%20Chen/Downloads/MGI_big_data_full_report.pdf

Mendel, T. (2008). *Freedom of information: A comparative legal survey*. Retrieved from http://portal.
unesco.org/ci/en/files/26159/12054862803freedom_information_en.pdf/freedom_information_
en.pdf

Open Knowledge Foundation (2012). *Open data handbook.* Retrieved from http://opendatahandbook.
org/

Pentland, A. (2009). *Reality mining of mobile communications: Toward a new deal on data*. Retrieved
from http://hd.media.mit.edu/wef_globalit.pdf

Raymond, E. S. (2001). *How to become a hacker*. Retrieved from http://www.catb.org/esr/faqs/hacker-howto.html

Rowley, J. (2007). The wisdom hierarchy representations of the DIKW hierarchy. *Information Science*, 33(2): 163-180.

Tauberer, J. (2014). *Open government data: The book*. Retrieved from https://opengovdata.io/2014/civic-hacking/

Toffler, A. (1980). *The third wave*. New York: Bantam Books.

Toffler, A. (2006). *Revolutionary wealth*. New York: Knopf.

UNESCO (1980). *Many voices, one world*. Retrieved from http://unesdoc.unesco.org/images/0004/000400/040066eb.pdf

UK Cabinet Office (2012). *Open data white paper*. Retrieved from https://www.gov.uk/government/uploads/system/uploads/attachment_data/file/78946/CM8353_acc.pdf

Vasak, K. (1977). *Human rights-- A 30 year struggle*. Retrieved from http://unesdoc.unesco.org/images/0007/000748/074816eo.pdf

White House (2013). *Smart disclosure and consumer decision making: Report of the task force on smart disclosure*. Retrieved from https://www.whitehouse.gov/sites/default/files/microsites/ostp/report_of_the_task_force_on_smart_disclosure.pdf

World Economic Forum (2013). *Unlocking the value of personal data from collection to usage*. Retrieved from http://www3.weforum.org/docs/WEF_IT_UnlockingValuePersonalData_CollectionUsage_Report_2013.pdf

WSIS Campaign (2003). *Statement on communication rights*. Retrieved from http://www.worldsummit2003.de/en/web/602.htm

Yoshida, K. (2014). *Industry perspective: Open data is a civil right*. Retrieved from http://www.govtech.com/data/Industry-Perspective-Open-Data-is-a-Civil-Right.html

Zuckerberg, M. (2012). *The hacker way*. Retrieved from http://www.wired.com/2012/02/zuck-letter/

# 附錄　我國政府與民間推動開放資料大事記

| 年 | 月日 | 大事記 |
|---|---|---|
| 2005 | 12.28 | 《政府資訊公開法》公布實施。 |
| 2010 | 2月 | 公民部落客徐子涵啟動了「渴望開放資料計畫」。以 hopen.data 爲名義所舉辦的第一場公開活動「Map Party 2」，於 2 月 27 日舉行。 |
| | 5.26 | 《個人資料保護法》修正公布全文。除第 6、54 條施行日期由行政院定之外（尚未生效），其餘條文於 2012 年 10 月 1 日施行。 |
| | 9月 | 由青平台資訊長張維志組織的論壇「OpenData.tw 計畫」成立，建置「Open Data/TW」開放資料網站（http://opendata.tw/），是台灣最早致力於開放資料討論與推廣的線上平台之一。 |
| 2011 | 7月 | 青平台「OpenData.tw 計畫」網站開始營運。透過教學活動讓民眾瞭解什麼是數據新聞學、資料視覺化的目的與如何呈現。舉辦多場演講、培力營隊等活動，凝聚民間對於開放資料的認知與素養。 |
| | 9月 | 「Data.Taipei 台北市政府資料開放平台」正式上線，堪稱全台第一個政府資料開放平台。 |
| | 12.14 | 中央研究院台灣創用 CC 計畫舉辦「開放政府資料：現況、願景、策略」座談會，與會者包括政府機關人員、公眾以及中研院研究員，探討開放資料的心得以及實施經驗。 |
| 2012 | 1.18 | 行政院科技會報辦公室舉行「我國公開資料加值（open data）推動策略會議」。計有海內外產、官、學、研各界 180 多位專家出席。 |
| | 2.16 | 馬政府延攬 Google 亞太區硬體管理總監張善政出任政務委員。2014 年 3 月 3 日行政院國家科學委員會升格爲科技部，張善政出任首任的科技部長。後又於 2014 年 12 月出任毛治國內閣行政院副院長一職。 |
| | 6.23 | Code for Tomorrow 基金會（籌備處）成立，發起人爲徐子涵、劉嘉凱和陳映竹。基金會以促進「開放發展」（Open Development）爲宗旨，鼓勵政府、城市、企業和其他類型組織掌握新興數位機會，創造良好的開放和協同關係，以資料爲基礎，發展各種攸關民生的資料服務。第一次社群聚會於 2012 年 6 月在台北首度舉辦。 |
| | 7月 | 行政院任命國家資訊通信發展推動小組（NICI）總召集人張善政政務委員兼任行政院資訊長，於政府建立資訊長制度後的首次 NICI 會議通過行政院研考會提出之「政府資料開放推動策略建議」，之後成爲行政院第 3222 次決議內容。 |

| 年 | 月日 | 大事記 |
|---|---|---|
| 2012 | 10.20-10.21 | Yahoo! 奇摩「Open Hack Taiwan 2012」活動於 10 月 20 日、21 日兩天，在 Yahoo 台灣總部舉行。參賽的「Hacker 15」團隊，在看到政府推出的「經濟動能推升方案」廣告後相當不滿，臨時決定更改題目，由原本以電子商務爲主題改爲中央政府總預算視覺化呈現，完成了「政府總預算視覺化」專案，而獲得比賽佳作。該團隊隨後號召成立「g0v 零時政府」網路社群，推動資訊透明化，致力於開發公民參與社會的資訊平台與工具。 |
| | 10 月 | 中央部會及地方政府陸續推出自己的政府資訊開放平台。 |
| | 11.8 | 政務委員張善政在行政院第 3322 次院會決議推動資料開放，請行政院研考會落實推動，並規劃了四個階段：籌備規劃、公開測試（2013 年 4 月前）、營運推廣（2013 年 12 月前）、擴大應用（2014 年 1 月起）。 |
| | 12.1 | 「g0v 零時政府」召開首次「第零次動員戡亂黑客松」，社群正式運作。 |
| 2013 | 1.26 | 行政院研考會公布《政府資料開放平台資料使用規範》。 |
| | 2.23 | 行政院研考會公布《行政院及所屬各級機關政府資料開放作業原則》。 |
| | 3.1 | 行政院研考會訂定《政府資料開放資料集管理要項》。 |
| | 4 月 | 中央機關部會統一平台「data.gov.tw」4 月底正式上線。釋出資料限於「三顆星」（含）以上之開放格式檔案。 |
| | 7 月 | 台灣政府與 Google 公司共同打造「災害應變資訊平台」，平台之防災資訊係應用中央氣象局、行政院農委會水土保持局、經濟部水利署、交通部公路總局以及國家災害防救科技中心等政府開放資料，採用全球 CAP（Common Alerting Protocol）共通示警協議，透過 Google 搜尋、Google 地圖和 Google Now 提供民眾最具關連和即時性的災害示警資訊。 |
| | 9.14 | 台北市電腦公會籌組之「Open Data 聯盟」成立，有 207 位產學研、社群與公民代表加入，聯盟組織下設制度法規組、技術標準組，以及公共服務、食品安全、醫療保健、交通觀光、經濟金融、地理空間、災害防救、APP 應用及文化創意等 9 項加值應用領域。 |
| | 11.6 | 蔡玉玲就任行政院政務委員兼蒙藏委員會委員長。蔡玉玲曾任地方法院法官，後轉職進入 IBM 公司擔任台灣及大中華區法務長。入閣後負責推動電子商務、文創產業及虛擬世界發展及相關法規等政務。 |
| | 11.8 | 政府資料開放平台（data.gov.tw）由行政院研考會負責管理，制訂《政府資料開放使用授權規範草案（102.11.8）》。 |

| 年 | 月日 | 大事記 |
|---|---|---|
| 2013 | 12.11 | 經濟部工業局透過英國貿易文化辦事處協助,特別邀請到英國 ODI（Open Data Institute）的共同創辦人兼主席 Sir Nigel Shadbolt 與政務委員張善政進行對談,並與 ODA 的會長簽訂合作意向書,推動開放資料應用與國際合作。 |
|  | 12 月 | 至 2013 年底,中央各部會機關已被要求提供至少 50 筆開放資料集至中央資 開放平台。 |
| 2014 | 1.22 | 行政院經濟建設委員會、行政院研究發展考核委員會整併成立「國家發展委員會」。 |
|  | 3.18 | 反黑箱服貿學生衝進立法院議場,占領主席台,開啓了太陽花學運。3 月 18 晚間,學生就以 UStream 應用程式 Live 直播,背後直播技術的幕後推手即爲「g0v 零時政府」。太陽花學運期間主要使用的轉播影音平台有 Youtube、UStream 和 nico nico 彈幕視訊分享平台。 |
|  | 4.17 | 台北市電腦公會宣布成立「Big Data 跨域整合聯盟」,聚集國內資料擁有者、資料科學家及各領域專家的能量,共同建構大數據商業應用服務體系。 |
|  | 4.30 | 經濟部工業局舉辦「擁抱開放、改變生活」研討會,邀請資深媒體專家李怡志先生分享開放資料視覺化報導,及病後人生一站式服務網羅佩琪站長,分享開放資料於醫療照護資訊的現況與未來發展,共有近 20 位來自科技、金融、健康產業線等媒體代表參與。 |
|  | 4 月 | 政府資料開放平台（data.gov.tw）上線滿一年。已累積達 1,800 個資料集,其中以公共資訊（970）、休閒旅遊（217）、及生活安全及品質（139）爲最主要公開領域（超過 7 成）。 |
|  | 6 月 | 「g0v 零時政府」與其他開源社群共同成立「財團法人開放文化基金會」,致力於推廣各類開放文化活動,包括:開放源碼、開放標準、開放硬體、開放資料、開放系統等相關領域之活動。 |
|  | 6.4 | 經濟部標準檢驗局公告 CNS 29100「資訊技術 - 安全技術 - 隱私權框架」國家標準,提供資通訊技術系統保護個人可識別資訊的高階框架,將組織、技術及程序各層面置於整體隱私權框架中。此一國家標準明確定義處理個人可識別資訊的行爲者及其角色,描述隱私和保全的考量,以及對資訊技術已知隱私權原則提供參考資訊。 |
|  | 6.21~6.22 | 台南市政府與社團法人台灣數位文化協會於成大舉辦「2014 台南黑客松 Hack Tainan 競賽」。爲期兩天一夜,共計 33 個小時。參賽隊伍需於指定時間內,應用開放資料,創造、擴充各種手機應用 App 或網路服務,提供台南在地居民與觀光客更友善的城市體驗。 |
|  | 7.18 | 經濟部工業局舉辦「103 年度政府機關資料開放研習講座 - 政府開放資料起步走,共創資料新價值」,匯集台灣開放資料界的產官學研,討論政府資料開放方式與關鍵問題。 |

| 年 | 月日 | 大事記 |
|---|---|---|
| 2014 | 7.31~<br>8.4 | 2014 台北電腦應用展推出「Open Data 體驗館」，提供五項情境主題，包括投資買房、旅遊情報、休閒文藝、行動知識與生活飲食，每個主題都展出多款應用服務 App，讓消費者體驗開放資料的應用。 |
|  | 8 月 | 台灣加入 ODI（Open Data Institute）成為會員。 |
|  | 9.25 | 衛生福利部中央健康保險署在官網（http://www.nhi.gov.tw/）建置「健康存摺」系統，開放民眾可以自然人憑證，申請最近一年期間於全民健康保險特約醫事機構就醫的申報資料。使用健康存摺系統的民眾，條件必須是已持有自然人憑證。申請條件為年滿 18 歲、設籍本國國民，且未受監護宣告。 |
|  | 9 月 | 至 2014 年 9 月底，已知的政府資料開放平台，中央部會有 11 個政府資料開放平台，地方政府則有 7 個資料開放平台。 |
|  | 11.8~<br>11.9 | 首度以公民科技（Civic technology）、開放政府（Open government）為主題的 g0v Summit 台灣零時政府年會，為期 2 天在中央研究院舉行。 |
|  | 11.29 | 政治素人柯文哲瘋狂席捲 85 萬票當選台北市長，柯文哲的網路軍團利用「大數據」分析網路興情，成為不容忽視的幕後功臣，也讓執政的國民黨開始正視大數據。 |
|  | 12.3 | 總統府宣布由行政院副院長毛治國接任行政院長，副院長由科技部長張善政升任。 |
|  | 12 月 | 截至 2014 年底政府資料開放平台已開放 3,377 筆，含地方自建共開放達 4,428 筆資料集，年成長率達 157%。民間關切的議題及資料，例如：eTag 資料、就醫用藥資料、燃料價格等。OKFN Open Data Index 根據交通時刻、政府預算、政府開支、選舉結果、公司登記、地理圖資、國家統計、立法、郵遞區號、汙染散播等 10 大類資料之開放資料，進行全球評比。台灣從 2013 年的全球 36 名，進步到 2014 年的全球 11 名。 |
| 2015 | 1.7 | 行政院與 g0v 零時政府建置「虛擬世界法規調適交流平台 vTaiwan」（於 2 月 1 日正式上線），利用網路社群平台搜集公民意見，將其作為法條制定、修正的考量標準之一。 |
|  | 1.16 | 民間帶著開放資料政策建言和張善政副院長面對面交流，包括 Open Data 聯盟、零時政府、開放文化基金會、開放街圖、OpenData.tw、App 跨界交流協會及台北市電腦公會等社群及民間企業等共 14 位代表和政府展開座談，全程網路直播。 |
|  | 1.24 | 為因應網路時代的民意新浪潮，行政院辦理「網路發展趨勢研習營」，由毛治國院長親自帶領 112 位部會正副首長，邀台北市長柯文哲競選時網路操盤手戴季全、王景弘、瞿本喬等人授課。 |

| 年 | 月日 | 大事記 |
|---|---|---|
| 2015 | 1 月 | 2015 年成為台灣電子商務極為重要的一年，產業規模躍升「兆元產業」。政府提出 4 大措施，包括行政院成立電子商務發展指導小組、將新興科技應用於電子商務、協助業者前進中國大陸與東協市場，以及鼓勵來台觀光客網購台灣商品。 |
| | 2.24 | 行政院長毛治國赴立法院進行施政報告。毛揆訂定 2015 年為「開放資料深化應用元年」，開放、免費為原則，不開放為例外，並研擬「網路智慧新台灣政策白皮書」，利用大數據及群眾外包強化資源共享。開放資料、大數據與群眾募資因此被稱為「毛氏三箭」。 |
| | 3.20 | 「2015 開放資料研究聯合工作坊」在台北中央研究院舉行。活動由中央研究院、開放資料協會、以及英國貿易文化辦事處所共同籌辦。目的在促進台灣、英國、以及在地與全球社群在開放資料研究領域的資訊分享。 |
| | 3.31 | 國家發展委員會規劃、建置單一入口的「物價資訊看板平台」，整合財政部、經濟部、行政院消保處、行政院主計總處等相關單位物價資訊，正式上線。網址為：http://price.nat.gov.tw |
| | 4.28 | 行政院舉行「網路智慧新台灣政策白皮書」全民意見諮詢會議。 |
| | 4 月 | 行政院力推健康存摺與個人稅務資料，成為 My Data 的兩大代表作。推動個人化的健康管理、穿戴式裝置及保險理財。 |
| | 6.10 | 經濟部標準檢驗局公告 CNS 29191「資訊技術－安全技術－部分匿名及部分去連結鑑別之要求事項」國家標準，作為有關個資安全管理的重要規範。標準的主要重點包括：配合個資法施行，提供各項資訊平台處理個人隱私資料保護的參考依據，並確保在交易的過程中，當事人可以保持匿名，且讓交易行為無法透過資訊連結而知道當事人的個人資訊以確保隱私，並提供部分匿名及部分去連結鑑別的一般原則、框架及要求事項。 |
| | 6.12 | 勞動力發展署 2015 年下半年投入 3.5 億元推動「產業人才投資方案」，課程包含互聯網、大數據。 |
| | 6.18 | 金管會委請聯徵中心建置的「大數據統計資訊平台」正式上線，可查詢各縣市及鄉鎮市區最近一季的銀行貸款利率、貸款成數、銀行鑑價比率等交易資訊。 |
| | 7.16 | 行政院副院長張善政在「數位金融 3.0 論壇」會中表示，將要求各部會積極取得與大數據相關的兩項國家標準，這兩個國家標準，一個是看齊國際 ISO 標準的 CNS 29100；另一個是關於去識別化的 CNS 29191。這 2 個國家標準由負責 NCC 產品驗證的台灣電子檢驗中心負責相關的驗證。 |
| | 7.24 | 交通部長陳建宇在「大數據分析在交通管理與服務應用」研討會中宣布，將攜手六都交通局成立「交通大數據分析工作小組」，鎖定提升公共運輸效率、解決交通壅塞情形、降低交通傷亡事故，透過大數據整合、分析、跨域分享，幫助地方的交通管理。 |

| 年 | 月日 | 大事記 |
|---|---|---|
| 2015 | 8.21 | 由台大創意創業中心、台大創新設計學院與學生團隊 HackNTU 聯合主辦的台大黑客松，2015 年以「Hack into the City」為主題，吸引近 1,000 名學生與業界人士、共 250 個團隊參與。 |
| | 9.1 | 交通部台灣區國道高速公路局將 ETC 收集資料中具有車輛行駛軌跡、時間等敏感資訊的各旅次路逕原始資料集，在去除車輛識別碼的去識別化程序後，開放供民眾自由使用。 |
| | 10.5 | 國發會宣布政府與民間合作，民眾蒐集政府資料，可以直接上 SheetHub.com 及開放文化基金會「台灣開放資料中心」（TODC）網站，就可下載所有政府開放的資料。解決過去檔案格式不同，下載不易，及每筆資料都要與政府打交道的耗時情況。未來不限單位，民間也能自己上傳資料，提供更多人使用。 |
| | 10.14 | 經濟部工業局舉辦「2015 亞太開放資料高峰論壇」，邀請日本、韓國、泰國、菲律賓、印尼等國家代表來台交流，並共同籌備「亞洲 Open Data 聯盟」。 |
| | 10 月 | 自 2013 年 4 月政府推動資料開放以來，截至 2015 年 10 月中央部會已累計開放逾 1 萬 2,200 項。國發會依據「ide@ Taiwan 2020（創意台灣）政策白皮書」之政策方向，推動「資料開放進階行動方案」，預計於 2020 年達成開放 3 萬項資料集目標。 |
| | 12.9 | 英國開放知識基金會公布 2015 年全球開放資料指標評比結果，台灣在 122 個參與地區中獲得第一名。 |
| | 12 月 | 聯合信用卡處理中心積極發展大數據，將建置「信用卡大數據平台」，匯集近 5 年約 80 億筆資料，預計 2015 年底上線，免費開放外界使用。 |

# 第四章　大數據與隱私權：
## 　　　　大數據的治理與監理

國家通訊傳播委員會主任秘書　何吉森

# 前　言

　　隨著網際網路及社群網站的興起，快速產生龐大的資料，成為全球資訊及服務探索的新趨勢。其以非結構化的資料為主，透過分析，瞭解現況、掌握需求、創造價值、預測未來，並能依此作出決策。

　　大量資料可被歸類統稱為「大數據」（Big Data），一般認為大數據有三個特徵，即資料的巨量（Volume）、傳輸的快速（Velocity）及型態的多樣（Variety）等三 Vs，惟組織如不知如何應用大數據，並加以良善治理，將無法發揮其功能，故有建議加列價值（Value）特徵，成為四 Vs。面對訊息經濟的興起，組織應培養能量，從大量資料中尋找具有價值的利基，藉由公開的技術，有效處理隨時蒐集的大量資料，轉換成組織具體的營收或目標效益（Meer, 2013）。

　　「大數據」一詞，自 2010 年開始引起關注與搜尋，一開始其意指「非常大的資料集，大到資料擁有者無法從中看出任何意義」[1]，即鎖在伺服器內，缺乏結構，無法處理的資料位元。2012 年以後，大數據成為可以資料外推（extrapolate），預測有意義的訊息模式[2]。迄今，其已非單純的商業概念，而可能成為企業集團或政府組織用來獲取神秘統計的預知能力，它如果不被適度控制或管制，一般人隨時可能成為資訊壟斷者恣意行為下的受害者。

　　人們有意或無意間提供生活中的資料，包含語音、文字、數據、影像等資訊給實體或虛擬世界中的組織、企業或政府機構。該等組織或機關亦隨時，及有效率的蒐集我們的資料。無可避免的，世界已走向「赤裸的未來」（The Naked Future）（Tucker, 2014；preface、蔡清彥，2014），隱私的侵擾，固然是第一個讓人們驚覺的問題，但此現象已不可免，個人縱使刻意花許多時間或心力成本來阻擋個人資料被蒐集，但亦無法禁絕周遭的親友透過社群網站，間接地透露個人的訊息[3]。各國資料保護相關規範，如歐盟 WP216 文件、英國 ICO 2012 匿名化準則、美國 HIPAA Privacy Rule 及日本個人情報保護法修正草案均允許所有個人資訊[4]，得以「去識別化」方式被蒐集、處理或使用，僅是去識別化應達到的程度標準或認定方式尚未得到共識。換言之，我們一切行為，包括慣習或突發的行為，都可能被化約成數據，這些數據被整理分析後，會形塑，甚至影響（預測）個人的行為，讓每一個人成為「數據人」（Data man）或「形象人」（Image man）。一個行為模式可被預測的個體，縱使個體本身想刻意的呈現其主觀價值而作出不同選擇，然而這些行為亦會再被蒐集、分析及數據化（載季全，2014），人們已無法阻擋此趨勢及發展。

　　可預見的未來，透過物聯網（Internet of Things, IOT）[5]，個人或代替個人的終端裝置（device），於新的感測環境中進行「無所不在的運算」（Ubiquitous computing），在互動或感測中所得到資訊位元，大部分都是所謂的後設資料（metadata）[6]，將以機器對機器（M2M）模式，呈指數成長。而且使用大數據的成本亦會下降，除了大機構以外，我們每

個人將有能力做出遠比現在更精確、更個人化的預測，大眾擔心科技極權的陰影，在某種程度上將會有所平衡，科技媒體人 Patrick Tucker 認為，這些資料是我們自己的，因為是自己行動產生的，既然無法阻擋科技的進步，就不要將資料視為負債，而應是我們擁有所有權或使用權的資產（Tucker, 2014），更積極的去面對。

隨著行動寬頻及智慧型裝置普及，透過感測得來的資料及物聯網，未來甚至可利用個人專屬的大數據，即時蒐集、即時傳輸，進而即時演算，以促進資料的安全維護、強化公民意識、提升個人緊急應變能力、預知個人的行為。但我們亦可能錯誤援用資料及觀測值，掉入統計學家警告的統計陷阱，例如過度調適（overfitting），將特定現象的解決模式，硬套在一般問題上，據此建立的模式，將造成更多的錯誤。

面對大數據資訊時代，無論我們是患了自我揭露強迫症，或是被他人感染而意外地被動洩漏資料的個人，亦或是以資料蒐集、提供及運用為任務的組織或團體，均應有良善的大數據治理計畫，方能發揮大數據預測的效益。而在蒐集、使用資料過程中，所面對的隱私保護原則與資料合理使用間如何平衡的問題，涉及主管機關的大數據監理議題，此二議題，即是本章擬深入探討的重點。二者核心面向，均在隱私權保護議題上。

# 第一節　各國隱私保護的立法與限制

隱私權概念的形成，可追溯至 1890 年[7]。其後，由世界各地後續的管制規則與立法，將隱私理論加以形式化與擴展。因為網路與社群媒體的全球化現象，使大數據的隱私問題呈現更嚴峻與獨特的挑戰，雖然世界主要國家都有法律與規範規管隱私，不過相關法律與規範都僅具內國效力，而聯邦國家如美國各州亦有各自的法律。因應世界潮流發展，這些法律與規範都處於持續流動的狀態中。我國依司法院大法官於釋字第 585 號解釋，明示隱私權受憲法保障，至於隱私權的保護範圍，依釋字 603 號解釋，「私密隱私」乃「保障人民決定是否揭露其個人資料、及在何種範圍內、於何時、以何種方式、向何人揭露的決定權，並保障人民對其個人資料的使用有知悉與控制權及資料記載錯誤的更正權。」

## 壹、聯合國及相關組織

1948 年聯合國採用世界人權宣言第 12 條有關隱私的規定（Universal Declaration of Human Rights article12），指任何人的私生活（privacy）、家庭、住宅和通信不得任意干涉，個人的榮譽和名譽不得加以攻擊。人人有權享受法律保護，以免受這種干涉或攻擊。

聯合國「世界經濟合作暨發展組織」（OECD）於 1980 年 9 月發布的「隱私保護及個人資料的國際傳輸指導指引」[8]，當中的 8 大原則對個人資料保護的法制產生深遠的影響，

但隨技術發展，資料傳遞所產生的風險遠較於 1980 年代來得複雜，8 大原則的「通知及同意」自主控制、「目的明確」原則，相關概念面臨挑戰，亟需調整。此外，「亞洲太平洋經濟合作會議」（APEC）於 2005 年亦提出隱私架構[9]，如表 4-1。

表 4-1　OECD 與 APEC 隱私原則比較

| OECD 隱私原則 | APEC 隱私架構 |
|---|---|
| • 限制蒐集原則<br>• 目的明確原則<br>• 使用限制原則<br>• 資料品質原則<br>• 安全措施原則<br>• 公開原則<br>• 個人參與原則<br>• 責任原則 | • 限制蒐集原則<br>• 告知原則<br>• 個人資料使用原則<br>• 完整原則<br>• 安全措施；損害避免原則<br>• 公開原則<br>• 選擇；存取和更正原則<br>• 責任原則 |

資料來源：William Emmanuel（2014）。

OECD 與 APEC 具有類似的資料保護及隱私原則，其觀念大體上相容，藉此確保區域國家間，得以建立相容的跨國交易，並建立互動形式的相關規範。

隨著大數據的演進，其對前述隱私原則的運用，亦產生衝擊，擇其要者，如限制蒐集原則、資料品質原則、目的明確原則、使用限制原則均須重新做調整，方能因應現實情境。如表 4-2。

表 4-2　大數據的隱私原則

| 隱私原則 | 大數據的觀點 |
|---|---|
| 限制蒐集原則 | 大數據將所有細小資料蒐集起來，以作為後續分析之用，為確保符合此原則，可於蒐集時，加入前置處理程序以去個資識別化方向儲存調整。 |
| 目的明確原則 | 本原則要求資料蒐集目的清楚且逐一告知，此於大數據運用過程，原始目的可能過於侷限，如何調適其中，亦是大數據長期保留資料將面臨的問題。 |
| 使用限制原則 | 此原則限制蒐集資料分享給第三方，對大數據運用，可能出現的匿名交易資料與其他來源資料併用，用以再識別個別顧客的情形，如何調適。 |
| 資料品質原則 | 此原則要求資料蒐集者，經前置處理成為適當的資料模型，提供某種程度的資料完整性，但在新大數據時代，某些方法是不經前置處理就直接儲存資料，因而資料集合中可能存有潛在錯誤。 |

資料來源：整理自 William Emmanuel（2014）。

## 貳、歐盟

歐盟選擇藉由嚴格規範與案例法來保護個人隱私，它採用了廣泛性的一般適用原則，無論是政府或者民間企業，都必須遵守其頒布的資料保護法規，並且交由專責的資料保護機構來予以監督，在這個原則之下，歐盟各國仍然保有其自主彈性的空間，可依據本身的國情與民眾的期待，實施所需的個人資料保護作法，以達成歐盟對於隱私維護的精神。

歐盟執委會曾訂有資料保護指令（Privacy Directive），於 1995 年被採納[10]，1998 年正式生效，並設「資料保護工作小組」來督導各會員國執行，鑒於資訊科技的演進，於 2012 年提出「通用資料保護條例」（GDPR，General Data Protection Regulation）草案，進行個資保護的更新與修改。新法增訂個人享有的權利與業者應負的義務，及大數據處理應考量的因素規定，立法完成後將廢除並取代原有「個人資料保護指令」（95/46/EC）規範，該條例已於 2015 年 6 月獲歐盟理事會批准，並於 2015 年年底經歐洲議會通過。

GDPR 草案是現行各國隱私法案中，針對大數據的演進，有較明確的因應規劃，從資料當事人隱私保護角度出發，將大數據的當事人權利議題特別提出討論。如對於個資使用同意權的行使，該草案因應網路運作環境而有所修正（草案前言第 21 項）；草案第 15 條詳細規定資料當事人有權隨時向資料管理者要求確認其個資是否被蒐集、處理、利用；草案第 16 條中明定，資料主體有權要求資料控制者，刪除、修改其不準確的個資，亦有權補充個人資料的不足；草案第 17 條將「被遺忘權」予以明文化；第 18 條明定，對經電子化、結構化的電子資料，有權取得其副本，或利用；有權以該通用電子化格式傳遞。關於異議權，則於 GDPR 草案第 19 條中明定。

## 參、美國

美國並未就隱私賦予法律上定義，沒有專責保護隱私的聯邦機構，亦無個資保護專法，而是針對個別領域（產業）制定不同的隱私法案，例如 1970 年美國《公平信用報告法》（1970 Fair Credit Reporting Act）、1984 年《有線通訊法》（1984 Cable Communications Act）、1988 年《影視隱私保護法案》（1988 Video Privacy Protection Act）、1998 年《兒童線上隱私保護法》（1998 Children's Online Privacy Protection Act）、2000 年《美國－歐盟安全港架構》（US-EU Safe Harbor Framework）則用於美國貿易輸出與歐盟企業資料交換的領域[11]。

其中於大數據議題中，較常被討論的隱私法案，首推 1996 年通過的聯邦法律《健康保險可攜與責任法》（HIPAA），該法要求健康保險（包括心理健康醫療）提供者確保患者記錄和健康資訊的隱私[12]。聯邦衛生與公共服務部（HHS）據此制定實施這些隱私要求的《隱私規則》（Privacy Rule），於 2003 年 4 月 14 日生效。《隱私規則》適用於以電子形式傳送健康資訊的醫療保險計劃和服務提供者，其適用對象幾乎包括所有的門診、居住或住

院類的健康和心理健康服務提供者，以及收取醫療服務費用的其他人或組織。

　　該規則主要目的是規定和限制相關實體揭露個人 PHI 的情況。一般而言，除以下情形外，適用對象不得使用或向他人揭露 PHI：1.《隱私規則》允許或要求者；2. 健康資訊主體（或私人代表）授權者（該授權必須符合 HIPAA 要求的具體資訊）。

　　適用對象必須應個人（或其私人代表）的請求，允許他們查看自己的 PHI（有准許的拒絕理由除外），也必須提供向他人揭露 PHI 的清單。

　　在《隱私規則》45 CFR 164.514 (b) 規定中，明訂以「專家判斷法」或「安全港準則」判定個人資料是否去識別化，其中「專家判斷法」，指由具備統計、數學等適當專業與經驗的專家，依其認為適當的統計或其他分析原則與方式，判定資料受他人再識別的可能性極低時，即完成去識別化　「安全港準則」，要求於個人醫療資訊中移除姓名、地址、電話、電郵等 18 類要素即完成去識別化。

　　比較歐盟與美國在隱私權保護制度上的差異，如表 4-3。

表 4-3　歐美隱私權保護制度差異

| | 保護理念 | 隱私權定義 | 保護專法 | 專責機構 |
|---|---|---|---|---|
| 歐盟 | 隱私權為一基本權利，受到嚴格監控 | 明確定義隱私權的權利義務關係 | 有通用的個資保護專法 GDPR | 設「資料保護工作小組」 |
| 美國 | 隱私權為一消費者的私權，政府監管寬鬆 | 未賦予隱私通用明確的法律上定義 | 無個資保護專法，散見在各領域法案 | 無專責機構，由各權責機關處理 |

# 第二節　大數據治理

　　大數據的治理，需要廣泛的資料管理計畫，有此計畫方能促使多功能的組織目標趨於一致，在需要協調跨功能的競爭事務中，如通訊事業集團中的無線通訊行銷部門，可能有興趣運用地理位置資料，以創造額外的利潤；然而，固網業務部門可能要關切的是，在未取得用戶同意下，再次利用位置資料的信譽危險；同時，網路管理團隊亦會想要運用此類資料，以填補網路營運的問題；最後，法務部門則關切潛在的隱私法規問題。如何協調其中，有賴全方面的治理計畫。

## 壹、大數據治理的內涵

　　聯合國全球治理委員會（CGG）對治理（Governance）一詞的概念進行了界定，認為

「治理」是指各種公共或私人機構管理其共同事務的諸多方法的總和，是使相互衝突或不同利益得以調和，並採取聯合行動的持續過程，其特徵為：治理不是一整套規則，而是一個過程；治理過程的基礎不是控制，而是協調；治理既涉及公部門，也包括私部門；治理不是一種正式的制度，而是持續的互動（MBA，2016）。

對大數據的治理，首要在組織隱私政策的制定，大數據的隱私是重要的，組織必須制定適當的政策，避免濫用大量資料，必須思考商譽、規定與法律風險的影響。如以書面或不成文揭示，向民眾說明組織不會在無事先取得用戶同意下，將用戶的 Facebook 檔案整合入主要資料紀錄中。此外，組織亦可據此管理有形或無形資產產生的資料，除予以優化外，亦可將資料等資產，藉由售予第三人或應用於發展新型服務，以轉換成可實現的組織價值。

前述資料優化，指在典型的資料管理計畫中，由組織團隊辨識出其營運問題、資料特徵、技術架構、及實際處理方案。大數據是廣泛資料管理計畫的一部，組織應藉由具體作為，將大數據併入現有資料治理架構中，如擴展組織內資料治理規章的範圍至大數據治理；擴大資料治理小組的成員，包含具有處理及分析大數據能力的資料科學家；對大數據來源的特定領域如社群媒體，指定專責管理人員；調整大數據，使其與有關後設資料、隱私、資料品質與主要資料的大數據治理原則相符。

## 貳、大數據管理架構

當大數據計畫成為主流時，我們預計隱私、管理工作、資料品質、後設資料與資料生命週期管理，將成為大數據治理的重要議題，亦是大數據管理架構的核心。

我國個人資料保護法（以下簡稱個資法），雖係以個人資料的保護為對象，惟其若干規定，可做為資料管理計畫的指導性規範，例如該法第 18 條所稱「安全維護事項」及第 27 條第 1 項所稱「適當的安全措施」，依同法施行細則第 12 條規定，指公務機關或非公務機關為防止個人資料被竊取、竄改、毀損、滅失或洩漏，採取技術上及組織上的措施。

該措施依前述施行細則第 12 條第 2 項明定得包括下列 11 項，並以與所欲達成的個人資料保護目的間，具有適當比例為原則，其內涵包括隔離管制、輸入管制及讀取管制等三面向具指導性的規範。

1. 配置管理的人員及相當資源。
2. 界定個人資料的範圍。
3. 個人資料的風險評估及管理機制。
4. 事故的預防、通報及應變機制。
5. 個人資料蒐集、處理及利用的內部管理程序。

6. 資料安全管理及人員管理。

7. 認知宣導及教育訓練。

8. 設備安全管理。

9. 資料安全稽核機制。

10. 使用紀錄、軌跡資料及證據保存。

11. 個人資料安全維護的整體持續改善。

何謂大數據管理架構？IBM 前資訊管理主管 Sunil Soares（2012）認為大數據管理架構，應包含三個面向，如圖 4-1。公司部門組織可從其組織蒐集的資料來源類型，依各種資料涉及隱私管理的性質，就各項資料管理準則分別展開，並可按組織（或產業）的目標差異，及組織內部門的功能需求（如行銷、客服、人資、法務部門各有不同需求），釐訂具體可行的措施，方不致使大數據的治理淪為空談。

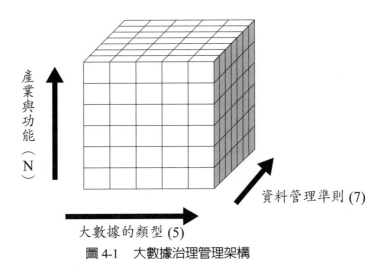

圖 4-1　大數據治理管理架構

資料來源：Soares（2012）。

## 一、大數據的類型（Big data types）

大數據管理須著重資料本身，可依據大數據主要來源分成五種類型：網路與社群媒體、機器對機器（machine to machine）、巨量交易資料（big transaction data）、生物識別資料、及使用者產生的資料（human generated）（Soares, 2012）。

例如以是否去識別化，可將大數據分為「個人可辨識資訊」（personally identifiable information，以下簡稱 PII）及「非個人可辨識資訊」（non-PII）。前者再區分為使用者資料、通信內容、使用紀錄、監視影像、基因醫療等特殊資料；後者指統計資料、網路流量、google 街景、氣象資料、影視收視等。以是否即時蒐集，則可將大數據分為動態資料及靜

態資料,前者如 cookie 資料;後者如個人基本資料。

　　大數據因能與個人產生連結,相關技術使「個人可辨識資訊」與「非個人可辨識資訊」兩者界線越來越模糊。再加上電腦比對、分析技術的演進,短時期無法辨識的資訊,於未來可能成為可資辨識的資訊,讓大數據隱私處理的問題,更顯複雜。

## 二、資料管理準則(Information governance disciplines)

　　傳統資料管理準則亦適用在大數據,Sunil Soares(2012)認為至少應包括:組織、後設資料、隱私保護、資料品質、業務流程整合、主要資料整合及資料生命週期管理等七種核心資料管理準則(Soares, 2012)。

　　首先,資料管理的組織需要考量大數據的整體架構,包含資料特徵、組織架構、組織角色與組織責任。資訊管理中心得向外尋找可在大數據議題上提供獨特見解的新成員,如資料分析師等。

　　後設資料是一種電子式目錄,為了達到編製目錄的目的,必須描述並收藏資料的內容或特色,進而達成協助資料檢索的目的。大數據治理計畫需要結合企業大量儲存的後設資料,此類資料用來指示儲存位置、歷史資料、資源尋找、檔案記錄等功能。如何分別管理,而不致使資料安全管理產生漏洞,至為重要。

　　大數據治理需要辨識敏感性資料,並建立合理使用的相關政策,這些政策需要考慮隨著大數據的類型、產業與國家而改變的各項管制規則,包含現有的隱私管理原則或架構,能否因應漸增的大數據普及速度與漸增的資料隱私意識,如行動網路電信業者可以將所有行動位置更新資訊全部保留下來、及使用者的個人和交易資料被鉅細靡遺的蒐集等問題。

　　資料品質管理,包含測量、改進與證明組織的資料品質與完整性的方法。因為大數據的資料數量龐大、傳播快速、種類繁多,處理大數據所要求的品質並不等同於處理傳統資料,例如大數據要求的品質可能需要即時處理,並且須解決半結構性與非結構性資料的問題。OECD 隱私原則的資料品質原則,指在傳統資料倉儲分析中,資料必須加以結構化或經前置處理成為適當的資料模型,因而提供了某種程度的資料完整性驗證。在大數據時代,某些方法是不經前置處理就直接儲存資料,因而資料集合中可能存有潛在錯誤,直到被使用時才會被發現,此為大數據面臨問題之一(Emmanuel, 2014)。

　　最後,在業務流程整合、主要資料整合及資料生命週期的管理方面,大數據管理計畫必須辨識出可進行大數據分析的關鍵業務流程,並據此訂出重點政策,加以整合,以落實大數據效能的管理措施;又大數據管理計畫須建立如何將組織主要資料管理系統加以整合的政策,並將大數據分析觀點融入;此外,因大數據的資料數量大幅增加,組織在判斷什麼資料該保留在作業系統或分析系統?什麼資料該存檔?什麼資料該刪除的相關法規與業務需求上,將遭遇挑戰。大數據治理計畫需要擴展資料保留的時程,將大數據相關法規與

業務的需要納入，創造出儲存大數據資料的指標，以幫助保留相關紀錄與電子化搜尋。

## 三、產業與功能（Industries and functions）

　　大數據分析受到不同特定產業目標與組織內部門功能的影響，原則上可適用於許多相關的產業與功能，包含公用事業、零售業、通訊傳播產業、健康照護業、金融保險業、交通運輸業、教育業等產業。亦可適用於各該產業的行銷、風險管理、客服、資訊安全、資訊科技與人力資源等業務需求與功能（Soares, 2012）。

　　以下，我們即以通訊傳播產業的閱聽行為分析為例，對可能運用到大數據資料的治理問題，進行具體的說明。

## 參、影視產業閱聽行為分析研究

　　數位匯流加上寬頻網路傳輸技術，已打破了傳統媒體產業界線，行動與社群互動媒介，更進一步改變了最後一哩服務的遊戲規則，讓不同媒體的內容匯聚同歸。事實上，所有媒體都已在往新媒體的路上嘗試找出自己的利基，傳統電視將只是顯示內容的螢幕之一，如能洞察不同媒體間的受眾特性，並加以善用，除可加速擴大接觸面，亦可讓觀眾容易取得內容並進行分享，發展不同的互動模式，創造新服務的商機。

　　在攸關影視產業的營收方面，影視產業的閱聽行為分析研究，亦因視聽眾更廣，需要以更多樣化的分析與測量方法來進行。依據臺灣經濟研究院有關影視產業趨勢的研究，顯示台灣消費者閱聽行為分析的現在與未來核心議題，如表4-4。

表4-4　消費者閱聽行為分析核心議題

|  | 目前 | 未來 |
|---|---|---|
| 問題 | 收視率主導節目內容爭議 | 新媒體的閱聽行為分析 |
| 分析方法 | 方法的爭議，如樣本數不足，以偏概全；取樣窄化；調查不透明等 | 跨平台、跨載具的大數據分析方法，符合載具變多，收視行為多樣的情境 |
| 現象（困境或機會） | 頻道過多，過度依賴廣告，造成微利競爭 | 因應內容創新與設備多元，反應創新服務的真實使用行為，開拓營收 |
| 衍生機制 | 形成媒體購買機制及保證CPRP（Cost Per Rating Point，收視點成本） | 新型態的媒體服務，及其成效評估機制 |

資料來源：資策會

　　我國於 2013 年 3 月，為因應數位匯流趨勢下的消費者行為改變，成立雲端暨聯網電視聯盟（CCTF），聯合 66 家業者共同籌組「新媒體閱聽行為研究實驗室」（New Media User Lab），邀請資策會加入並負責營運，會員家數達 100 家以上。實驗室成立目的，在協助產業建立「新媒體收視行為研究機制」，以作為市場掌握多元化閱聽行為，並帶動數位匯流的新興應用服務模式參考。即以使用者需求，帶動台灣新媒體產業研發，從資料蒐集架構的建置，到資料分析方法的研發，藉以分析新媒體的閱聽行為與應用。

　　實務上，透過數位電視機上盒蒐集用戶收視資料並進行分析，除可做為頻道上架與購片的參考外，亦可做為廣告主在數位電視的廣告投放參考。結合互動影音平台（如凱擘集團 SMOD）後，可提供推薦、精準廣告與互動購物等新型態服務。未來 New Media User Lab 的發展重點，將從行動裝置做為資訊傳中樞，橋接離線行為；利用社群的關係圖譜、興趣圖譜讓平面的使用者立體化，兩者加乘後，將可突破虛擬與現實的分界，產生巨量即時動態資訊流。於此，大數據分析扮演重要的角色。

　　未來收視調查分析的隱私權框架，可參考 CNS29100：中華民國國家標準的資訊技術 - 安全技術 - 隱私權框架，及 CNS29191：中華民國國家標準的資訊技術 - 安全技術 - 部分匿名及部分去連結鑑別的要求事項做規劃，如圖 4-2。

　　依據圖 4-2，訂戶向有線電視經營者 A 部門申請 Smart 卡，註冊成為訂戶。有線電視經營者 A 部門核發 Smart 卡（憑證）後，雙方簽訂契約，訂戶可決定是否同意成為特定訂戶做收視調查（用於精準行銷）；或只為不特定訂戶（以大數據收視調查用於趨勢分析）。此部分涉及個資及隱私問題為：註冊的個人資料、收視調查的個人資料、及 Smart 卡（憑證）的訂購資料涉及隱私的程度。

　　訂戶機上盒回傳識別碼（ID）、收視 CH、進入時間、離開時間、動作（如機上盒待機、開機、按「讚」、頻道切換）等收視資料至有線電視經營者 B 部門。此部分涉及個資及隱私的問題為：機上盒回傳收視資料涉及隱私。

　　有線電視經營者 B 部門將收視資料彙整並傳送至第三方收視調查公司，此部分涉及個資及隱私的問題為：如何防止 B 部門收視資料被竊取、竄改、毀損、滅失或洩漏。

　　有線電視經營者 A 部門可傳送登記 ID、區域、性別、年齡層、互動訊息等資料至第三方收視調查公司，此部分涉及個資及隱私問題為：為確保收視調查公司不能識別訂戶，第三方收視調查公司做資料再處理、分析、利用時，應符合個資法規範，始能為個資特定目的外利用。

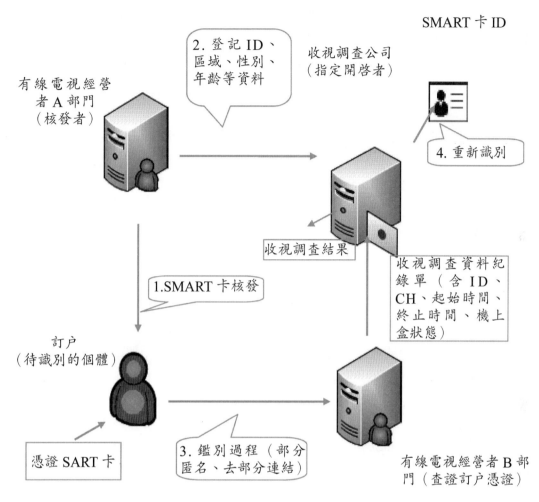

圖4-2 收視調查分析的隱私權框架

資料來源：中華民國國家標準的資訊技術 — 安全技術 — 隱私權框架

　　依據資策會創研所研究，目前業者投入閱聽行為研究尚待克服的議題有下列數項，此部分，將於下一節「大數據隱私監理」中進一步分析：

## 一、個資法對於資料蒐集與運用的限制

　　（一）新媒體與傳統媒體對於消費者行為資料取得的授權方式有落差：消費者對於瀏覽網頁和看電視的隱私，看待程度不一樣，目前市調或有線電視業者需書面取得用戶同意始得進行電視閱聽行為的蒐集與運用，網路影音卻無須經過此步驟。消費者目前不在意新媒體隱私，但不代表未來不會在意。

　　（二）如何認定消費者閱聽資料已去識別化：目前消費者閱聽資料的蒐集者為系統營

運商,是否能於蒐集資料並去識別化後,再委託第三方進行分析,尚有疑慮,如何確保資料已去識別化,國內尚無相關單位可進行認證。

(三)去識別化的分析資料與廣告主期待有落差:廣告業者希望未來的新媒體服務可以愈精準掌握閱聽對象愈好,如果閱聽資料去識別化後,只能產出類似過去的廣告服務模式,將無助於新服務的研發。

(四)法務單位嚴格解釋個資法,造成新服務模式無法成形:業者為避免誤觸個資法的限制,內部法務單位均從嚴認定資料使用行為,未來如果推動閱聽資料要跨業者分享資料,此部分,有待政府部門出面協助業者處理個資法的疑慮。

## 二、樣本偏誤與技術突破

各家業者對於消費者閱聽行為的調查方式迥異,如何進行資料整合,或更進一步的整合分析(TV＋STB＋FB…等),還需要相關業者共同協商共通格式。

即使各家願意合作,又將衍生以下問題:資料愈來愈多,處理速度跟得上嗎?如何達到即時運算?到底要分析的內容為何(資料是 Big Data 或 Bad Data)?整合後的資料歸屬權?最重要的是所有閱聽資料仍須深究到個人變項(類似收視率調查機構 Nielsen 的作法),並獲得廣告主採信等諸多問題。

## 三、誰來主導資料蒐集與整合

讓產業自行研擬(如凱擘、中華 MOD),建立指標的投資與收入恐不成比例,若由學者領銜研訂,部分學術指標不見得符合商業需求,如由政府部門推動,亦非單一部門能夠完成,跨部會橫向整合時程較久。

## 四、欠缺製作互動節目內容的誘因

具互動內容的節目自製成本很高,若沒有一個比較好的機制或商業模式,內容產製業者的投入意願較低,相對轉型到新媒體服務的時程會拉長。

# 第三節　大數據隱私監理

大數據監理主要圍繞在隱私權的議題上,涉及個資法及隱私權保護相關法案,在監理議題上,主要有二個面向,一為從資料的蒐集、處理及應用階段說明相關規範;其次為從資料當事人隱私保護角度出發,探討被遺忘權／刪除權、更正／修正權、資料可攜權、異議權等當事人權利。

# 壹、大數據資料的蒐集、處理及利用

傳統個資保護的核心在規範資料如何被蒐集、處理及利用，OECD 8 大原則，如限制蒐集原則（Collection Limitation）、品質確保原則（Data Quality）、目的明確原則（Purpose Specification）、限制使用原則（Use Limitation）、安全保護原則（Security Safeguards）、公開原則（Openness）、個人參與的原則（Individual Participation）、及責任義務明確原則（Accountability）等，實行迄今，已非最理想制度，須重新考量大數據特性，重塑其概念。相關被提出討論的議題及解決方案分述如下：

## 一、識別敏感大數據

大數據於個資法上的疑慮，在於經處理後足資識別個人，而非洩露。因此，作為大數據治理計畫（governance program）的第一步，必須識別敏感性資料，雖然大數據正使「個人可辨識資訊」與「非個人可辨識資訊」，兩者界線越來越模糊。

美國聯邦貿易委員會（Federal Trade Commission，FTC）於 2012 年提出隱私框架建議，就「消費者資料得與消費者電腦或其他裝置合理連結」的情形，有所適用。這份報告提出聲明，要求業者必須採取下列三步驟，以保護此類資料：

（一）將資料去識別化：業者必須採取合理步驟以去識別化資料。這些步驟包括刪除或修改資料欄位（data fields）、加入資料擾亂機制（the addition of "noise" to the data）等措施。

（二）勿企圖重新識別此類資料：業者必須公開承諾以去識別化方式保持、使用此類資料，且不能企圖重新識別。

（三）要求下游使用者保持去識別化格式：業者必須透過契約拘束服務提供者與第三方業者，禁止其企圖重新識別此類資料。

## 二、在後設資料（metadata）貯存區（repository）內標記敏感大數據

敏感性資料能在組織不同部門間儲存，大數據管理人必須確保這些資料在後設資料貯存區中被適當的分類。只要後設資料被放置在適切處所，應用程式可以執行適當的隱私政策。

## 三、管理個人資料跨越國際邊界的情況

歐盟「個人資料保護指令」（The European Data Protection Directive 95/46/EC）規定，只有在取得境外的國家確保提供一適當程度的資料保護，方允許將資料傳輸至歐盟境外。美國為避免被認定對個人資料保護措施不足，影響其與歐盟間資料跨境流通，商務部曾於1999 年 4 月 19 日公告美國與歐盟安全港原則（U.S-EU Safe Habor Principles），包括通知（Notice）、選擇（Choice）、安全（Security）、資料完整性（Data integrity）、接取（Access）、

執行（Enforcement）等七項原則，回應歐盟對隱私保護的要求，確保歐盟境內民眾的個人資料可獲得適當保護。但此協議，於 2015 年 10 月被歐洲法院因不信任其保護嚴謹度，裁定無效，對未來資料的傳輸將造成衝擊，其影響尚待評估。

## 四、監控特權人士接取敏感的大數據

大多數的公司已制定有關特許使用者取用敏感性資料的政策，這些特許使用者像是資料庫管理人、客服中心人員與臨櫃協助人員等。然而，許多公司並未建立有效機制以查核政策的執行。大數據治理計畫，需要定義出敏感性資料與建立相關政策，以監管相關人士接近使用此類資料。

## 五、個資保護重心的轉移

Big Data 突破以往 Small Data 仰賴抽樣分析與實驗設計取得資訊，透過新的演算法分析大數據，得以預測個人偏好與行為模式，或事物的發展趨勢。未來大數據應用更加普遍且多元，並趨向個人化服務，使各項個資的蒐集與保留更具價值（陳柏宇，2014）。

（一）從「資料蒐集階段」轉移到「資料利用階段」

業者為即時、符合效益、全天候提供服務，趨向於大量利用感測器持續「自動地」蒐集消費者的各項資料。大數據用途在蒐集時難以確定，例如配合演算法的分析處理大數據應用，可能從非敏感個資中分析出敏感資訊。

因此，利用階段將成為大數據趨勢下個資保護的重心。當事人實質傷害發生在個資利用上，蒐集、儲存或分析個人資料本身不會對資料當事人產生實質的傷害。又利用階段更可明確知悉業者的使用目的、方法、範圍與影響，以適度規範並避免過度限制業者在大數據相關應用的發展。

（二）由「當事人同意」轉移到建立「資料去識別化」及引入「第三方參與」機制

因業者與消費者雙方的資訊不對等，且消費者若要在同意前逐一詳閱隱私政策，將面臨過高的交易成本，大數據應用服務市場將產生「市場失靈（Market Failure）」問題；該問題使消費者在現實生活中往往為了取得業者提供的服務，在未能確實理解的情況下，直接跳過告知內容而點選「同意」按鈕，業者甚至可能在要求消費者同意的內容中，隱藏著不利於消費者的條件，消費者卻渾然不知，造成隱私更大的威脅。

對於現行個資保護主張的「資料最小化（Data Minimisation）」可能與大數據所主張盡可能蒐集所有資料的理念相悖，因此，為兼顧兩者，有建議以「去識別化（de identification）」的方式達成，讓資料提供者可以降低其提供的資料有侵害他人隱私權的風險；而去識別化機制，會涉及何謂去識別化？標準為何？由何人建立標準？及誰來判斷？

等議題。

## 1. 資料去識別化

「去識別化」亦可稱作「匿名化（Anonymisation）」，係指透過一定程序的處理使個人資料不具識別性，依據個資法施行細則第 17 條規定：「資料經過處理後或依其揭露方式無從識別特定當事人，指個人資料以代碼、匿名、隱藏部分資料或其他方式，無從辨識該特定個人」，又依據法務部法律字第 10303513040 號函解釋，認為「個人資料」如經運用各種技術予以去識別化，而依其呈現方式已無從直接或間接識別該特定個人者，即非屬個人資料，自非個資法的適用範圍。

惟在大數據時代下，即便被認為已去識別化的資料，仍常殘留足以重新連結（re-link）個人的片段訊息，經分析並結合其他資料後，可能重新識別個人（re-identification）。對此擔憂，英國資訊專員公署（Information Commissions Office, ICO）於 2012 年公布「匿名化：資料保護風險管理實踐準則」，建議透過資料遮蔽、假名使用、資料集中與推導資訊的利用等方式，作為業者將個資去識別化時得以遵循的參照標準；更重要的是，要求業者對已去識別化的資料進行風險評估，以自律方式降低可能的風險，且明定當去識別化的資料重新被識別時，業者必須負擔相關的賠償責任。其採用的標準即為最嚴格，不可回復的「去識別化」（「去連結」），要求個人資料經過處理後，如任何人（包括原持有人）均難以透過資料比對或其他方式，再直接或間接辨識出個人時，即屬不可回復的「去識別化」。

相對的，美、日採可回復的「去識別化」原則，美國只要求資料收受人無法透過資料比對或其他方式直接或間接辨識出個人，但對資料原持有人而言，因其在進行「去識別化」時，仍保留日後將資料逆向還原（再連結）的可能性，故在其與個人健康資料相關的HIPAA（Health Insurance Portability and Accountability Act）隱私法案中，明文允許此類可回復的「去識別化」資料加值利用。日本於 2015 年 3 月提出的《個人情報保護法》修正草案，增訂的「匿名處理資料」概念，一般認為屬採較寬鬆，但實務較可行且認定明確的可回復「去識別化」原則。

我國實務見解，最高行政法院 103 年判字第 600 號判決（臺北高等行政法院 102 年訴字第 36 號判決）於處理健保資料提供研究案中，對提供研究的健保資料的去識別化是否要已達到「無從識別特定當事人」的程度，或還是有直接或間接識別的可能，尚未做出最終決定。此外，2015 年 5 月，行政院於研商「虛擬世界發展法規調適規劃方案」中，已責成經濟部訂定去識別化的準則與相關認證機制；另要求法務部負責處理個資法的法律疑義，例如對去識別化的認定究採歐盟較嚴格的不可回復的去識別化原則，或美、日較寬鬆的可回復的去識別化原則。筆者認為前述美國 FTC 於 2012 年提出的隱私框架三原則建議，試圖在歐美有關「去識別化」的認定標準中找出折衷的務實作法，似可參考。

### 2. 第三方參與

　　為擺脫前述問題，有建議由「第三方」以「提供隱私偏好選項」來參與並調解這個失靈的市場。具體而言，即由交易雙方以外、具有公信力的民間公益團體、學術機構或營利組織，自行研擬具體的隱私偏好剖繪（Privacy Preference Profiles），該剖繪設計一套業者必須遵循的隱私保護具體要求，供大數據應用市場下的交易雙方選擇，同時監督業者是否符合該隱私偏好剖繪的要求，以提供類似保護標章的認可。

　　關於第三方參與，英國係由 ICO 與民間團體共同出資組成 UK Anonymisation Network（UKAN）提供通用性的匿名化實作準則（Anonymisation：managing data protection risk code of practice），其對是否已適當去識別化的判斷因子，包括再識別化的可能性與成功率、已使用可取得的匿名化技術、及匿名化資料的品質與是否符合資料使用單位的需求等。

　　臺灣為因應跨國電子商務快速發展，及強化跨境隱私保護與國際合作，經濟部亦於2012 年 9 月推行「臺灣個人資料保護與管理制度規範」（以下簡稱 TPIPAS），使事業以「PDCA 方法論」，建立一套將個人資料保護與事業營運連結的系統化管理制度。由事業主動提出申請，再由 TPIPAS 制度維運機構（資策會科技法律研究所）自行或派定民間驗證機構執行認證 dp.mark（資料隱私保護標章），以監督並評估業者所採行的個資管理措施是否符合認證標準。此驗證制度值得參考研析，思考是否 / 如何將其擴大至所有重要產業，包括資訊與通信科技產業的應用上。

## 六、同意權的行使

　　歐盟執委會於 2012 提出 GDPR 草案，該條例對於個資使用同意權的行使，因應網路運作環境而有所修正：例如對於所謂「同意」，要求一律需是「明確」（explicit）的同意。若是以自動化方式處理的個人資料，需賦予民眾以電子方式請求提供資料的途徑，並且由資料控制者（controller）負擔舉證義務（第 7 條）（李科逸，2013）；由於大數據的發展，出現易於以追蹤與特徵分析（profiling）來預測個人的偏好與行為。為免分析過程可能造成個人資料的侵害，該草案前言第 21 項即提及，為判定對當事人從事行為監控的資料處理活動是否被允許，應查明使用者是否以資料處理技術（例如對個人的特徵分析），追蹤當事人的網路行為（尤其當使用者係出於預測個人喜好、行為和傾向的目的）（鄭雅文，2014）。

　　國內相關法規面對大數據的發展，亦應調整相關規範，以通訊傳播產業為例，「有線廣播電視系統經營者 / 有線播送系統定型化契約應記載及不得記載事項」第 10 條規定：訂戶基本資料的保密及利用甲方（系統經營者）僅得於履行契約的目的範圍內，使用乙方（訂戶）提供的各項基本資料。非經乙方書面同意，不得為目的範圍外的利用或洩露。前述規定對於目的外利用個資，以書面同意為限，此與現行個資法第 20 條不一致部分，仍

應回歸個資法第 20 條加以適用。畢竟契約僅係當事人間的約定，無法產生取代法律規定的效果。為達資訊合理適用，個資法第 20 條亦較合宜。

在電信事業部分，電信事業以大數據提供服務，其型式可分為：由訂戶點選以自己的資訊，經由業者整合後，提供訂戶自己的服務（如行動定位服務，LBS）；或訂戶使用電信服務後產生資訊，由業者加以處理後產生的資訊，提供訂戶自己或他人利用的資訊（大數據）。第一型態涉及線上服務的即時性，因此，現行實務上要求電信服務須簽訂書面契約，未來修法時，應刪除此項硬性規定，但須保存一定期限，且要求應給予線上退訂的選項，並且其服務須經由消費者同意後始得進行廣告行銷。第二型態則對個資法有關個資蒐集目的以外的處理利用時，其同意的型式不以書面為限，避免與數位化後線上服務的型態有所衝突。

為促進電子商務，維護消費者權益，對於因使用電信服務所產生的各項電磁紀錄，主管機關有必要基於確保隱私的立場，責成電信事業對於該等電磁紀錄的保管善盡隱私保護的責任。

## 貳、大數據資料的當事人權利

從資料當事人隱私保護角度出發，被遺忘權／刪除權、透明化／近用權、更正／修正權、資料可攜權、及異議權等當事人權利在大數據議題被特別提出討論。

### 一、被遺忘權

歐盟執委會於 2012 年提出的 GDPR 條例草案第 17 條，將「被遺忘權」予以明文化。資料當事人於法律規定或相關理由不復存在時，使其有權向資料管理者提出資料被終止處理或被刪除的權利。草案中亦於第 79 條對違反上述規定者，設有行政罰鍰的處罰，個人最高得處 50 萬歐元，法人最高得處公司全年全球營業額 1% 的金額。

被遺忘權概念被提出後，歐洲法院曾受理 Google 搜尋引擎公司不服西班牙法院對於 Google 公司所作應採取行動移除網頁的連結的裁決，最後，考量 Google 公司資料處理的過程，係經過「檢索」、「紀錄」、「組織」，並儲存於網路伺服器，認定其是「資料管理者」，應對隱私權與個人資料保護負責。除非資料當事人在公眾生活扮演的角色與是否涉及公眾關切（public concern）的事項，否則在無特殊理由的情形下，法院裁示應刪除不適當的、無關聯性的過時或過度的個人資料。

Google 公司基於尊重歐洲法院的裁決，已成立特別應對小組，針對民眾提出的申請案件採逐筆個別評估機制，並非所有申請都能通過，但是衍生出其他問題：1. 誰有權刪除資料？是業者或主管機關或回歸司法，才擁有決定資訊內容是否應被遺忘？Google 公司是否

有權做資訊內容的審查,決定應否刪除?2. 資訊內容刪除的標準為何?3. 是否會產生為遮蓋過去的不光彩或為隱藏訊息的目的,任意提出權利的行使,造成被遺忘權的濫用?

我國並無被遺忘權的規定[13],而係以個資法提供個人資料近用、修正、停止利用、刪除的權利,主要規定於個資法第 11 條第 3 項,有關個人資料蒐集的特定目的消失或期限屆滿時,應主動或依當事人的請求,刪除、停止處理或利用該個人資料;對非公務機關違反者,則依同法第 48 條第 2 款,處以新臺幣 2 萬元以上 20 萬元以下罰鍰。由於我國僅在資料蒐集的特定目的消失或期限屆滿時,當事人得申請刪除、停止處理或利用該個人資料;歐盟草案係加強資料當事人參與資料處理的程度,賦予當事人有撤回資料處理的同意或拒絕資料處理的資料控制權。

大數據的應用,處理資料方式多元,國內電信業者多表示遵守個資法相關規定,但由電信業者的「隱私權政策」網頁觀察,資訊揭露透明程度不一:有業者在「隱私權政策」網頁,提示當事人有資料的近用權及刪除權,並對行使權利的程序(如填寫相關表單、攜帶證件向各地服務中心申請等)加以說明;而有業者僅於「隱私權政策」網頁提出「符合相關主管機關的嚴格要求」,但未說明如何行使資料的近用權與刪除權。目前從業者公開的網頁內容亦無法得知資料當事人請求刪除資料後,電信業者如何處理訊息。

由於資訊揭露對於資料當事人掌握電信業者如何蒐集、處理與利用資料是重要的,資料刪除權更是幫助資料當事人得以有效管理其個人資料的工具之一,故應促請電信業者於「隱私權政策」清楚揭示:當事人有權請求資料刪除的相關資訊,及主動揭露接受資料當事人資料刪除請求後的後續處理流程(陳靜怡,2014)。

## 二、透明化/近用權

因應業者未來在大數據的應用發展,確保消費者能知悉業者對其個人資料做了什麼,實屬必要,是故,應該使業者在個資蒐集、處理、利用以至於銷毀階段都能符合透明化的要求。尤以對消費者影響最關鍵的利用階段最為優先,其中關鍵在於保障消費者的「資料近用權」。

關於資料近用權,歐盟於 2012 年 GDPR 草案第 15 條有詳細規定,該權利內容主要為資料當事人(data subject)有權隨時向資料管理者(data controller)要求確認其個資是否被蒐集、處理、利用。當該個資被蒐集、處理或利用,管理者應提供下列資訊,包括該個人資料為何、資料來源、目的、資料類別、向誰揭露該資料(尤其揭露的對象在歐盟以外的國家)以及資料保存期限;此外,告知資料當事人其有權向管理者請求修正、刪除該筆資料,或拒絕資料被處理、利用,並告知向監督機關申訴的管道。

相較於歐盟,我國個資法藉由確保對於已蒐集的個資得查閱、請求閱覽與製給複製本,以提供類似的權利保障。依個資法第 3 條第 1 項第 1、2 款規定:「當事人就其個人資

料依本法規定行使的下列權利，不得預先拋棄或以特約限制之：一、查詢或請求閱覽。二、請求製給複製本。」且同法第10條前段規定：「公務機關或非公務機關應依當事人的請求，就其蒐集的個人資料，答覆查詢、提供閱覽或製給複製本。」若違反第10條規定，依同法第48條第1項第2款規定，經中央目的事業主管機關或直轄市、縣（市）政府限期改正而屆期未改正者，按次處新臺幣2萬元以上20萬元以下罰鍰。

我國個資法與歐盟GDPR草案主要差異有兩點：其一為得請求業者提供的範圍不同，我國個資法對查詢的範圍並未如歐盟草案有具體規定，然而參考個資法第8條與第9條關於蒐集個人資料所應履行的告知義務範圍，應可認為消費者得依個資法請求答覆查詢的範圍也包括歐盟GDPR草案所訂的原始資料、資料來源、目的、資料類別、揭露對象、保存期限等，但卻未必能包括處理與利用資料的重要性與預期結果，而該訊息往往是消費者在大數據應用下難以預見，且與消費者是否因此承受實質傷害關係密切，應有必要使消費者得以近用相關資訊。其二為裁罰的金額相差甚鉅，歐盟對個人所得處的罰鍰金額為我國規定的近100倍之多，且對於法人最高可以全球年度營業額1%作為罰鍰金額，考量大數據時代伴隨個資利用而來的龐大商機，提高罰鍰金額或許才能對違法業者產生嚇阻效果。

資料近用權可能面臨的挑戰有三：1.消費者不曉得向誰以及如何行使近用權；2.民眾難以預見個資經業者結合與分析後的結果及其應用；3.如何避免成為第三者竊取個資的管道。對此，歐盟GDPR草案第38條，鼓勵業者對於透明化自訂行為準則。英國資訊委員辦公室據此發布當事人近用請求權實務準則（Subject Access Code of Practice），供業者參考。

## 三、更正／修正權

關於更正／修正權，歐盟於2012年GDPR草案第16條中明定，資料主體有權要求資料控制者，刪除、修改其不準確的個資，亦有權補充個人資料的不足。

## 四、資料可攜權

關於資料可攜權，歐盟於2012年GDPR草案第18條中明定，對經電子化、結構化的電子資料，有權取得其副本，或利用；有權以該通用電子化格式傳遞。

## 五、異議權

關於異議權，歐盟於2012年GDPR草案第19條中明定，當個資被做商業目的處理，資料主體有權於任何時點，依其個人情況對該免費使用者的商業行為提出異議，除非資料控制者提出正當理由證明損益權衡。

# 結　語

　　大數據治理有二種意涵，一指事業組織廣泛資料管理計畫的一部，藉以制定有關大數據的優化、隱私與有價化政策，亦為本文論述重心之一；另一指事業組織（含政府機構）如何制定以「證據」為導向的營運規劃或公共政策，以提升決策的品質與效率。而後者的落實關鍵，即在於前者對大數據重要資料的蒐集與累積功夫及作法是否紮實。

　　前行政院院長陳冲於 2015 年 3 月出席東吳大學大數據管理學院相關活動時表示，大數據及分析可以解決政策失真的問題，過去以調查取樣的研究方法，現在因為電腦硬體便宜、軟體系統多，讓資料母體等同於樣本，就不必取樣了，分析出來的結果可以更精細、用在決策上，會很真實。

　　政府或公部門組織在蒐集資訊的同時，更重要的是其同時亦為重要資料的提供者，2015 年行政院正式啟動 Open Data（開放資料）深化應用元年，將加速釋出政府資料供民間使用（行政院新聞傳播處，2015）。積極推動開放資料（open Data）政策，先在健康（就醫、用藥）、安全（防災資訊體系）、居住（整合不動產實價登錄）、交通（即時查詢車輛資訊）、旅遊（地理圖資）及商業（整合總體經濟、消費水準資料）等六大創新加值應用領域釋出更多政府資訊，期能有助廠商、地方部門、學術團體、與年輕創業家做加值運用，並以國家發展委員會為平臺，讓政府機關擁有的資料更公開及透明。

　　如前所述，大數據的隱私於資料管理中是重要的核心議題。組織必須制定適當的政策，避免濫用大量資料，以免影響組織信譽與公信力，甚至引起法律風險。惟隱私的監理，為刀之兩刃，在討論或制定大述據隱私相關政策時，除避免人格權受侵害外，亦應注意是否有不合時宜，或阻礙個人資料的合理利用問題。[14] 現行個資法及相關涉及隱私保護的法令規定，在大數據趨勢下應如何因應挑戰，將是公私部門重要的課題。

　　以影視閱聽行為的大數據資料分析而言，如收視調查公司只將去識別化的資料單純呈現收視調查結果，自然與個資無關，惟各方疑慮的是資訊蒐集的目的用途，將不只在收視率上。此外，現行收視資訊運用的扭曲，有其結構性問題，未來透明化後，對廣告主有利於精準行銷，但對既有的利益者，如媒體購買、行銷、廣告商等，是否會因擔心廣告市場的產業鏈遭破壞，而阻礙此趨勢的發展。

　　面對大數據應用的諸多現象，企業與政府應從良善的治理與有效率的監理角度出發，以「倡議者」的精神來面對問題：

　　1. 先以「試點」方式進行，讓參與者互信，將彼此行為模式整合，才能有成果。

　　2. 圖 4-2 蒐集資料的有線電視經營者，能否將核發 SMART 卡的財務、訂戶系統，與收視資料系統區分，將後者整合交由可信的第三方收視調查公司進行統合運作，且同時調和加入者的利益，將是現今關鍵的步驟。

　　3.　業者呈現的資料格式為何？是否堅持資訊能否連結到個人為唯一考量點？如有再識別的疑慮，應如何處理？又公正第三方的整合與收視調查資料的整合，是否及該當我國個資法第20條第1項第5款要件，各方正期待法務部進一步明確解釋。

　　4.　企業與政府對此問題，應先丟出可行的行為模式版本，再由法務部門檢視，不能再以「似有疑慮」作為阻礙進展或修法的理由。向來注重資料保護的歐盟，已於2015年批准GDPR（通用資料保護條例），對個人資料的剖析及大數據蒐集的最初與次要目的考量因素有明確規定，國內的因應措施，亦應早日確定。

## 註　釋

1. 大數據定義：指巨大、多樣、複雜、縱向且分散的資料集（Data sets）。
2. 2012年美國兩個談話性節目《The Colbert Report》及《The Daily Show》反覆報導一則有關某百貨集團，如何使用數百萬筆交易紀錄，在未成年人的父親發現以前，推論出顧客購買嬰兒日用品與懷孕之間的關聯，而對其家人進行嬰兒用品促銷的行為，涉及個人隱私的刺探等新聞。
3. 個人資料被洩漏，有時是因為我們認識的某人不經意的行為，而產生的傳染現象。
4. WP216指歐盟「資料保護工作小組」（The Article 29 Working Party）對其資料保護指令（Privacy Directive），所提出的參考指引文件，該文件採「合理不能識別」做為去識別化的認定標準；英國資訊專員公署（ICO）於2012年提出「意圖侵入測試」做為標準；美國由於沒有一套通盤進行規範的個人資料保護專法，而是散見於各個部門立法，以個人醫療資訊為例，聯邦健康保險法（HIPAA）制定的Privacy Rule，即對去識別化提出「專家判斷法」或「安全港規則」二項判斷方式。
5. IOT將大數據、感知、雲端三大技術分感測層、網路層及應用服務層布局，透過M2M系統（含物流管理、移動支付及移動監控），整合來自位址（如RFID、全球定位）、行動裝置（3G、4G）的各項資源。
6. 後設資料，又稱元資料、中介資料、中繼資料、詮釋資料，為描述資料的資料（data about data），主要是描述資料屬性（property）的資訊，用來支援如指示儲存位置、歷史資料、資源尋找、檔案記錄等功能（維基百科）。
7. 由Louis Brandeis（而後成為美國最高法院法官）與Samuel Warren於1890年共同著作，並刊登於哈佛法學論叢（Harvard Law Review）的文章"The Right of Privacy"，該文定義「隱私」是擁有「獨處的權利」（right to be left alone）。
8. The Organization for Economic Co-operation and Development (OECD), OECD Privacy

Principles, OECD Guidelines on the Protection of Privacy and Transborder Flows of Personal Data, 1980.

9. APEC Secretariat, APEC#205-SO-01.2, Asia Pacific Economic Cooperation (APEC) Privacy Framework, 2005.

10. The European Parliament and the Council of the European Union, EU Data Protection Directive, "Directive 95/46/EC of the European Parliament and of the Council of 24 October 1995 on the protection of individuals with regard to the processing of personal data and on the free movement of such data," 1995.

11. US Department of Commerce, US-EU Safe Harbor Framework, Safe Harbor Principles and Related Annexes, 2000.

12. US Congress, Health Insurance Portability and Accountability Act of 1996 (HIPAA), Pub.L. 104–191 110 Stat. 1936, 1996.

13. 「被遺忘權」案例於歐洲出現後，引起各國關注與討論。台灣米迪亞暴龍隊老闆施 OO 因假球案被起訴詐欺，後雖被判決無罪，但仍可在 Google 上搜尋到其涉及假球的訊息，乃引用「被遺忘權」的概念，訴請台灣 Google 公司刪除關鍵字及相關新聞，案經台灣台北地方法院判決駁回。其理由為：Google 只提供搜尋服務，非資料管理者，無權刪除內容；被遺忘權只在歐盟實施，台灣無此法源。

14. 參閱個人資料保護法第 1 條規定意旨，另依個資法第 16 條但書及同法第 20 條但書規定，尚得為「特定目的外」之利用，即在符合「個人資料的合理利用」宗旨。

## 參考書目

行政院新聞傳播處（2015）。〈毛揆：啓動 Open Data 深化應用元年 加速釋出政府資料〉，《行政院》。取自 http://www.ey.gov.tw/News_Content2.aspx?n=F8BAEBE9491FC830&s=D221FD0FB951E30B

李科逸（2013）。〈國際因應智慧聯網環境重要法制研析─歐盟新近個人資料修法與我國建議〉，《科技法律透析》，25(12)。

陳柏宇（2014）。〈大數據時代個人資料保護重心的移轉〉，《NCC News11 月號》。取自 http://www.ncc.gov.tw/chinese/files/ebook/113/ebook/NCCNews10311.pdf

陳靜怡（2014）。〈淺談被遺忘權與大數據〉，《NCC News11 月號》。取自 http://www.ncc.gov.tw/chinese/files/ebook/113/ebook/NCCNews10311.pdf

載季全（2014）。〈我們準備好了嗎？〉，王怡文（譯），《遙測個人時代：如何運用大數據

算出未來，全面改變你的人生》。台北：遠流。

蔡清彥（2014）。〈讓大數據成為你的重要資產〉，王怡文（譯），《遙測個人時代：如何運用大數據算出未來，全面改變你的人生》。台北：遠流。

鄭雅文（2014）。〈大數據時代下之書面同意取得〉，《NCC News11 月號》。取自 http://www.ncc.gov.tw/chinese/files/ebook/113/ebook/NCCNews10311.pdf

Emmanuel, W. (2014). Data Privacy and Big Data—Compliance Issues and Considerations. Retrieved from http://www.isaca.org/Journal/archives/2014/Volume-3/Pages/Data-Privacy-and-Big-Data-Compliance-Issues-and-Considerations.aspx

MBA 智庫（2016 年 1 月 19 日）。〈治理〉。《MBA 智庫》。取自 http://wiki.mbalib.com/wiki/治理

Meer, D. (2013). *What Is 'Big Data,' Anyway?*. Retrieved from http://www.forbes.com/sites/strategyand/2013/11/05/what-is-big-data-anyway/#2715e4857a0b4c16e1b5fe17

Soares, S. (2012). *Big Data Governance*：*An Emerging Imperative*. Chicago, IL: Independ ent Pub Group.

Tucker, P. (2014). *The Naked Future: What Happens in a World That Anticipates Your Every Move?*. New York, NY: Penguin Group USA.

# 第五章　大數據與被遺忘權

國立政治大學秘書處組長 / 廣電系兼任助理教授 / 台灣通訊學會秘書長　許文宜

# 前　言

　　2012 年，《紐約時報》專欄寫到「大數據」（big data）時代已經來臨，由於學術研究或政策決策早已運用巨量資料，big data 這個「buzzword」被認為並無新意。然而，隨著網路一筆筆聊天／留言紀錄、商品瀏覽／購物紀錄、閱讀清單、影音、文章等，只要未予刪除，其生命週期將超越時空，世代留存；2014 年 5 月 13 日，當歐盟法院（Court of Justice of the European Union）針對「Google Spain v. AEPD 案」作出裁定，判決 Google 應根據西班牙律師 Mario Costeja González 請求「刪除」不完整、不正確、不相關的資料，以保證資料不會出現在搜尋結果時（Judgment of the Court, 2014, May 13），突顯大數據所趨，「被遺忘權」（Right to be forgotten）課題的重要性。

　　2011 年，Viktor Mayer-Schönberger 出版《刪除：大數據取捨之道》（Delete: The Virtue of Forgetting in the Digital Age），可被記憶是常態，遺忘成為「例外」（吳俊鞍，2014 年 12 月 7 日）；「大數據取捨之道」就是「將有意義的保留，無意義的刪除」；惟如何區分有無意義，該書並未深入討論（曉郡，2015 年 6 月 25 日）。

　　事實上，「Google Spain v. AEPD 案」為全球最早案例，2014 年 5 月至今，「被遺忘權」相關研究尚在累積中，甚至連定義，以及究竟屬隱私權一部分，還是完全獨立的法律概念，都有待討論。初步檢閱相關文獻，「被遺忘權」（the right to oblivion）從法國「le Droit à l'Oubli」的概念翻譯而來，源自歐洲傳統的隱私概念，允許人民可跳脫過去，並控制自己如何被討論，而歐盟個資保護規章草案，某種程度即在落實此核心概念（楊智傑，2015；Shoor, 2014）。

　　《刪除：大數據取捨之道》一書指出訊息權力不平等，惟未觸及「被遺忘權」諸多關鍵問題與務實解決方案。由於學術界直至近年才開始探討「被遺忘權」，包括：個人能否擁有「被遺忘權」？哪些訊息需要被遺忘？或不該被刪除？誰具有被遺忘的權利或義務？亦即，資料主體（data subject）及控制者（controller）相關利益與責任歸屬；尤其涉足國家安全、訊息自決權、言論自由的衝突等，如何因地制宜發展「被遺忘權」，均為現階段值得探討之議題。本章主要從相關理論文獻探討「被遺忘權」緣起與定義、各國被遺忘權議題發展概況、釐清現階段大數據與「被遺忘權」關鍵課題，進而分析我國相關現況以為因應參酌。

## 第一節　相關理論文獻：大數據與被遺忘權

　　Viktor Mayer-Schönberger（2011）指出，由於世界上 90% 以上的訊息均為數位形式，可毫不費力進行儲存、加工、操作及發送，其中，大量個人數據便很可能因此遭到濫用（曉

郡，2015 年 6 月 25 日）。換言之，倘若「被遺忘權」賦予個人處理網路數據的權利，或可解決大數據所衍生有關「濫用」等問題。

## 壹、「被遺忘權」緣起與定義

「被遺忘權」是歐盟於 1995 年制定「個資保護指令」（Directive 95/46/EC of the European Parliament and of the Council of 24 October 1995）時，即涵蓋於指令中的概念，生效至今已 20 年，為指令第 12 條 (b) 資料「近取權」（access right）所區分出來的新權利（COM (2012) 11 final, supra note 5, at 9.）。事實上，考量網際網路發展至今，科技環境與全球經濟型態轉變，個資保護面臨新挑戰，歐盟執委會（European Commission）曾於 2012 年向歐洲議會（European Parliament）提出歐盟「一般資料保護規章」（General Data Protection Regulation）草案，以取代原有「個資保護指令」（95/46/EC），並修改「隱私與電子通訊指令」（Directive 2002/58/EC of the European Parliament and of the Council of 12 July 2002），建置適用全體歐盟會員國的資料保護規範單一法制，簡化企業與資料保護法規的互動流程，兼顧個人資料的隱私保護；同時，對非歐盟會員國傳播歐盟對個資保護的法制標準（陳靜怡，2014 年 11 月）。

歐盟執委會在「一般資料保護規章」加入「被遺忘及刪除權」（Right to be forgotten and to erasure），即延伸自個資保護指令第 12 條第一項 (b) 資料主體（data subject）（即資料當事人）的資料近取權（The subject's Right of Access to Data）（Factsheet on the "Right to be Forgotten" ruling C-131/12，p.2）包括：個人要求查閱、複製資料控制者（controller）所擁有的個人資料（Article 12 (a) of Directive 95/46.），若該資料有不正確、不完整時，可要求更正、刪除或封鎖（rectification, erasure or blocking）（Article 12 (b) of Directive 95/46）（European Commission, 2014, July 3）：

> 第 12 條：近取權利（Right of access）
> 成員國須確保資料主體（data subject）從控制者（controller）取得資料之權利：
> （…）
> (b) 特別是因資料本質不完整或不正確之故，適當更正（rectification）、刪除（erasure）或封鎖（blocking）不符合此指令規定的資料處理；
> (c) 在可行且合乎比例原則之情況下，通知接收資料的第三方任何符合 (b) 之資料更正、刪除或封鎖。

歐盟法院指出，「個資保護指令」第 12 條 (b) 規定刪除之理由，在資料處理「不符合」

指令的情況（「不完整」或「不正確」）可要求刪除資料，即借用指令第 6 條 (1)(d)，但不僅限該二種情形，所有不符指令規定，均可要求刪除。除指令第 13 條規定的例外合法情況外，原則上，所有資料處理都應符合指令第 6 條對資料品質的要求，以及指令第 7 條對合法處理個人資料之要求（Judgment of the Court, 2014,May 13. Google v. AEPD, at paragraph 70-71）。

> 第 6 條 (1) 資料控制者應確保個人資料被「正當且合法地處理」：
>
> (a) 資料必須「基於特定、明示、合法的目的而蒐集，且不可基於原始目的外繼續處理，除非基於歷史、統計或學術之目的」；
>
> (b) 資料必須「與原始蒐集或後續處理之目的，適當（adequate）、相關（relevant）且不可逾越（not excessive）該目的」；
>
> (c) 資料必須「正確、必要時保持更新」；
>
> (d) 基於原始蒐集目的或後續處理目的，已不再需要保留該資料主體之識別資料時，即刪除該識別資料；

因此，只要不符上述情況之一，均可要求資料「控制者」（controller）刪除或更正（Judgment of the Court, 2014, May 13. Google v. AEPD, at paragraph 72.），至於歐盟法院指出「不適當」（inadequate）、「不相關」（irrelevant）或「不再有關」（no longer relevant）或「逾越其目的」（excessive）等，正是參酌第 6 條 (1)(b) 的「反義詞」，即便一開始合法處理正確的資料，但隨時間推移，原始蒐集處理目的已不再需要該資料時，繼續處理也可能不符合指令（楊智傑，2015）。

前述，2012 年，歐盟執委會希望全面更新個資保護，提出一般資料保護規章草案（Proposal for a REGULATION OF THE EUROPEAN PARLIAMENT AND OF THE COUNCIL），除資料不正確或不完整外，有其他理由時，個人均可要求刪除「控制者」所掌控之個人資訊。執委會規章版本第 17 條規定「被遺忘權與刪除權」（Right to be forgotten and to erasure），第一項「控制者」已公開該個人資料，應採取一切合理措施，包含技術措施，知會第三方，資料主體要求刪除任何連結或複製其個人資料。若「控制者」授權第三方公開該個人資料，「控制者」仍應對該公開負責（Article 17 (1) – (2) of Regulation / Commission Proposal）。歐盟議會修改後進行投票的版本，同樣在第 17 條，惟名稱改為「刪除權」（Right to Erasure）（European Parliament legislative resolution of 12 March 2014）：1. 有下述理由時，資料當事人有權要求「控制者」刪除其相關個人資料，停止該資料進一步散布（特別注意資料當事人是兒童時取得的相關個人資料），並要求第三方刪除任何連結、複製資料：

(a) 該資料對於資料蒐集或處理的目的已不再必要時；

(b) 當事人撤回其基於第 6(1) 條所爲之同意，或同意儲存之期間已屆期，且無其他繼續處理該資料的法律根據；

(c) 資料當事人根據第 19 條反對其個人資料之處理；（ca）歐盟法庭或有權機關之終局決定，認定相關資料絕對必須被刪除；

(d) 資料處理不符合本規章其他規定。

1a. 第一項之適用，取決於資料「控制者」是否有能力驗證，要求刪除之人是否爲資料當事人。第一項之資料「控制者」在無第 6(1) 條之正當理由而公開個人資料時，應在不影響第 77 條規定下，採取一切合理步驟，包含使第三方刪除該資料。「控制者」應盡可能知會資料當事人，第三方採取之行動（Article 17 of Regulation European Parliament Vote；楊智傑，2015）。

根據歐盟定義，「資料主體」有權要求「控制者」永久刪除有關其個人之資料，有權被網際網路遺忘，除非資料保留有其合法理由（European Commission, 2010, April 11）。承上分析，廣義而言，「資料主體」對訊息「控制者」蒐集、取出、記錄、組織、儲存、揭露、提供給使用者的資料，當出現法定或約定理由時，有請求「控制者」刪除個人資料並停止傳播之權利。近期，國內相關研究定義「被遺忘權」：資料控制者應對其管理公開的個人資料，採取合理的措施，以使資料當事人得以要求刪除個人資料的任何連結、複本與重製，資料控制者對授權第三方公開的個人資料，應對此授權負責（陳靜怡，2014 年 11 月）。此外，「個人有權利要求移除或刪除其過去公開過或被他人報導過的一些資訊，可要求網頁中與個人有關的資訊被刪除，若該網頁資訊已提供給其他網站連結，也希望其他網站勿再連結該資訊」（楊智傑，2015）。Kulevska（2013, July 24）則針對被遺忘權定義爲：個人若不想讓其個資被控制者加工或儲存，且系統未具保存這些資料的合法基礎，均應從系統中刪除，如前述，被遺忘權也被稱爲刪除權（the right to erasure）。

綜合前述，被遺忘權是歐盟個資保護指令第 12 條 (b) 資料近取刪除權區分出來的權利，2012 年保護規章草案第 17 條有關被遺忘權及刪除權，亦延伸於歐盟個資保護指令第 12 條 (b)（楊智傑，2015）。惟保護規章不同於指令，規章若順利通過，可直接適用歐盟各會員國，不再需要透過會員國國內法的轉換。正由於規章須經過歐洲議會與歐盟理事會（European Council）議決，該條例於 2015 年 6 月獲歐盟理事會批准，惟在未正式通過立法的情況下，歐盟法院 2014 年已作出「Google Spain v. AEPD 判決」，因此，有相關研究探討該判決究竟是現行歐盟個資指令已可保護被遺忘權的結果，抑或是從指令推導出被遺忘權（楊智傑，2015），本研究據此，進一步釐清現階段我國「被遺忘權」議題現況及相關因應。

# 第二節　各國被遺忘權議題發展概況

　　目前，除歐盟外，各國被遺忘權設計或法律框架多暫未明確；事實上，即便是歐盟各會員國，對個資保護的程度與態度也並不一致，再加上，學術界近年才展開相關研究，許多核心議題均未曾深入探討，更遑論務實解決方案。以下，僅針對大數據與被遺忘權，從歐盟、美國、加拿大、韓國、日本等國經驗作法進行概要分析。

## 壹、歐　盟

　　2009 年，一名西班牙律師 Mario Costeja González 於 Google 搜尋自己的名字時，發現一篇 1998 年關於他拖欠債務的報導，由於早已還清債務，因此，投訴 Google，希望移除訊息，投訴無效後，轉向歐盟法院控告 Google。2014 年 5 月 13 日，最高法院判決，個人可要求搜尋引擎業者移除個資，以強化「被遺忘權」保護；即使伺服器在歐盟以外地區的公司，只要搜尋引擎業者有分公司在歐盟國家，且收取廣告利益，均須遵守歐盟規定（Judgment of the Court, 2014, May 13. Google v. AEPD）。

　　換言之，歐盟最高法院判決等於是將歐盟資料保護規定（EU data protection rules）套用至搜尋引擎業者，主要考量即在於「控制」個人資料均須在「處理個人資料」上負起責任，受歐盟相關法律規範並尊重被遺忘權，當資料不正確（inaccurate）、不適當（inadequate）、不相關（irrelevant）或逾越（excessive）其目的時，個人有權要求搜尋引擎移除個人資料連結（European Commission, 2014）。其中，關鍵定義在於資料「控制者」（controller）及「個人資料處理」（processing of personal data），以下就此議題詳細分析討論。

　　歐盟執委會 2012 年提出新的個資保護法律架構，加強個人權利，並針對全球化及新科技挑戰擬出對策，包括：要求非歐洲公司若對歐洲消費者提供服務，須遵守歐盟規定；在個人要求刪除資料時，公司將負擔舉證責任，而非由個人，倘若資料不得刪除，公司亦須提出證明「資料不得刪除之理由」。此外，公開個人資料之「控制者」，在當事人要求刪除資料時，有責任採取合理程序通知第三方，未遵守者，可裁罰每年全球營業額 1% 的罰款（European Commission, 2012）。

　　相關外電報導分析，法國很可能是全球首個基於「被遺忘權」對 Goolge 展開制裁程序的國家，估計最高罰款金額約 15 萬歐元，若再犯，甚至可能被罰款達 30 萬歐元（曾艾熙，2015）。法國國家資訊自由委員會（CNIL）認為，Google 僅在法國、英國、西班牙等歐洲網域的搜尋上移除連結，但使用者仍可透過其他區域的 Google 搜尋到相關連結。因此，於 2015 年 5 月要求 Google「被遺忘權」移除申請應擴及全球搜尋服務，惟 Google 於 7 月間拒絕且提出非正式上訴，Google 全球隱私顧問 Peter Fleischer 表示，不同意且已要求 CNIL

撤回公告。2015 年 9 月 21 日，法國正式駁回 Google 上訴，CNIL 主席表示，僅侷限於某些區域，很容易被規避，唯有移除全球連結才真正符合歐盟法院判決。尤其，要求移除的只是連結，內容仍在原地可存取；且被移除的內容需雙重審核，不至於影響民眾對資訊的存取權。CNIL 指出，Google 必須遵循該組織所頒布的通知，否則轉交 CNIL 制裁委員會進行裁決（曾艾熙，2015 年 9 月 26 日）。

事實上，被遺忘權並非絕對權利，歐盟最高法院法庭指出，被遺忘權須與基本權利平衡，例如媒體表達自由，需逐案評估（case-by-case assessment），考量所涉資訊類型、個人隱私相關程度以及公共利益，並將個人的公眾角色列入考慮（European Commission, 2014）。舉凡牽涉表達自由（freedom of expression）、公共衛生利益（the interests of public health）以及歷史、統計與科學目的等資料，換言之，歐盟認為被遺忘權是可受限制的（European Commission, 2012）。

## 貳、美　國

2012 年 2 月 23 日，美國白宮公布「消費者隱私權利法案」，其中，第 5 條規定消費者享有使公司更正不正確訊息及刪除訊息的權利。2012 年 3 月 29 日，聯邦貿易委員會（FTC）發佈「快速變革時代消費者隱私保護：針對企業界與政策制定者的建議」，提出授予消費者有限的「數位遺忘權」，意即消費者有要求公司刪除其不再需要的消費者數據等權利，並允許消費者可獲取個人數據以及在適當情況下的隱私與刪除個人資料。基於個人隱私與人權保障，美國消費者權利組織（Consumer Watchdog）主管 John Simpson，2015 年 7 月致函美國 FTC 要求 Google 也須在美國執行「被遺忘權」（曾艾熙，2015 年 9 月 26 日）。

另方面，加州州長 Jerry Brown 於 2013 年 9 月 25 日簽署通過參議院法案第 568 號（Senate Bill No. 568），俗稱「橡皮擦法案」（Eraser Law），該法案 2015 年 1 月 1 日生效（California Legislative Information, 2013），規定權利主體為未成年人，旨在保護其網路隱私，要求舉凡訴求青少年之網站及 APP，或在清楚知道用戶為青少年時，得允許 18 歲以下用戶自行移除，或者要求提供者移除或匿名已公開之個人資料。法案中有關義務主體規定，排除搜尋引擎（Google 總部就在美國加州），且未擴及 Google play 與 App store 等應用的平台。

加州「橡皮擦法案」主要在於防止因青少年時期發布之不當訊息，導致遭到霸凌、產生尷尬情況、影響大學入學，甚至影響就業等負面後果。事實上，目前主要社群媒體包括：Facebook、Twitter、Instagram 及 Vine 等，均已允許各年齡層使用者刪除訊息（包括：照片及評論等）的權利。此外，「橡皮擦法案」亦要求所有服務州內使用者之網站，一併遵守相關規定（Miles, 2013），法案雖未訂有罰則，但公司違反此法，均須負擔民事責任。

不過，「橡皮擦法案」在美國也引發不少反對意見，例如：致力於網路言論自由的組

織「民主及科技中心」（Center for Democracy and Technology）指出，若法律上課責對象爲「針對兒少之網站」，可能導致業者不願開發適合兒少的內容，甚至受兒少歡迎的網站業者，乾脆限制兒少近用，反而使兒少權益及表達機會受限（Burke et. al, 2014, November 26），需謹愼斟酌。此外，對照歐盟立法「控制者」泛指自然人、法人、公共機構、代辦處以及任何負責保管個人資訊的組織機構，「橡皮擦法案」對於許多相關之行使條件、內容、限制等，僅原則性規定，較缺乏可操作性（薛前強，2015）。

## 參、加拿大

加拿大最高法院 2011 年判決網路超鏈結可能構成散布誹謗訊息之目的，認爲現代網路使用便利，獲取訊息時，超連結不可或缺，因此，搜尋引擎業者並不被視爲發布者（publisher），類似歐盟 Google「被遺忘權」案件之判決。惟加拿大法院判決與歐盟規定不同之處在於，加拿大允許個人直接要求原發布者移除資訊，無須要求搜尋引擎爲之。依據加拿大「聯邦隱私法」（privacy laws）如「個人信息保護和電子文檔法規」（Personal Information Protection and Electronic Documents Act, PIPEDA）規定，個人有權確保個資之正確、完整及更新，並得要求原發布者（original publisher）移除不符「正確、完整及更新」之訊息。另方面，在未經同意下，私營公司均不得揭露個人訊息，除非證明涉及正當之公眾利益知情權。

換言之，加拿大相關法規或已賦予個體管轄線上個人資訊之權利，因此，未再針對「被遺忘權」進行討論。目前，加拿大隱私權議題主要由隱私署（The Office of the Privacy Commissioner of Canada, OPC）負責，由委員（commissioner）接受申訴、調查並調停（OPC, 2011）。加拿大最高法院的立場，則在於平衡隱私權與其他基本權利，例如：知的權利或表達自由，並同時將科技發展列入考量（Gustafson et. al, 2014, August），即所謂「例外」情形。

## 肆、韓　國

韓國 KCC 於 2014 年 6 月 16 日舉行會議討論被遺忘權立法，此爲韓國政府第一次對此議題展開討論，會中專家學者探討是否修改現行法令或另立新法，有專家認爲，政府應考量平衡表達自由、知的權利、公共秩序與道德、合法權益，將被遺忘權直接放入現行法規「網路利用及資訊保護法案」（Act on Promotion of Information and Communications Network Utilization and Information Protection），第 36 條關於調解糾紛以及第 37 條有關訊息資料要求（information material requests）可延伸至被遺忘權。但也有專家指出，韓國現行法規並不保障搜尋結果之個人被遺忘權，仍應全方位考量被遺忘權限制之爭議，另立新法，並應於立法前先達到社會共識。尤其須思考，允許移除過去資訊，也很可能限制未來網路世界發

展，甚至妨礙個人責任感等負面影響（Kim, 2014, July 17）。

　　2014 年 8 月 4 日，KCC 提出政策，其中，關於被遺忘權的部分，主要針對移除要求，僅限私人資訊或擴展至部落格文章與評論等進行討論，並考量如何追蹤複製的內容及連結。此外，考慮死者尊嚴，KCC 計畫制定方法鼓勵網路公司（internet companies）提供服務，將死者私人資料交由親戚或其指定人士處置。未來，KCC 甚至考量提供獎勵機制，讓公司採用數位時效系統（Digital Aging System），於一定時間自動刪除個人資訊。惟將「刪除權」委由機器或程式自動執行，確有必要慎重考量可能帶來的負面影響。

　　至於豁免刪除之資訊，韓國將媒體報導以及牽涉國家安全與犯罪調查等數據納入，以平衡表達自由及資訊保存。相關政策法規中雖並未提出罰則，但依據目前韓國個資保護法，仍得對個資不當利用者處以徒刑及罰金。而有關跨境問題，由於 KCC 相當重視加強國際合作，為求快速刪除洩漏於境外之私人資訊，韓國將於他國設置「個人資訊保護中心」（personal information protection center），並積極參與國際會議（如 OECD）商討個資保護議題（Oh, 2014, August 19）。

## 伍、日　本

　　東京地方法院於 2014 年 10 月 9 日針對當事人提出與其相關之多年前犯罪訊息，傷害其名譽作成判決，命令 Google 移除 230 則中 120 則相關搜尋結果。法官認為，某些搜尋結果侵犯個人權利，身為搜尋引擎，Google 有責任將其移除（Kageyama, 2014, October 10）。事實上，目前日本並無所謂被遺忘權的相關法規，但有專家認為，未來仍須定義隱私與搜尋功能之界限為宜（Kageyama, 2014, October）。

　　日本現行法規中有「個人資料保護法」，主要保障個人資料相關權益，無論是行政機關或民間機構，只要利用個人資料者，都受此法規範。其中，特別針對使用電腦或資料庫等儲存利用個人資料之相關單位，訂定基本義務，明訂具體規範。法規中對於違反該法，除罰款及訴訟等規定（UBIC, 2011），並賦予主管機關得認定個人資料保護團體處理申訴事件之權利，規定由個人資料保護團體訂定方針規範業者，對業者提出指導與勸告。主管機關得對違反規定之業者，徵收相關報告、提出建議、勸告及命令，但不得妨礙表現自由、學術自由、宗教自由及政治自由。而在基於法規命令、涉及人身安全、促進公共衛生及兒童健全發展，且難以取得當事人同意時，業者得在未經允許之下，向第三方提供個人資料（UBIC, 2011）。

　　綜合各國保障個人資料及相關權益，針對適用相關法規、對象、跨國管制效力、裁罰等差異，彙整製表分析如下（表 5-1）。

表 5-1　各國個資保護與被遺忘權相關設計及規範

|  | 歐盟 | 美國 | 加拿大 | 韓國 | 日本 |
|---|---|---|---|---|---|
| 相關法規 | 「資料保護指令」。2012 年「個資保護規章」尚未通過。英、德等國暫未立法規範。 | 加州「橡皮擦法案」。 | 「個人信息保護和電子文檔法規」。並未針對被遺忘權立法。 | 討論納入「網路利用及資訊保護法案」或另立新法，目前 KCC 提政策方向。 | 「個人資料保護法」。並未針對被遺忘權立法。 |
| 對象 | 搜尋引擎等業者 | 訴求青少年之網站及 APP | 原訊息發布者 | 網路公司（Internet company） | 行政機關、民間機構，利用個人資料均受規範 |
| 裁罰 | 每年全球營業額 1% 之罰款 | 法規未有規定，公司應負民事責任 | 委員負責接受申訴、調查並調停 | 得對個資不當利用者處以徒刑及罰金 | 罰款、訴訟案件 |
| 跨國規管 | 在歐洲提供服務之公司均需遵守規定 | 屬州內法案，未明確規範 | 暫未明確規範 | 加強國際合作、於他國設私人資訊保護中心 | 暫未明確規範 |

# 第三節　關鍵課題探討

　　歐盟法院 2014 年判決 Google 等搜尋引擎公司案的同時，也產生與言論自由、資訊自由間衝突，引發網路審查，甚至權貴、罪犯運用以隱藏不良紀錄等爭議，尤其包括：誰可以要求刪除有關自己的資料或鏈結？哪些內容可以被遺忘？處理刪除鏈結申請的執行標準為何？即便歐盟法院相關判決也並未提供明確具體的答案。我國「個人資料保護法」自 2012 年 10 月 1 日正式實施，由於個資法修正過程中，大幅參考 1995 年歐盟個資保護指令（邱忠義，2014），無論立法精神、架構及法律用語，均深受歐盟指令影響，因此，以下主要參酌歐盟經驗作法，輔以其他國家之比較分析，進一步探討大數據與被遺忘權關鍵課題，以為思考借鏡。

## 壹、被遺忘權控制者與個人資料處理

　　被遺忘權的執行並不僅限於搜尋引擎，只是至今經法院判決確認者，多涉及搜尋引擎提供之服務，且即便原始網站未刪除網頁上的內容，Google 也應刪除相關的網頁鏈接，

以尊重用戶要求。畢竟鏈結一旦刪除，即便原始網頁內容還在，亦無法再通過搜尋引擎找到，如此一來，當個人可據此途徑申請刪除搜尋鏈結時，也代表無需網站管理員的同意（六爻，2014 年 10 月 31 日）。

目前，包括所有記錄「人」相關數據的電腦網路，以及對個人生活及身份建構構成決定性影響之資訊技術，均涵蓋在被遺忘權的討論範圍內。未來，被遺忘權預估很可能擴及 facebook、twitter 等服務；尤其，雅虎已表態將在隱私權及表達權中，尋求新的平衡。因此，須釐清承擔個人資料保護指令之權利義務所屬。前述搜尋引擎案例所聚焦之關鍵，即 Google 美國母公司是否為「控制者」，提供搜尋結果與連結且符合歐盟 95/46 指令中第 2 條 (b)「個人資料處理」（processing of personal data）之定義，以下略作分析。

歐盟「個資保護指令」第 2 條 (d) 所定義之「控制者」（controller）為：「自然人、法人、政府機關、單位或其他任何實體，單獨或與其他人共同（alone or jointly with others），決定處理個人資料之目的與方式（determines the purposes and means of the processing of personal data）……」（Article 2 (d) of Directive 95/46 (b)）。以搜尋引擎為例，歐盟法院認為，若只因搜尋引擎無法控制第三人在網頁上張貼哪些個人資料，就排除搜尋引擎不屬於「控制者」，便已違反指令目的，因指令即在於將控制者採取廣義解釋，以有效且完整保護資料主體（Judgment of the Court, 2014, May 13. Google v. AEPD, at paragraph 34；楊智傑，2015）。

事實上，搜尋引擎將這些網際網路上與資料主體有關所有資訊，加以組織、加總，並以結構化清單形式呈現出來，其活動與網站發行人活動有很大的附加功能，對個人隱私與個人資料的保護影響更大（Judgment of the Court, May 13, 2014. Google v. AEPD, at paragraph 35-37. 28；楊智傑，2015）；據此，歐洲法院認為，搜尋引擎決定其活動的目的與方式，當然是資料處理的「控制者」，因而認定搜尋引擎營運者屬個資保護指令的控制者，須承擔該指令所課予之權利義務，以確保資料主體之隱私權獲得真正保護。

至於提供搜尋結果與連結，是否屬指令第 2 條 (b) 所定義「個人資料處理」（processing of personal data）：任何對個人資料執行的運作或一系列運作，不論是否透過自動方式執行，包括蒐集（collection）、記錄（recording）、組織（organization）、儲存（storage）、改編或修改（adaptation or alteration）、取出（retrieval）、參考（consultation）、使用（use）；以傳輸、散布或以其他方式揭露（disclosure by transmission, dissemination or otherwise making available）、排列組合（alignment or combination）、封鎖（blocking）、刪除或銷毀（erasure or destruction）（Article 2 (b) of Directive 95/46 (b)）。歐洲法院認為，搜尋引擎乃自動、持續、有系統探索網際網路上的資訊，符合第 2 條 (b) 所謂「蒐集」（collect），且確實繼續將資訊「取出」（retrieve）、「記錄」（record）、「組織」（organize），並將資訊「儲存」於伺服器內，以搜尋結果清單方式「揭露」（disclose）並「提供」（make available）給使用者（楊智傑，2015）。

　　綜合前述相關研究分析，以及歐洲法院裁決所示，搜尋引擎之所以應承擔個人資料保護指令之權利義務（Judgment of the Court, 2014, May 13. Google v. AEPD, at paragraphs 35-38.），主要在於所提供服務，讓使用者可輸入個人姓名關鍵字後，搜尋到所有與此人有關的資訊，構成對人的一種檔案（profile），因此，對個人隱私的影響，獨立於網站發行人的行為，屬「資料處理」（楊智傑，2015）。即便搜尋引擎運作也同時處理其他非涉及個人資料的資訊；這些個人資料由第三人張貼於網頁；其活動只專門處理已公開發行於媒體且未修改其內容的資料，但前述各種因素並不影響搜尋引擎構成「處理個人資料」之活動（Judgment of the Court, 2014,May 13. Google v. AEPD, at paragraph 28-31），且完全符合第2條（b）定義，其活動屬「處理個人資料」（Judgment of the Court, 2014, May 13., at paragraph 28）。換言之，歐洲法院這項裁定具指標意義，值得分析之處在於，以前搜尋引擎不對網頁內容負責，但現在需對網頁內容進行考量，抓取訊息後，實際上就形成對訊息的掌控，作為「控制者」，就產生應對「資料處理」負責的義務。

## 貳、被遺忘權與反對權之分辨

　　歐盟第一起西班牙案件，其實是 200 多起要求撤下涉及個人數據內容的其中一案。雖然，歐盟法院最終判定 Google 應按當事人要求，刪除涉及個人隱私之數據；然而，歷時三年訴訟，針對 Google 是否有權審查資訊內容以決定應否刪除，以及，若申請被遺忘的是大企業、政府高官，則要求 Google 將網路上的醜聞鏈結刪除，是否涉及侵犯公眾知情權（吳俊鞍，2014 年 12 月 7 日）等一連串問題，均並未釐清，例如：誰有權決定資訊內容是否應被遺忘？資料主體有無權利直接向網頁發行人、搜尋引擎營運者提出請求，將有問題的資料處理改正或刪除？個人有無權利直接要求搜尋引擎，不保留自己的某些資訊、刪除以其姓名作為搜尋關鍵字所得之結果及畫面連結？

　　前述，Viktor Mayer-Schönberger（2011, July）在《刪除：大數據取捨之道》書中指出，目前九成以上訊息均為數位形式，導致大量個人數據很可能有被濫用的疑慮，「被遺忘權」賦予個人處理網路數據的權利，或可針對大數據衍生之「濫用」問題，尋求解決之道。以搜尋引擎為例，歐盟法院 2014 年作出裁定後，Google 隨即成立內部審查小組處理刪除鏈結申請，5 月 29 日開通「被遺忘權」服務申請網頁，允許歐洲地區民眾線上填表、提交申請；申請者需提供個人身份證件、希望移除的鏈接、移除理由等（Unwire.pro, 2015 年 6 月 12 日）。根據歐盟「資料保護指令」，個人可要求資料「控制者」刪除資料的條文，主要依據第 12 條個人近取權（Right of access）規定：會員國應確保「資料主體」有權要求「控制者」：…(b) 當「資料之處理」不符合本指令規定時，在適當情形下，可要求更改、刪除或阻擋該資料，尤其當該資料內容不完整或不正確時（Article 12 of Directive 95/46）。

　　其實，歐盟法院並未進一步推論 Google 搜尋引擎的蒐集處理行為，如何與其「原本目的」有何「不正當、無關聯、逾越目的…」；相關研究分析認為，歐盟法院 2014 年 Google v. AEPD 案判決中，歐盟指令第 6 條搭配指令第 12 條 (b) 或許並非判決關鍵，因為，要求搜尋引擎停止關鍵字搜尋或停止搜尋結果之網頁連結，所引用的並非指令第 6 條及第 12 條 (b)，與歐盟 2012 年個資保護規章草案第 17 條的被遺忘權並不同，而是第 7 條 (f) 及第 14 條第 1 項 (a) 之「反對權」，換言之，只是反對其繼續處理該資料，要求搜尋引擎「停止」，並非真的「刪除資訊」（楊智傑，2015）。

　　此外，「資料保護指令」中，個人可運用要求資料「控制者」刪除資料的條文，確實還包括第 14 條「個人反對權」（The data subject's right to object）：「會員國應賦予資料主體有權從事下列行為：……(a) 至少在出現第 7 條 (e) 或 (f) 之情形，於任何時間，基於其特殊情況之重大正當理由，反對涉及其資料。延續指令第 14 條概念的 2012 年「一般資料保護規章」第 19 條亦有「個人反對權」相關規定（COM (2012) 11 final, supra note 5, at 9.）：

1. 資料當事人有權，在特定情況下，基於第 6 條 (d)、(e)、(f)，反對資料之處理，除非資料控制者證明處理該資料有重大正當理由，勝過資料當事人之基本權利與自由。
2. 當基於直接行銷之目的而處理個人資料時，個人有權反對為了此行銷而處理其個人資料，且對其行使反對權不可收取費用。應向資料當事人以可理解之方式，告知其具有此一權利，並與其他資訊清楚區分。
3. 當其根據第 1 項及第 2 項提出反對時，資料控制者應立即停止處理該個人資料。

## 參、被遺忘權之衝突與濫用：資訊內容刪除標準與例外

　　歐盟法院 2014 年 5 月 13 日針對「Google Spain v. AEPD 案」作出判決後，Google 董事長 Eric Schmdt 曾批評，歐盟判決等於是「被遺忘權」與「知情權」的直接對撞，因為，這兩種權利應取得平衡。然歐盟執委會副主席 Viviane Reding 卻認為，「判決正反映個資保護改革的內涵，確保經營歐洲市場所有企業遵循歐盟法規，同時賦予公民權利，採取必要行動管理個資」（楊芬瑩，2014 年 5 月 16 日）。事實上，歐、美對於以被遺忘權保護個人隱私，以及被遺忘權不利言論自由保護等議題，所持態度及立場有所差異。

　　相關資料顯示，自從歐盟法院判決 Google 必須移除西班牙律師有關報章上債務記錄的網路搜尋結果後，Google 便開始提供表格讓歐洲民眾申請移除搜尋結果，有意向 Google 行

使「被遺忘權」者，需填寫提交申請書（Google's Right To Be Forgotten Form），則 Google 會依申請人的要求回復並處理，若通過內部審核，Google 會自動發信予內容所在網頁或業者，通知該內容所在網頁或業者，移除有關內容的索引，且移除結果會顯示於搜尋索引的網頁。目前，Google 以審核每宗個案的方式進行處理，估計一年間共收到 254,271 筆請求，完成評估的網址則有 922,638 個，實際移除的網址約占 41.3%。但部分申請備受爭議，例如：手術失敗的醫生、被指控與性侵有關的牧師、因金融犯罪被捕及判刑的金融業者等（Unwire.pro, 2015 年 6 月 12 日）。

　　然而，什麼訊息資料應該或需要被遺忘？什麼不應被刪除？而如果是新聞媒體網站，新聞報導屬合法，資料主體是否仍可要求改正或刪除？刪除與不刪除之間，侵犯個人隱私與獲取資訊自由之平衡，如何避免被遺忘權的衝突與濫用？尤其，個人為遮掩過去不光彩或為隱藏訊息之目的，任意提出權利之行使等，極可能造成被遺忘權的濫用，而事涉言論表達自由、公共利益目的等資料，被遺忘權是否也應有所限制，不無疑義，有必要釐清資料刪除標準與例外範圍。以 Google 為例，將個別權利及相關內容涉及的公共利益均納入考量，若有違公共利益，則拒絕，例如：犯罪紀錄不應遮蔽，倘若當事人曾被判刑，但上訴成功獲判無罪，則自搜尋結果移除相關新聞紀錄等（Unwire.pro, 2015 年 6 月 12 日）。不過，由於 Google 只在歐洲子域名下實施有關政策，歐盟數據保護工作小組（29WP）要求 Google 擴大實施至全球主域名網站的搜尋。

　　歐盟最高法院曾表示，被遺忘權並非絕對權利，須與基本權利平衡，例如：媒體表達自由，需逐案評估，考量所涉資訊類型、個人隱私相關程度以及公共利益，並將個人的公眾角色列入考量（European Commission, 2014, July 3）。事實上，歐盟針對牽涉表達自由、公共衛生利益以及歷史、統計及科學目的等資料，認為被遺忘權是可受限制的（European Commission, 2012）。另方面，個資保護規章在執委會版本的「被遺忘權」同樣並非絕對權利，規定例外情況下，資料「控制者」可不接受當事人要求。第 3 項規定：在受到請求後，「控制者」應立即刪除，除下述情況則有必要繼續保留該個人資料（Article 17 (3) of Regulation (Commission Proposal)）：

　　　　(a) 基於落實第 80 條所保護之言論自由；
　　　　(b) 基於第 81 條公共衛生領域中之公共利益之理由；
　　　　(c) 根據第 83 條之歷史、統計及科學研究之目的；
　　　　(d) 控制者為符合所適用之歐盟法或會員國法之義務而保留該個人資料；
　　　　(e) 本規章第四項規定有關刪除個人資料的其他處理作法。

　　換言之，會員國法令必須符合公共利益之目的、尊重保護個人資料權利，及與所追求

之正當目的合乎比例。此外，第 4 項規定：資料「控制者」在下述情況，可以不刪除該個人資料，限制該資料之處理；違反者，規章第 79 條第五項第 (c) 款，有關違反被遺忘權，授予資料保護機關裁罰權力，得對個人或法人處以行政罰鍰：(1) 當法人具有故意或過失，不尊重歐盟民眾的被遺忘權，對於資料當事人提出刪除個人資料相關之連結、複本或重製之請求時，未有設置確保刪除個人資料之機制，或未能採取必要措施告知處理該資料之第三人；(2) 個人最高得處罰款金額為 50 萬歐元；法人最高得處罰款金額為該法人每年全球營業額的 1% 的金額（Article 79 (5) of Regulation / Commission Proposal）。

(a) 當事人爭執該資料之正確性，需一段時間方能驗證該資料之正確性；
(b) 資料控制者不再需要使用該個人資料已完成其任務，但基於證據保存之需求而須維持該資料；
(c) 該資料處理違法，但當事人希望限制該資料利用，而非要求刪除；
(d) 資料當事人要求根據第 18 條第 2 項，傳送該個人資料至另一自動處理系統。

　　歐盟各會員國對於「被遺忘權」明文化，意見不一，各有考量。以英國為例，資訊專署（Information Commissioner of Office, ICO）肯定歐盟最高法院對 Google 之裁決，但對於在英國執行的可行性存疑，主要因為資訊大量流通，要求搜尋引擎確實移除相關資訊，在技術上有一定困難。此外，被遺忘權可能影響公眾知情權，甚至導致歐盟與其他國家資訊不對等（UK Parliament, 2014；陳韻竹，2014）。至於德國，其內政部認為，若搜尋引擎依賴電腦軟體決定何者為該刪除之訊息，則可能導致無法達到權利的平衡，例如：政治人物或重要人物任意刪除公開報導等負面效應，德國內政部提議，責成搜尋引擎業者積極開發提供爭端解決之機制（Masons, 2014, May 28）。
　　被遺忘權與基本權利平衡議題在美國，由於加州「橡皮擦法案」特別關注訴求青少年的網站及 APP，要求允許 18 歲以下用戶可自行移除，或要求提供者移除或匿名公開之個人資料，以達到保障青少年個資之目的。然而，其餘與個人隱私相較，有研究分析指出，美國更重視憲法第一增修條文所保障之言論自由，相形之下，突顯歐洲國家較重視個人隱私（Shoor, 2014）。研究指出，德國二名殺人犯要求維基百科及其母公司，在受害人姓名網頁中移除殺人犯姓名（Rosen, J., 2012, February 13），德國版維基百科為避免訴訟，移除其姓名；但此案在美國，出版某人的犯罪史也受憲法第一修正案保護，基於言論自由，尤其對事實資訊之出版與發行，不太可能因應要求而移除。例如：美國一名男子針對兒子多年前在舊金山脫衣舞俱樂部酒醉與員工衝突的報導，以及兒子 2007 年 2 月離開加州大學柏克萊分校球隊、2010 年過世等消息，向《加州日報》（Daily Californian）提出刪除請求，均遭到拒絕，因而提起 7500 美元賠償訴訟。法官雖同情其處境，但認為並未構成刪除文章

之合法請求，尤其被遺忘權也涉及公開訊息，不只是隱私權。分析指出，對美國而言，被遺忘權不等於有權抹煞歷史，已公開的訊息，難以再回到私密狀態，且被遺忘權其實是透過不再允許第三人獲取該資料訊息，將某一時期公開過的資料，轉為私人的狀態（Weber, 2011）。

加拿大最高法院的立場，也在於平衡隱私權與其他基本權利，例如：知的權利或表達自由，並同時將科技發展列入考量（Gustafson et. al, 2014, August）。加拿大由於「聯邦隱私法」（privacy laws）如「個人信息保護和電子文檔法規」賦予個體管轄線上個人資訊之權利，在未經同意下，私營公司均不得揭露個人訊息，除非證明訊息涉及正當之公眾利益知情權。

至於亞洲國家，以日、韓為例，韓國至今仍持續討論修改現行法令或另立新法，惟政府在第一次討論被遺忘權立法議題時，即有意見強調，政府應考量平衡表達自由、知的權利、公共秩序與道德、合法權益。即便將被遺忘權放入現有法規「網路利用及資訊保護法案」中，惟媒體報導涉及國家安全及犯罪調查之數據，需納入豁免刪除之資訊，以平衡表達自由及資訊保存。至於日本，目前亦無被遺忘權相關法規，現行「個人資料保護法」，主要保障個人資料相關權益，不得妨礙表現自由、學術自由、宗教自由及政治自由，基於法規命令、涉及人身安全、促進公共衛生及兒童健全發展等，為例外情形，未來則須定義隱私與搜尋功能之界限，進而釐清刪除與不刪除之間，侵犯個人隱私與獲取資訊自由之平衡。

有關前述各國資訊內容刪除之標準與例外，「各國被遺忘權之衝突與濫用」彙整製表分析如下（表 5-2）。

表 5-2　各國被遺忘權之衝突與濫用：資訊內容刪除之標準與例外

|  | 歐盟 | 美國 | 加拿大 | 韓國 | 日本 |
|---|---|---|---|---|---|
| 原則標準 | 被遺忘權並非絕對權利，須與基本權利平衡。 | 相較個人隱私，更重視憲法第一增修條文。 | 最高法院立場在於平衡隱私權與其他基本權利。 | 持續討論斟酌修改現行法令或另立新法。 | 被遺忘權並非絕對權利。 |
| 例外／限制 | 如媒體表達自由，需逐案評估，考量所涉資訊類型、個人隱私相關程度以及公共利益，並將個人的公眾角色列入考慮。 | 重視憲法第一增修條文所保障之言論自由。 | 如知的權利或表達自由，並同時將科技發展列入考量。正當之公眾利益知情權。 | 有意見認為政府應考量平衡表達自由、知的權利、公共秩序與道德、合法權益。媒體報導牽涉國家安全及犯罪調數據，均納入豁免刪除之資訊，以平衡表達自由及資訊保存。 | 不得妨礙表現自由、學術自由、宗教自由及政治自由，基於法規命令、涉及人身安全、策進公共衛生及兒童健全發展等。 |

## 第四節　我國大數據與被遺忘權分析

### 壹、大數據與被遺忘權相關案例

　　有關我國曾出現或引用「被遺忘權」概念之相關案例，至今較為接近者，即台灣米迪亞暴龍隊老闆訴請台灣 Google 公司刪除他因假球案遭起訴詐欺之關鍵字及相關新聞。由於他在該案獲判無罪，不滿在 Google 仍可搜尋到他涉及假球的訊息。不過，此案經台北地方法院判決駁回，理由是 Google 只提供搜尋服務，並非資料管理者，無權刪除內容（張禕呈、吳俊葵，2015 年 1 月 22 日）。

　　國內相關研究指出，前述案例，由於原告主張 Google 的搜尋結果傷害其名譽權與隱私權，援引的是民法第 184 條、第 191 條之 1 侵權行為，以及消費者保護法第 7、8、9 條等，提起民事訴訟，並非被遺忘權概念。分析臺北地方法院判決原告敗訴之理由（臺北地方法院 103 年度訴字第 2976 號民事判決；楊智傑，2015）與西班牙 Google 案例類似在於，法院認為，Google 搜尋引擎服務由美國母公司提供，搜尋服務並非由被告臺灣 Google 分公司提供，被告無權管理搜尋引擎服務，請求對象不對。其次，民法第 191 條之 1 針對商品製造人責任，並不包括服務提供者，而就消費者保護法，服務提供者責任僅及於生命、身體、健康、財產，不及於名譽權、隱私權，原告援引民法第 184 條侵權行為，主張其名譽權及隱私權受到侵害，法院無法著墨。楊智傑（2015）分析，「個人資料保護法」所保護對象即個人隱私權，最基本來源除憲法第 22 條大法官所承認之隱私權外，在實體法上，就屬民法第 18 條、第 184 條人格權保護，惟臺北地院不討論民法第 184 條，或有瑕疵。

　　綜合前述，因我國並無所謂「被遺忘權」相關規定，且該案也未援引「個人資料保護法」，無法判定法院對現行個資法是否承認或具備被遺忘權之概念及精神。惟對照歐盟指令或規章，我國「個人資料保護法」確實有相當接近的規定，得以提供個人主張資料近用、修正、停止利用、刪除等權利。

### 貳、我國「個人資料保護法」與被遺忘權分析

　　我國於 1995 公布實施「電腦處理個人資料保護法」，係參考經濟合作暨發展組織（Organization for Economic Cooperation and Development，OECD）1980 年 9 月通過之管理保護個人隱私及跨國界流通個人資料之指導綱領，以及 1981 年歐盟理事會完成保護個人資料自動化處理公約之 8 項原則，制訂而成（陳慧玲，2015 年 5 月 5 日）。我國「個人資料保護法」2010 年 5 月 26 日總統公布全文修正，自 2012 年 10 月 1 日正式實施，修法理由亦再次說明參考前述 8 項原則。事實上，在 2012 年新個資法施行當時，法務部即函請外交部代為蒐集歐盟相關草案修法進度，至於被遺忘權議題，未來將視歐盟執行成效，研議將

其納入下階段個資法修法內容。換言之，我國在個資法修正過程中，大幅參考 1995 年歐盟個資保護指令（邱忠義，2014 年 12 月），無論立法精神、架構及法律用語，均深受歐盟指令影響，例如：個資法第 5 條接近於歐盟個資保護指令第 6 條「個人資料近取權」：

> 第 5 條
> 個人資料之蒐集、處理或利用，應尊重當事人之權益，依誠實及信用方法為之，不得逾越特定目的之必要範圍，並應與蒐集之目的具有正當合理之關聯。

不過，第 5 條雖提及「不得逾越」、「正當合理之關聯」，但相形之下，並不如歐盟個資保護指令第 6 條具體。此外，個資法第 11 條第 4 項雖接近指令第 12 條 (b)，然卻無指令第 12 條 (b) 例示「不完整」或「不正確」，且不足以包含所有違反法規之情形，因此，相關研究並不認為我國個資法第 5 條以及第 11 條第 4 項存有「被遺忘權」之概念（楊智傑，2015）。

> 第 11 條第 4 項
> 違反本法規定蒐集、處理或利用個人資料者，應主動或依當事人之請求，刪除、停止蒐集、處理或利用該個人資料。

對照歐盟指令第 7 條規定何種情況下可蒐集處理個人資料，我國個資法第 19 條第 1 項第 7 款「… 顯有更值得保護之重大利益者，不在此限」，與歐盟指令第 7 條 (f) 相近；指令第 7 條 (f) 規定：「控制者、第三方或資料揭露對象，在其所追求之正當利益目的必要範圍下，可處理個人資料，除非該利益被指令第 1 條 (1) 所保護之資料主體之個人權利與自由（尤其是涉及處理個人資料之隱私權）所勝過時」，所謂資料主體之個人權利與自由，是指歐盟人權憲章第 7 條（尊重私人及家庭生活的權利）和第 8 條（保護個人資料之權利）。

> 第 19 條第 1 項第 7 款
> 七、個人資料取自於一般可得之來源。但當事人對該資料之禁止處理或利用，顯有更值得保護之重大利益者，不在此限。

回溯第 19 條第 1 項第 7 款之立法理由：

> 「由於資訊科技及網際網路之發達，個人資料之蒐集、處理或利用甚為普遍，尤其在網際網路上張貼之個人資料其來源是否合法，經常無法求證或需費

過鉅，為避免蒐集者動輒觸法或求證費時，明定個人資料取自於一般可得之來源者，亦得蒐集或處理，惟為兼顧當事人之重大利益，如該當事人對其個人資料有禁止處理或利用，且相對於蒐集者之蒐集或處理之特定目的，顯有更值得保護之重大利益者，則不得為蒐集或處理，仍應經當事人同意或符合其他款規定事由者，始得蒐集」。

所謂「更值得」，有利益衡量之意，歐盟指令第 14 條第 1 項 (a) 所謂特殊情況之重大正當理由（on compelling legitimate grounds relating to his particular situation to the processing of data relating to him），與我國個資法第 19 條第 1 項第 7 款「重大利益」亦同，研究分析，當事人據此可請求蒐集或處理者停止處理或利用，此屬個人「反對權」概念（楊智傑，2015）。「個人反對權」為歐盟指令第 14 條第 1 項規定，對照我國個資法第 20 條第 2 項、第 3 項規定，近似歐盟指令第 14 條第 1 項 (b)（並不近似於第 1 項 (a)），顯示我國個資法有接近個人「反對權」之規定：

> 第 20 條第 2 項
> 非公務機關依前項規定利用個人資料行銷者，當事人表示拒絕接受行銷時，應即停止利用其個人資料行銷。
>
> 第 20 條第 3 項
> 非公務機關於首次行銷時，應提供當事人表示拒絕接受行銷之方式，並支付所需費用。

至於指令第 14 條第 1 項 (a)，則是賦予當事人「請求權」，較接近我國個資法第 19 條第 2 項。

> 第 19 條第 2 項
> 蒐集或處理者知悉或經當事人通知依前項第七款但書規定禁止對該資料之處理或利用時，應主動或依當事人之請求，刪除、停止處理或利用該個人資料。

研究分析指出，即便根據歐盟法院判決，推論現行歐盟個資保護指令第 6、7、12(b)、14 條，具備被遺忘權之概念，但我國個資法第 19 條第 1 項第 7 款，以及第 19 條第 2 項，諸如「要求搜尋引擎停止關鍵字搜尋或刪除網頁連結」的條文，只能作為「要求搜尋引擎停止處理」之依據（楊智傑，2015），較難主張我國個資法具有被遺忘權概念。

由於前述該案未援引「個人資料保護法」，而現行個資法中雖有刪除權規定，但刪除

權可能應解釋為僅限該資料超越原蒐集個人資料之特定目的必要範圍或期限之情形，方可適用，並不能作為請求的權力基礎，且因被告當事人不適格之程序問題被駁回，法院並未做實體審理（陳慧玲，2015 年 5 月 5 日），因此，無法判定法院對於我國現行個資法是否承認或具備被遺忘權之概念及精神。惟對照歐盟指令或規章，我國個資法確實有相當接近之規定，得以提供個人主張資料近用、修正、停止利用、刪除等權利。

　　換言之，根據歐盟一般資料保護規章第 17 條第一項與第 19 條第一項各款規定，授予資料當事人有撤回資料處理，同意或拒絕資料處理之權利，並加重資料管理者負擔，須採取合理措施，告知當事人有權對資料控制者提出資料刪除。但我國當事人雖有權請求行使資料之近取權與停止處理權，惟相關法律所能提供，僅在資料蒐集之特定目的消失或期限屆滿時，才得以申請刪除、停止處理或利用該個人資料，對照歐盟，我國當事人可參與資料處理刪除的程度，明顯較低（陳靜怡，2014 年 11 月）。

　　至於資料刪除或被遺忘權之落實，端視接受資料當事人資料刪除請求之後續處理流程，若相關業者「隱私權政策」主動並清楚揭示相關資訊，則可保障個人享有管理其資料之工具，於個人資料蒐集特定目的之消失或期限屆滿時，主動或依當事人之請求，刪除、停止處理或利用該個人資料（第 11 條第 3 項）；非公務機關違反者，可依第 48 條第 2 款，處以新臺幣 2 萬元以上 20 萬元以下罰鍰。

　　進一步針對我國「個人資料保護法」與歐盟 1995「個資保護指令」加以比較，彙整製表分析如下（表 5-3）。

表 5-3　我國「個人資料保護法」與歐盟 1995「個資保護指令」比較分析

| 分析 | 我國「個人資料保護法」 | 歐盟「個資保護指令」 | 說明 |
|---|---|---|---|
| 我國個資法第 5 條以及第 11 條第 4 項，未能充分推論存有「被遺忘權」核心概念 | 第 5 條<br>個人資料之蒐集、處理或利用，應尊重當事人之權益，依誠實及信用方法為之，不得逾越特定目的之必要範圍，並應與蒐集之目的具有正當合理之關聯。 | 第 6 條<br>個人資料近取權（Right of access）。第 6 條 (1) 資料控制者應確保個人資料被「正當且合法地處理」（詳見前述該相關條文）。 | 我國個資法第 5 條雖也提到「不得逾越」、「正當合理之關聯」，但相形之下，並不如指令第 6 條具體。 |
| | 第 11 條第 4 項<br>違反本法規定蒐集、處理或利用個人資料者，應主動或依當事人之請求，刪除、停止蒐集、處理或利用該個人資料。 | 第 12 條 (b)<br>近取權成員國須確保資料主體（data subject）從管理者（controller）取得資料之權利：(b) 特別是因資料本質不完整或不正確之故，適當更正、刪除或封鎖不符合此指令規定之資料處理。 | 接近歐盟指令第 12 條 (b)，然並無指令第 12 條 (b) 例示「不完整」或「不正確」，包含所有違反法規之情形。 |

| 分析 | 我國「個人資料保護法」 | 歐盟「個資保護指令」 | 說明 |
|---|---|---|---|
| 我國個資法可請求蒐集或處理者停止處理或利用,具個人「反對權」概念。 | 第19條第1項第7款<br>七、個人資料取自於一般可得之來源。但當事人對該資料之禁止處理或利用,顯有更值得保護之重大利益者,不在此限。 | 第7條 (f)<br>除非該利益被指令第1條 (1) 所保護之資料主體之個人權利與自由所勝過時。 | 我國個資法第19條第1項第7款,以及19條第2項,「要求搜尋引擎停止關鍵字搜尋或刪除網頁連結」等條文,只能作為「要求搜尋引擎停止處理」之依據。 |
| 我國個資法有賦予當事人「請求權」之規定。 | 第19條第2項<br>蒐集或處理者知悉或經當事人通知依前項第七款但書規定禁止對該資料之處理或利用時,應主動或依當事人之請求,刪除、停止處理或利用該個人資料。 | 第14條第1項 (a)<br>賦予當事人「請求權」。 | |
| 我國個資法有接近個人「反對權」之規定 | 第20條第2項<br>非公務機關依前項規定利用個人資料行銷者,當事人表示拒絕接受行銷時,應即停止利用其個人資料行銷。<br>第20條第3項<br>非公務機關於首次行銷時,應提供當事人表示拒絕接受行銷之方式,並支付所需費用。 | 第14條第1項 (b)<br>第14條「個人反對權」:「會員國應賦予資料主體有權從事下列行為:……(a) 至少在出現第7條 (e) 或 (f) 之情形,於任何時間,基於其特殊情況之重大正當理由,反對涉及他的資料。 | 我國個資法有接近個人「反對權」之規定。 |

資料來源:臺北地方法院 103 年度訴字第 2976 號民事判決;2014 年西班牙 Google v. AEPD;楊智傑(2015)。

## 參、資訊內容刪除標準與例外

前述討論,要求搜尋引擎停止關鍵字搜尋或刪除網頁連結,並非 2012 年歐盟規章第 17 條所謂的「被遺忘權」,而是歐盟個資保護指令要求停止處理個人資訊之反對權。當個人向搜尋引擎提出刪除特定資訊與關鍵字搜尋時,也非絕對權利,需進行利益衡量,一如歐盟法院針對「Google v. AEPD 案」指出,個人重大正當理由,在個案情況下,未必都「更值得保護」。

至於美國,隱私權一定程度作為經濟權利,因此,在法律上的效力難以與承載公共

利益（言論自由）的憲法第一修正案相抗衡，導致隱私權保護在美國相對較弱（Wang Dongbin, 2013, February7）。換言之，美國憲法第一修正案爲媒體言論自由提供強力維護，當個人隱私成爲言論一部分時，個人隱私權保護問題即涉及與媒體之間的關係，隱私權與憲法第一修正案有其內在衝突。

有關利益衡量問題，我國個資法第 19 條第 1 項第 6 款，修法時增加「六、與公共利益有關」，當初修法理由指出：

> 「……公共事務之知的權利如涉及個人資料或個人隱私時，應特別慎重，以免過度侵入個人的私生活，故隱私權與新聞自由之界限有更具體明確之必要。
>
> 　新聞自由或知的權利與隱私權之衝突，如何確立界限，外國立法例有建立其判斷標準。在美國聯邦最高法院有關侵權行爲或誹謗訴訟之判例中，以『新聞價值』（Newsworthiness）和『公眾人物』（Public Figure）爲判斷標準，最終仍以『公共的領域』，即『公共事務』或『與公共相關之事務』爲必要條件，故新聞自由或知的權利與隱私權之界限，劃定標準應在於『事』而非『人』，故『公共利益』已足供作爲判斷標準並簡單明確，此亦與中華民國報業道德規範宗旨相符，爰增訂第六款之規定。」

2014 年西班牙「Google v. AEPD 案」判決，或考量資訊類型，對當事人私生活之敏感程度，公眾是否有取得該資訊之利益，以及當事人在公領域中扮演之角色等，惟我國個資法第 19 條第 1 項增訂第 6 款時，已思考處理「新聞自由或知的權利與隱私權之衝突」相關利益衡量，當新聞自由與知的權利、隱私衝突時，「公共事務」、「與公共相關之事務」、「與公共利益有關」均大於個人隱私，研究分析，所謂「個人是否有更值得保護之重大利益」，其資訊或關鍵字應以「與公共利益有關」作爲判斷（楊智傑，2015），以搜尋引擎爲例，使用者搜尋目的，無論基於知的權利、新聞調查或私人好奇，涉及個人主觀，判斷是否可「要求搜尋引擎停止處理」時，個案判斷與利益衡量，採取「與公共利益有關」可矣。

至於罰則，我國個資法，係由政府先限期改正，屆期未改正者，按次處新臺幣 2 萬元以上 20 萬元以下罰鍰（個資法 48 條）。對照歐盟一般資料保護規章授權資料保護機構裁罰權力，行政罰鍰上限，行爲人最高得處罰鍰 50 萬歐元，法人最高得處公司每年全球營業額 1% 罰鍰（陳靜怡，2014 年 11 月），罰金規模之大，值得觀察其後續成效與影響。

# 結　語

事實上，被遺忘權的執行並不僅限於搜尋引擎，只是至今經法院司法判決確認者，多

涉及搜尋引擎提供之服務，其中，Google 為全球最具規模且處理個案數最多者。然而，自 Google 開放接受各國申請移除資料至今，統計顯示，德、法等歐洲國家提出申請案居多，這使得歐盟表面上堪稱全球最落實執行「被遺忘權」的地區，但歐盟工作小組要求 Google 將政策延伸至 Google 主域名，全球實行歐盟判決，惟 Google 屬商業機構，不受公眾監督，如何確保「被遺忘權」公平透明運作，不無疑慮。如前述討論，Google 一年收到請求並完成評估的網址中，真正實際移除者占 41.3%（Unwire.pro，2015 年 6 月 12 日），遭否決申請者，後續若無公平公開的上訴或覆核機制，未來很可能導致更多「被遺忘權」的糾紛與法律訴訟。

限於「被遺忘權」相關法規與前述討論實際運作諸多困難，不少國家至今仍多採「觀望」態度，推動並不積極，就連歐盟各會員國至今針對歐盟一般資料保護規章有關被遺忘權的明文內容，始終意見分歧（詳見 www.parliament.uk），例如：英國主張勿明文化，應將相關條文自規章中移除；義大利則主張檢視未來被遺忘權的立法進展，須參酌各會員國意見，微調條文內容（European Union Committee, 2014）；而德國則考慮直接在法院體系內成立仲裁庭，或交由第三方仲裁程序等，以解決網路搜尋引擎的隱私爭議（陳靜怡，2014 年 1 月）。

至於美國，相對於歐盟立法「控制者」泛指自然人、法人、公共機構、代辦處以及任何負責保管個人資訊的組織機構，加州「橡皮擦法案」在義務主體的侷限，以及許多相關之行使條件、內容、限制等，僅原則性規定，缺乏可操作性（薛前強，2015），雖有論者分析美國重視憲法第一增修條文保障言論自由，優先於隱私權概念（Shoor, 2014），但事實上，加州「橡皮擦法案」中有關義務主體規定，排除搜尋引擎（Google 總部就在美國加州），且未擴及 Google play 以及 App store，顯示如何更周延落實被遺忘權保護，還有許多涉及各國利益更根本的考量與衝突需面對。

前述，歐盟有關被遺忘權的法律文本，基於因應未來新科技發展仍能適用，保留部分廣泛、模糊與不精確，也被認為有其操作上的困難，例如：被遺忘權的濫用，或個人隱私權的侵犯，法律追究對象是否僅限於資料收集者（Google、Facebook、阿里巴巴……、學校、醫院、銀行、國家安全部門、司法機構等）？擁有大量公民資料數據，應承擔責任到何種程度？資料數據使用者行為對個人造成的影響，以及對涉及個資再利用行為之影響，是否也應承擔責任，都是有待具體釐清的問題（Mayer-Schonberger & Cukier, 2013）。不過，美國學者 Rosen（2012, February 13）以及 Walker（2012）卻擔心，歐盟通過「一般資料保護規章」，將成為適用全歐盟會員國之法律，歐洲框架包含被遺忘權內容，亦將適用於美國企業在歐洲推行之各項業務，屆時，網路是否還能如現在的自由與開放，難以想像。

另一方面，Google 處理申請案欠缺透明，曾引發 80 多位來自歐美等知名大學資深學者聯署公開信，要求 Google 透明化。但 Google 屬商業機制，自設標準，尤其，過去無須

對內容負責，現在受理刪除鏈結申請，勢必承擔過重的仲裁義務，BBC 經濟編輯 Robert Peston 就曾批評 Google 移除前任美林高層 Stan O'Neal 涉及金融犯罪報導的處理方式太過粗糙（Unwire.pro, 2015 年 6 月 12 日）。然而，無論資料刪除與否，覆核必定涉及主觀判斷，Google 全球隱私顧問 Peter Fleischer 認為：「不想被人知道去哪裡，就不要將照片的 GPS 功能開啟，… 如果不願某些照片被看到，就應關掉分享功能，甚至不要上傳，一旦在網路公開，就很難追回來」。Google 前 CEO Eric Schmdt 的說法更直接：「如果不希望別人知道你做過什麼，首先你就不應該做這件事」（六交，2014 年 10 月 13 日）。

　　本章從相關文獻探討「被遺忘權」緣起與定義，彙整各國被遺忘權議題發展概況、分析「2014 年西班牙 Google v. AEPD」案與歐盟資料保護指令、規章，對照「臺北地方法院 103 年度訴字第 2976 號民事判決」、我國「個人資料保護法」以及相關研究後發現，我國個資法之整體架構與個別條文深受歐盟指令影響，條文中確有得以提供個人主張資料近用、修正、停止利用、刪除等權利，並賦予當事人「請求權」，我個資法第 19 條第 1 項第 7 款與第 19 條第 2 項，當個人有更值得保護之重大利益時，要求搜尋引擎停止關鍵字搜尋或刪除網頁連結等，可作為「要求蒐集或處理者停止處理或利用」之依據，接近個人「反對權」設計，違反個資法規定時，亦設有罰則。至於有關利益衡量問題，依據當初修法理由所敘明「與公共利益有關」等，可作為是否同意其刪除要求之標準。惟我現行個資法欠缺諸多具體規範，包括：第 5 條雖提及「不得逾越」、「正當合理之關聯」，但並不如歐盟個資保護指令第 6 條具體。此外，個資法第 11 條第 4 項雖接近指令第 12 條 (b)，然也未明示「不完整」或「不正確」等細節，以包含違法情形。歸納前述，國人若需要求搜尋引擎刪除與自己有關之關鍵字搜尋結果連結，援引個資法第 19 條第 1 項第 7 款及第 19 條第 2 項「要求搜尋引擎停止處理」，應屬適切。至於我國現階段是否需考慮將「被遺忘權」明文化等問題，進一步多方深入研議可行性與適用性，有其必要；尤其，前述分析各國至今意見分歧，且多數國家態度觀望，甚至面對實際運作諸多困難，還出現主張將相關條文自法規中移除等建議。

　　總結而論，被遺忘權之邊界似不宜過度擴大，畢竟，不能要求法律保護不當言論及私人利益，以免變相鼓勵網路上隨意發送訊息與不負責任等負面態度。其次，網路平台疲於因應各種刪除請求，過量負擔也可能影響產業發展，諸多傳統被視為私人領域範疇，漸趨公開化，未來實應從「公共性」衡量被遺忘權維護之界限（Takeshi & Kim eds., 2009）。倘若「被遺忘權」賦予個人處理網路數據的權利，在於解決大數據所衍生之濫用問題，或許，網路公民的自覺與自律仍是維持大數據秩序之基本思維，則相關業者應先行建置當事人請求刪除資料之各種管道，給予資料當事人較大的控制權以利用並主動隨時提出申請，透明簡化資料刪除之處理過程，同時，公開其他配套監督機制，確實處理並回應當事人請求。如此，大數據世代，使用者才有能力及工具，對自己的個資保護負起最大的責任。

# 📖 參考文獻

Unwire.pro（2015年6月12日）。〈大數據帶來私隱問題「被遺忘權」讓Google兩邊不是人〉。取自 http://unwire.pro/2015/06/12/right-to-be-forgotten-and-google-privacy-policy/feature/

六爻（2014年10月13日）。〈分析：大數據時代的隱私要掌握「被遺忘權」？〉。取自中國電子商務研究中心網頁 http://big.hi138.com/jisuanji/hulianwangyanjiu/201407/453956.asp#.VgOGacuqqko

邱忠義（2014年12月）。〈談個人資料保護法之間接識別〉，《月旦裁判時報》，30: 95-103。

吳俊鞍（2014年12月7日）。〈大數據時代與「被遺忘權」〉，《刺青雜誌》。取自 http://www.inmediahk.net/node/1029302

吳光輝譯（2009）。《公共哲學》。北京：人民出版社。（原書 Sasaki, T & T. C. Kim, eds. [2009]. *Public Philosophy*. Tokyo, Japan: University of Tokyo Press.）

陳慧玲（2015年5月5日）。〈台灣首樁被遺忘權訴訟〉。取自博仲法律事務所網頁 http://www.winklerpartners.com/?p=6256&lang=zh-hant

陳靜怡（2014年11月）。〈隱私權新觀點：走過不留下痕跡？淺談被遺忘權與大數據〉，《國家通訊傳播委員會 NCC News》，8(7): 16-22。

陳韻竹（2014）。〈試析歐盟新個資保護法被遺忘權對歐盟境內外之經貿影響〉，《經貿法訊》，165:1-6。

曾艾熙（2015年9月26日）。〈法國要求全球一起「忘！」駁回Google「被遺忘權」上訴〉。取自 http://eyeseenews.com/international/1074

張犖呈、吳俊葵（2015年1月22日）。〈要求被Google「遺忘」前米迪亞暴龍老闆施建新敗訴〉，《ETtoday》。取自 http://www.ettoday.net/news/20150122/457191.htm#ixzz3naIxoiY8

楊芬瑩（2014年5月16日）。〈網友伸張「被遺忘權」Google不堪其擾〉，《風傳媒》。取自 http://www.storm.mg/lifestyle/31192

楊智傑（2015）。〈個人資料保護法制上「被遺忘權利」與「個人反對權」：從2014年西班牙 Google v. AEPD 案判決出發〉，《國會月刊》，43(7)：19-43。

薛前強（2015）。〈論數據時代未成年人被遺忘權的法律構建 — 兼評美國加州第568號法案〉。《中國青年社 科 》，5: 126-131。

曉郡（2015年6月25日）。〈遺忘的難題 大數據時代的隱憂〉，《亞洲財經》。取自 http://www.asft.cc/culture_and_life/20150625-xiaojun-yiwangdenanti/

蘇蘅（2014）。〈能不能忘了我是誰？〉，《聯合新聞網》。取自 http://paper.udn.com/udnpaper/PID0030/262816/web/

Burke, T. R., Adler, D. A., Doran, A. K. & Wyrwich, T. (2014, November 26). California's "Online

Eraser" Law for Minors to Take Effect. *Media Law Monitor*. Retrieved from http://www.medialawmonitor.com/2014/11/californias-online-eraser-law-for-minors-to-take-effect-jan-1-2015/

California Legislative Information. (2013, September 23). *Senate Bill No. 568* [Announcement]. California: California government. Retrieved from http://leginfo.legislature.ca.gov/faces/billNavClient.xhtml?bill_id=201320140SB568

Case C-131/12 *Google Spain SL and Google Inc. v Agencia Española de Protección de Datos (AEPD) and Mario Costeja González* [2014] EU:C:2014:317.

*Data Privacy Law & Regulations* (2011). Retrieved from http://www.ubicna.com/en/marketing/solution/Regulations_PDF/Handout%2013%20-%20Data%20Protection%20in%20Japan.pdf

Directive 95/46/EC of the European Parliament and of the Council of 24 October 1995 on the protection of individuals with regard to the processing of personal data and on the free movement of such data (1995, November 23).

Directive 2002/58/EC of the European Parliament and of the Council of 12 July 2002 concerning the processing of personal data and the protection of privacy in the electronic communications sector (Directive on privacy and electronic communications; 2002, July 31).

European Commission (2010, April 11). *A Comprehensive Approachon Personal Data Protection in the European Union* [Announcement]. Brussels, Belgium: European Commission. Retrieved from http://ec.europa.eu/iustice/news/consulting_public/0006/com_2010_609_en.pdf

European Commission (2012, January 25). *Regulation of the European Parliament and of the Council- on the protection of individuals with regard to the processing of personal data and on the free movement of such data (General Data Protection Regulation)* [Announcement]. Brussels, Belgium: European Commission. Retrieved from http://ec.europa.eu/justice/data-protection/document/review2012/com_2012_11_en.pdf

European Commission. (2012). Proposal for a Regulation of the European Parliament and of the Council on the protection of individuals with regard to the processing of personal data and on the free movement of such data (General Data Protection Regulation) [Announcement]. Brussels, Belgium: European Commission. Retrieved from http://ec.europa.eu/justice/data-protection/document/review2012/com_2012_11_en.pdf

European Commission. (2014, July 3). *Factsheet on the "Right to be Forgotten" ruling* [Announcement]. Brussels, Belgium: European Commission. Retrieved from http://ec.europa.eu/justice/newsroom/data-protection/news/140602_en.htm

European Commission (n.d.). *Factsheet on the "Right to be Forgotten" ruling (C-131/12)* [Announcement]. Brussels, Belgium: European Commission. Retrieved from http://ec.europa.eu/

justice/data-protection/files/factsheets/factsheet_data_protection_en.pdf

European Parliament (2014, March 12). On the proposal for a regulation of the European Parliament and of the Council on the protection of individuals with regard to the processing of personal data and on the free movement of such data (General Data Protection Regulation) [Announcement]. Brussels, Belgium: European Parliament. Retrieved from http://www.europarl.europa.eu/sides/getDoc.do?pubRef=-%2F%2FEP%2F%2FTEXT%2BREPORT%2BA7-2013-0402%2B0%2BDOC%2BXML%2BV0%2F%2FEN&language=EN#title1

European Union Committee (2014, January15). Second Report EU Data Protection law: a 'right to be forgotten'? Retrieved from http://www.publications.parliament.uk/pa/ld201415/ldselect/ldeucom/40/4002.htm

Gustafson, K. E., Black R. J., Gratton, É., Groom, S. E. & Tam, M. (2014, August). The Internet Never Forgets: Google Inc.'s "right to be forgotten" EU ruling and its implications in Canada. McMillan. Retrieved from http://www.mcmillan.ca/The-Internet-Never-Forgets-Google-Incs-right-to-be-forgotten-EU-ruling-and-its-implications-in-Canada

Judgment of the Court (2014, May 13). Grand Chamber on the case of Google Spain SL v. Agencia Española de Protección de Datos. Retrieved from http://www.agpd.es/portalwebAGPD/english_resources/indexiden-idphp.php

Kageyama, Y. (2014, October 10). Japan Court Orders Google to Remove Search Results. *Inc. com.* Retrieved from http://www.inc.com/associated-press/japan-orders-google-remove-results.html

Kim, J. Y. (2014, July 17). KCC starts talks on the right to be forgotten. *Korea JoongAng Daily*. Retrieved from http://koreajoongangdaily.joins.com/news/article/article.aspx?aid=2990716&ref=mobile

Kulevska, S. (2013, July 24). The Future of Your Past: A Right to Be Forgotten Online? Retrieved from http://www.chillingeffects.org/weather.cgi?weatherid=769,2015 0120.

Masons, P. (2014, May 28). Arbitrator could rule on 'right to be forgotten' cases in Germany. Retrieved from http://www.out-law.com/en/articles/2014/may/arbitrator-could-rule-on-right-to-be-forgotten-cases-in-germany/

Mayer-Schonberger,V.& Cukier, K. (2013). *Big Data : A Revolution That Will Transform How We Live, Work and Think, trans*. Boston, MA: Houghton Mifflin Harcourt.

Mayer-Schonberger, V. (2011, July). *Delete: The Virtue of Forgetting in the Digital Age*. Princeton, NJ: Princeton University Press.

Oh, S. Y. (2014, August 19). The Right to be Forgotten in Korea. *Human Rights Monitor South Korea*. Retrieved from http://www.humanrightskorea.org/2014/right-to-be-forgotten-korea/

Pinsent Masons (2014, May 28). *Arbitrator could rule on 'right to be forgotten' cases in Germany.* Retrieved from Out-Law.com. Web site: http://www.out-law.com/en/articles/2014/may/arbitrator-could-rule-on-right-to-be-forgotten-cases-in-germany/

Rosen, J. (2012, February 13). The Right to Be Forgotten. Retrieved from http://www.stanfordlawreview.org/online/privacyparadox/right-to-be-forgotten.

Shoor, E. A. (2014). Narrowing the Right to be Forgotten: Why the European Union Needs to Amend the Proposed Data Protection Regulation, *Brooklyn Journal of International Law, 39,* 487-492.

The Office of the Privacy Commissioner of Canada (2011). Legal information related to PIPEDA. Retrieved from https://www.priv.gc.ca/leg_c/r_o_p_e.asp

UBIC(2011). Data Privacy Laws & Regulations Japan. Retrieved from http://www.ubicna.com/en/marketing/solution/Regulations_PDF/Handout%2013%20-%20Data%20Protection%20in%20Japan.pdf

UK Parliament (2014, July 23). *10 European Union Committee, EU Data Protection Law: a 'Right to Be Forgotten'?* [Announcement]. London, UK: UK Parliament. Retrieved from http://www.publications.parliament.uk/pa/ld201415/ldselect/ldeucom/40/4002.htm

Walker, R. K. (2012). The Right to be forgotten. Hastings Law Journal, 64, 257-286.

Wang, D. (2013, February 7). Privacy Protection Has Still a Long Way to Go in the Info-society. Retrieved from http://www.guancha.cn/wangdongbin/2013_02_07_126086. shtml.

Weber, R. H. (2011). The Right to Be Forgotten : Morethana Pandora's Box? Journal of Intellectual Property, Information Technology and E-Commerce Law, 2, 120-130.

# 第六章　大數據與新聞報導

國立臺灣大學新聞研究所副教授　谷玲玲

# 前 言

當代數據新聞不僅是新興報導形式，更是數位時代的重要趨勢。記者利用電腦程式分析大量數據，將分析結果以視覺化或個人化的方式呈現。數據新聞的生產者不限於記者，也可以是電腦程式。無論生產者是誰，數據新聞包含開放數據的概念；一方面開放政府數據，提升政府透明度，另一方面開放媒體數據，與讀者共享。

許多專家同意，2014 年是數據新聞關鍵年，數據新聞網站紛紛成立，主流媒體也投入數據新聞報導。從媒體積極開發各式自動化與個人化數據新聞服務來看，媒體有興趣從事創新的報導形式，也有興趣提供讀者更多的創新服務。數據新聞的影響層面確實值得吾人探究。

本章將深入探討數據新聞特性、發展背景及發展趨勢。首先，從數據新聞定義觀之，數據新聞包含數據的運用及呈現，也涵括開放數據的概念。在探討數據新聞發展背景時，本章討論精確新聞報導（precision journalism）、電腦輔助新聞報導（computer-assisted reporting, CAR）、數據新聞報導、電腦程式新聞報導（journalism via computer programming）等的相關性。接著探討數據新聞的重要性，包括對於記者採訪及報導工作的衝擊，以及讀者如何從中獲益。

本章從兩個議題探討大數據對於媒體的影響。一是開放數據及開放政府如何影響數據新聞報導，另一是媒體如何策略使用大數據。在討論開放數據方面，著重政府數據開放及媒體數據開放概念。在討論策略使用大數據方面，則著重媒體如何運用大數據改善讀者關係及廣告主關係。最後，本章說明數據新聞未來趨勢，並強調數據潛在的風險。

## 第一節　數據新聞特性

當代數據新聞包括以下重要概念：運用電腦程式分析大量數據、數據視覺化、數據個人化，以及數據開放與分享等。在英國伯明罕城市大學教授線上新聞的 Paul Bradshaw（2012）指出，身處數位時代，幾乎所有事物都可以用 0 與 1 兩個數字來描述。他認為，數據新聞有別於其他類型新聞之處在於，記者結合傳統新聞感、說故事的能力，以及數位資訊帶來新的機會，包括運用電腦程式將蒐集並整合之政府資訊自動化，或是運用電腦軟體尋找大量文件之間的關聯性，或是以圖表說明複雜的事件，或是將複雜的數據個人化，或是公開記者處理新聞的過程。因此，數據可以是消息來源，也可以是用以報導新聞的工具（Bradshaw, 2012）。

新聞網站 Vox.com 副總裁 Melissa Bell（February 4, 2015）表示，就像有些新聞是以訪談或文獻資料為主軸，數據新聞是以原始數據為主軸，沒有固定形式，可以是文字稿，圖

表新聞，影片或其他形式。因此，並非以形式來區隔數據新聞和其他類型新聞，而是以新聞發想源頭爲準；數據新聞就是以數據爲消息來源，記者透過萃取、清理和詮釋數據來進行數據新聞報導。

曾在美國哥倫比亞大學數位新聞中心擔任研究員的獨立作家 Alexander Benjamin Howard（May 30, 2014）引述美國 Temple 大學教授 Meredith Broussard 對數據新聞的定義指出，「數據新聞即是在數字當中尋找故事，並運用數字來說故事」。他認爲，數據新聞結合以下四個層面：

一、將數據視爲消息來源；

二、以統計檢驗數據；

三、將數據視覺化；以及

四、公布原始數據和分析數據的方法及程式，便於讀者檢索。

由此觀之，數據新聞不僅包含數據的運用與呈現，更進一步涵括開放數據的概念。換言之，開放數據造就數據新聞，媒體理應將數據開放給讀者（Howard, September 28, 2012; Rogers, July 28, 2011; Rogers, April 24, 2014），透過與好奇的讀者分享數據以建構社群（Bell, February 4, 2015）。

紐約時報於 2014 年成立數據新聞網站 The Upshot（Gil, April 22, 2014），即抱持與讀者分享的理念。The Upshot 編輯 David Leonhardt（April 22, 2014）表示，許多讀者有興趣瞭解複雜的新聞事件，記者用直接、淺顯易懂的報導方式，就像是給朋友發電子郵件，幫助讀者瞭解複雜事件的意義。讀者可以檢視 The Upshot 公布的原始數據或電腦程式，從而提出新的角度或新的構想，成爲記者下一個報導採訪的重點。

# 第二節　數據新聞由來

將數據視爲消息來源，並非全新的想法（Bounegru, 2012）。西方報業強調報導眞實，新聞記者向來蒐集並出版值得信賴的數據。古代的報紙可追溯至羅馬帝國時期的 Acta Diurna；在中國，始於漢代的邸報，都是由政府發行的新聞報紙。義大利商人五百年前便開始傳閱手抄本商業新聞，到了十七世紀，印刷本逐漸普及，便可以讀到數據新聞。至十八世紀，蘇格蘭工程師暨政治經濟學家 William Playfair 發明以圖表展示統計數據，各種出版品開始使用各式圖表。至十九世紀，報紙刊登統計數據已是習以爲常，比如，Dow Jones 自 1884 年開始出版股市資訊（Howard, May 30, 2014）。

至二十世紀中葉，調查式報導開始大量使用數據。美國哥倫比亞廣播公司（Columbia Broadcasting System, CBS）於 1952 年運用大型電腦及統計程式預測總統大選結果。在此同時，電腦先驅 Grace Hopper 和她的團隊則運用過往投票統計數據，精準預測共和黨總統候

選人 Dwight D. Eisenhower 獲得的選舉人票數。

　　專家大多同意，當代數據新聞報導是由 CAR 進化而來（Howard, May 30, 2014），而美國北卡羅來納州立大學榮譽教授 Philip Meyer 便是 CAR 重要推手之一。在進入大學任教之前，Meyer 長期在 Knight Ridder 旗下報紙擔任記者。他於 1966 年獲得哈佛大學獎學金，探討社會科學量化研究方法的應用層面。Meyer（1973）主張將社會科學研究方法運用至新聞報導，包括：抽樣、資料蒐集、分析及呈現研究結果，他稱之為「精確新聞報導」。

　　Meyer（July, 1971; August, 1973）認為，社會科學家的角色和新聞記者的角色差不多，二者皆倚賴直接參與或二手資料進行觀察，然後詮釋他們所觀察到的結果，差別只是在於社會科學家使用專業術語，而新聞記者使用一般人瞭解的語言說明觀察的結果。隨著電腦及統計軟體的發明，社會科學家得以快速處理大量的數據。因此，新聞記者不僅應該關心社會科學家在研究什麼，更應該採用社會科學研究方法，以面對快速變遷的社會。Meyer 運用精確新聞報導研究 1967 年底特律暴動的原因，發現大學生參與暴動的機率與高中中輟生相同，打破社經地位偏低者較易參與暴動的迷思（Younge, September 5, 2011）。

　　Weaver 和 McCombs（1980）也指出新聞、文學和社會科學的交會。從新聞發展史來看，新聞似乎與文學有更多的交會，然而新聞與社會科學的交會比一般人想像的更早。他們追溯二十世紀初社會科學家如何區隔記者與社會科學家的角色。有趣的是，當時記者卻不認為自己的角色和社會科學家有多大的差別。至 1950 年代末期，調查式報導再度盛行，且強調新聞不應該流於報導事件的表象，應該增加更多背景說明，以及對於事件的詮釋。Weaver 和 McCombs（1980）認為，隨著新型公共事務報導的盛行，記者應該採用更有系統的研究方法的呼聲也水漲船高。因此，新聞與社會科學的關聯直接呼應當代的數據新聞報導。

　　至 1980 年代，桌上型電腦進入新聞室，記者開始大量使用資料庫。至 1990 年代，CAR 逐漸普遍。調查記者暨編輯協會（Investigative Reporters & Editors, IRE）前執行長，現任美國伊利諾大學香檳校區教授 Brant Houston 表示，CAR 是個統稱，包括：精確新聞報導、數據新聞報導，以及任何讓數據產生意義的方法，比如視覺化（見 Howard, May 30, 2014）。

　　時至今日，網際網路和行動通訊改變 CAR。Howard（May 30, 2014）指出，「CAR 這個名詞出現時，電腦在新聞室還是個創新，以現在的眼光看，CAR 有點過時，現在有哪位記者不是使用電腦來報導新聞呢」？

　　那麼，當代數據新聞的靈魂人物是誰呢？Howard 轉述前英國衛報 Datablog 編輯，現任 Twitter 數據編輯 Simon Rogers 的說法，他首度從軟體工程師 Adrian Holovaty 得知數據新聞這個名稱，但也有可能緣起於歐洲。Howard 鍥而不捨訪談歐洲新聞從業人員，得到的答案還是被奉為數據新聞守護神的 Holovaty（Howard, May 30, 2014）。無獨有偶，阿姆斯特丹

大學新媒體研究員 Liliana Bounegru（2012）透過 Twitter 和有經驗的數據記者及新聞學者對談，大家一致認同 Holovaty 率先倡導當代的數據新聞，而 EveryBlock 新聞網站則為當代數據新聞的濫觴。

Holovaty 畢業於美國密蘇里新聞學院，曾經在數個報紙（包括華盛頓郵報）的網站擔任編輯。他於 2005 年創辦 chicagocrime.org 網站，運用 Google Maps 混搭（mashing）芝加哥警察局犯罪數據，呈現芝加哥每一條街道的地圖及最近發生的犯罪事件，週一至週五每日更新數據一次，讀者根據一些標準檢視芝加哥或住家附近的犯罪報告（Holovaty, May 18, 2005）。該網站在當時是很重要的創新，獲得多個獎項。至 2007 年，Holovaty 得到 Knight 基金會資助，離開 washingtonpost.com 創新編輯職位，成立 EveryBlock 新聞網站，報導一個城市如芝加哥每條街道的新聞（Holovaty, May 23, 2007）。Holovaty 將此類街道新聞稱為「微型地方」（microlocal）新聞（Holovaty, December 4, 2008）。至 2009 年，msnbc.com 買下 EveryBlock，Holovaty 待到 2012 年離開。之後，EveryBlock 經歷購併、熄燈、又重新開張，目前為 Comcast 擁有，提供芝加哥、費城、休斯頓、波士頓及丹佛等城市地方新聞（Scola, September 2, 2014）。

在數據新聞成為全球趨勢之前，Holovaty（September 6, 2006）即大力提倡電腦程式新聞報導。他認為，報紙網站最應該改變之處不在於提供不同格式的新聞，比如透過行動裝置閱讀新聞，而是改變資訊儲存的方式，亦即以電腦可閱讀的格式來儲存數據，之後電腦自動以不同的方式彙整、分析數據。他指出，記者蒐集的任何資訊都具有某些屬性，舉例來說，火災新聞包括發生日期、時間、地點、傷亡人數、消防隊編號、火災和消防局之間的距離、救災消防員姓名和年資、消防員花多少時間抵達火災現場等，這些就是火災新聞所具有的結構。再如選舉新聞的屬性包括以往選舉結果、支持度調查、競選經費、選民人口資訊等，這些是選舉新聞的結構。把這些屬性以「結構式」的格式儲存於電腦，成為「結構式」數據，將來電腦以各種方式來匯聚這些數據，產生不同的新聞。換句話說，傳統以文字為主的新聞報導所使用的資訊無從「再設計」（repurposed），而「結構式」數據可以「再設計」，再使用。

傳統報業可能不易接受電腦程式新聞報導也是新聞的說法。對於這種質疑，Holovaty（September 6, 2006）認為，電腦程式新聞報導算不算新聞是學術問題，記者不需要在這種問題上打轉，而是應該更關心如何提供重要且聚焦的資訊，幫助讀者過活，幫助讀者瞭解世界。傳統新聞報導的長處在於對人、事、物娓娓道來，說明抽象的概念，及分析複雜的議題，而電腦程式新聞報導一樣可以幫助讀者達到目的，兩者相輔相成。

Holovaty 的觀點啟發 Bill Adair 及 Matt Waite 於 2007 年創立 PolitiFact 新聞網站，專事確認來自白宮、國會、候選人、遊說團體等發佈的新聞稿中有關事實的陳述，並運用其自創的真相量表（Truth-O-Meter）反映這些新聞稿的真實程度。該網站 2009 年獲得普立茲新

聞獎（About PolitiFact, n.d.）。

衛報於 2008 年舉行系列「新聞的未來」講堂時，只有兩位講者全力擁抱數據：Holovaty 及瑞典統計學家 Hans Rosling，兩人皆非新聞工作者。至 2010 年 8 月，荷蘭的歐洲新聞中心（European Journalism Centre）在阿姆斯特丹召開數據導向新聞（data-driven journalism）圓桌論壇時，還擔心找不到 12 位與談人，結果吸引 60 位與會者。當時與會者不認為記者必須學習程式語言，但是德國之聲（Deutsche Welle）撰稿人 Mirko Lorenz、洛杉磯時報的數位新聞 Data Desk 創辦人 Eric Ulken 及前紐約時報圖表編輯 Alan McLean 等人皆主張記者、美編及程式工程師應該坐在同一間辦公室工作（Kayser-Bril, August 26, 2010）。

全球資訊網（World Wide Web）發明人 Tim Berners-Lee 於 2010 年預測，分析數據是新聞報導未來的趨勢（見 Arthur, November 22, 2010）。此後，數據新聞逐漸引發全球各地媒體的關注。NICAR 從 2014 年年會開始，即吸引來自 20 個國家千名記者和數據專家與會，許多與會者自稱數據記者（Kaplan, 2014, March 3）。Howard（May 30, 2014）認為 2014 年是數據新聞關鍵年，數據新聞網站紛紛成立，主流媒體也投入數據新聞報導。

# 第三節　數據新聞趨勢

數據新聞不僅是新興報導形式，更是數位時代的重要趨勢。許多數據新聞網站是靠部落格起家的，比如 Ezra Klein 於 2009 年在華盛頓郵報成立的 Wonkblog 和 Simon Rogers 於 2009 年在衛報成立的 Datablog。此外，Nate Silver 從 2008 年開始寫部落格 FiveThirtyEight，分析當年美國總統大選選情。他靠自己撰寫的統計程式精準預測 49 個州的贏家而聲名大噪。紐約時報於 2010 年取得授權，開始刊登 FiveThirtyEight。至 2013 年，娛樂體育網（Entertainment and Sports Programming Network, ESPN）買下 FiveThirtyEight 網站及品牌，隔年成立數據新聞網站 FiveThirtyEight.com。Klein 於 2014 年離開華盛頓郵報，協助 Vox Media 成立數據新聞網站 Vox.com（Oputu, March 10, 2014）。

Meyer 等（2012）表示，當資訊貧瘠時，記者只要專心獵取資訊；當資訊爆炸時，記者更需要具備處理資訊的能力：從龐雜數據當中篩選出有意義的數據，並加以分析，然後將重要且相關的資訊呈現給讀者看。數據新聞代表新視野、新觀點、新技能。Bounegru（2012）指出，數據幫助記者改進他們的報導，包括強化深度報導的內容。荷蘭數據記者 Jerry Vermanen 認為，對於新聞媒體而言，數據新聞具有兩種意義：一是尋找獨特的新聞，另一是扮演稱職的監督角色（Meyer et al., 2012）。

Lorenz（2012）闡述數據新聞的重要性。他解釋，傳統新聞為讀者指引方向，而今消息來自四面八方，如公民記者、部落客等。許多新聞經社交媒體篩選、排名、回應等，受到讀者關注，然而有更多的新聞完全被讀者忽略，此時，數據新聞顯現其重要性。記者蒐

集、篩選數據，並將之圖像化，讓讀者看到並非顯而易見的事件及其對讀者的影響層面。因此，記者的工作不只是搶先報導事件，而是讓讀者瞭解事件的意義。記者透過數據分析複雜事件，尋找可行的解決方案；記者將數據以個人化的方式呈現，幫助讀者作重要決定，如購車、置產、求學、就業、理財等。

前紐約時報編輯，後轉至衛報擔任數位編輯的 Aron Pilhofer（Meyer et al., 2012）認為，數據新聞是個通稱，包含一整套說故事的方法、技巧和工具，從傳統將數據視為消息來源到先進的數據視覺化，以及各種新聞服務等，其目的乃是個整合型概念，亦即透過提供並分析資訊，幫助讀者瞭解一天當中發生的重要事件。顯然，說故事的方法是新的，工具是新的，說故事的目的卻從未改變，亦即更精準地說故事，恪盡新聞職守。

Bradshaw（見 Marshall, September 26, 2012）在英國專業發行人協會（Professional Publishers Association）舉辦的數位發行研討會上提出數據新聞五大原則：

一、問問題的能力，亦即希望數據回答什麼樣的問題；

二、數據省時省錢，受過訓練的記者能夠有效率地篩選、分析數據，並將結果視覺化；

三、數據的核心是人物，數據新聞乃是對閱聽眾訴說人物的故事；

四、好的數據具有社交、黏性及實用等屬性，社交是指人們可以分享，黏性是指人們願意花時間進一步瞭解數據的意義，而實用是指數據能夠幫助人們解決問題；和

五、數據帶領記者或是故事帶領記者，亦即記者可以從數據當中尋找故事，也可以從數據當中尋找問題的答案。

如此看來，隨著各種線上處理數據和視覺化工具推陳出新，促成新形式的協作報導，不僅鼓勵不同專長人員並肩工作，更有利於企劃跨國或全球性的調查式報導。當代數據新聞報導既適合大型新聞室採用，促使調查式報導更上一層樓，也適合資源有限的小新聞室，充分運用軟體工具將工作自動化，建立資料庫，從中尋找下一個報導主題。這就是小媒體 ProPublica 能夠獲得普利茲獎的原因（見 Howard, May 30, 2014）。此外，由全球編輯人網路協會（Global Editors Network, GEN）主辦的數據新聞獎（Data Journalism Awards），其中年度數據視覺化獎項、年度調查報導獎項及年度新聞數據 app 獎項都分別頒發給大型新聞室（large newsroom）及小型新聞室（small newsroom）（Winners, n.d.）。

許多新聞從業人員對數據新聞抱持正面態度。歐洲新聞中心於 2011 年調查 200 多位記者對於數據新聞的看法發現，九成以上將數據新聞視為契機，有興趣進行數據新聞報導（Lorenz, September 21, 2011）。Rogers 認為讀者也喜歡閱讀數據新聞。他指出，讀者普遍不信任記者的報導，如果記者公開新聞產製過程，較容易取信於讀者，從而緩和媒體信任危機（見 Howard, May 30, 2014; Miller, December 21, 2012）。

當新聞從業人員普遍肯定數據新聞的重要性，美國馬里蘭大學新聞教授 Nicholas

Diakopoulos 提醒，記者可以從數據中尋找事實，但數據不代表事實，不一定隱含真實，需要小心檢視消息來源，評估數據品質，甚至揭發數據隱藏的偏見（見 Howard, May 30, 2014）。

　　可見，數據新聞對於記者和讀者雙方都有好處。對於記者而言，依據數據產生的報導得以精確描述過去、現狀，精準預測未來。記者還是可以加入個人的觀點及分析，但必須是以事實為基礎，如此減少個人主觀好惡影響報導的走向。此外，記者對於事件的描述，不僅包括個人參與觀察，更要重視主觀觀察及客觀數據的一致性與協調性，真正發揮守望環境的功能。對於讀者而言，不需要繼續忍受品質偏低的民意調查或市場調查結果，對於事件的背景、情境、趨勢等有更精準的掌握。更重要地，讀者得以獲取個人化的資訊，尋求個人化的解決方案。

　　另一方面，數據新聞為記者和讀者帶來新的挑戰。無論記者或讀者都應體認數據可能隱含偏見，或是容易被操控的特性。因此，記者應該培養判斷數據品質的能力，也就是具有一定的數據素養。美國明尼蘇達州 Augsburg College 商學教授 Milo Schield（August 18, 2015）認為，當代數據素養包括：資訊素養、統計素養與數據素養。簡言之，稱職的數據記者應該受過社會科學研究的訓練（Keegan, April 7, 2014），能夠掌握數據的意義，並具有操控數據的能力（谷玲玲，2015）。Bounegru（2012）指出，數據記者具有數據素養後，還應該幫助大多數的讀者培養數據素養。

# 第四節　　數據新聞類型

　　數據新聞並無公認的分類方式，只是從數據被運用至新聞報導的方式可大致分為兩類：一是記者運用數據及線上工具來說故事，以調查式報導為主，另一是由電腦程式彙整、分析數據自動產生新聞。前者最常見的是將數據運用於調查式報導，揭露過去不為人知但影響公眾的弊端，影響層面包括地方、地區、全國、跨國或全球等。從以下兩個數據新聞報導獎項獲獎作品，可看出最受肯定報導的內容取向：

## 一、Philip Meyer Awards

　　這個以倡導精確新聞報導 Philip Meyer 命名的新聞獎，鼓勵記者運用社會科學研究方法從事報導，由全美電腦輔助新聞報導協會（National Institute for Computer-Assisted Reporting）及亞利桑那州立大學新聞傳播學院共同於 2005 年成立。由過去三年獲獎者來看，健保是調查報導長期關切的議題。

　　首先，獲得 2014 年首獎的是非營利調查報導組織 The Center for Public Integrity，因系列報導醫療機構如何濫用健保資源而得獎；ProPublica 報導臨時勞工低工資，但高工

殤的不公平待遇而獲得二獎；路透社報導海平面上升帶來的河水氾濫危機而獲得三獎（Grandestaff, January 14, 2015）。再看看 2013 年的三位得主：首獎報導健保系統浪費的現象，由 ProPublica 獲得；二獎報導美國貧富差距，由路透社獲得；華爾街日報報導政治情報公司如何跨足股市，以幾近內線交易方式獲取利潤而獲得三獎（Grandestaff, January 9, 2014）。2012 年首獎及二獎皆報導健保問題，分別由 The Center for Public Integrity 及西雅圖時報獲得；ProPublica 報導司法問題獲得三獎（Grandestaff, January 9, 2013）。

## 二、Data Journalism Awards

由 GEN 主辦的數據新聞獎頒發十多個獎項，鼓勵數據視覺化，調查報導，新聞數據 app，數據新聞網站，公開數據等。其中，年度調查報導獎分別頒給大型新聞室及小型新聞室。以 2015 年為例，國際調查記者聯盟（International Consortium of Investigative Journalists, ICIJ）揭露瑞士及盧森堡國際洗錢狀況而獲得大型新聞室調查報導獎；秘魯 Ojo Publico 追蹤歷任利馬市長財務狀況而獲得小型新聞室調查報導獎（Winners, n.d.）。

除了由記者運用數據說故事，電腦程式也能運用數據說故事，比如將之運用於突發新聞。2014 年 3 月，洛杉磯發生 4.7 級地震，有關該地震第一則報導就是由名為「Quakebot」電腦程式所「執筆」（Oremus, March 17, 2014）。該則新聞仍舊由真人署名，也就是撰寫 Quakebot，洛杉磯時報記者 Ken Schwencke。Quakebot 從來自於美國地質調查局（U.S. Geological Survey, USGS）地震報告中，萃取出相關數據，放進預先完成的新聞模組。該則新聞自動進入洛杉磯時報的內容管理系統，經由真人編輯後發佈。Schwencke 指出，以電腦程式發佈新聞的作用，是將訊息以最快速的方式傳達出去，然後記者接續報導需要人為判斷的訊息，比如需要加強哪些層面的報導，採訪哪些消息來源或分析地震的後續效應等（見 Oremus, March 17, 2014）。

電腦程式適合報導哪些類型的新聞？能夠以固定格式報導的新聞，如股市、財經、體育新聞等，便可以由數據直接產生，不一定需要記者來完成（Stone, November, 2014）。比如，美聯社於 2014 年與 Automated Insights 合作開發 Wordsmith 電腦程式寫作平台，自動生產上市公司季報相關報導（Miller, January 29, 2015）。中國大陸騰訊財經自行開發的 Dreamwriter，自行生成稿件，一分鐘內，將資訊及其解讀傳送給用戶，2015 年 9 月 11 日正式「上班」（沈孟華，2015 年 9 月 11 日）。

Howard（May 30, 2014）認為，許多地方新聞，如氣象、路況、體育賽事、學校活動、報案紀錄等，將朝著自動化及個人化的方向發展。這兩個趨勢再與新聞 apps 互動功能結合，讓讀者在行動時，更瞭解周遭的環境。還有，將全國性或區域性的新聞地方化，讓讀者瞭解全國趨勢如何影響個人的生活。比如，Omaha World-Herald 開發的新聞 app「Curbwise」，提供大歐馬哈市區房地產資訊，擁有自用住宅者透過 Curbwise 瞭解自家及

附近住戶房價的變動（Ellis, June 8, 2011）。洛杉磯時報開發的 "Homicide Report" 紀錄洛杉磯郡他殺案件，使用者透過這款互動 app 追蹤他殺案件被害者及發生地點（What is, n.d.）。這有如 ProPublica 副執行編輯 Scott Klein 所說，新聞 apps 不僅說故事，而且「說你的故事」（見 Vinter, August 24, 2011）。

此外，預測式的社交型 apps 的開發提供未來新聞報導的想像。此類 apps 觀察使用者過去幾分鐘的思緒，以便預測使用者 10 秒鐘以後的行為。比如，使用 Google Now 搜尋一部新片，程式將假設使用者下一步想知道上映該片且離家最近的電影院，映演時間，或規劃由目前所在位置前往影院的路線等。再如，MindMeld 的社交功能更強，能夠從連線對話內容推測使用者可能需要的背景或情境資訊，以提升對話的互動性或社交性，比如使用者正在和友人談論一部電影，該 app 隨之提供與該影片相關資訊如拍攝年代、導演、演員、影評、主題曲等。此一功能立即令人聯想，似可輔助記者新聞採訪，比如提供更多背景或相關資訊，幫助記者形成更多問題（Webb, December, 2013）。

據數位媒體專家 Amy Webb（December, 2013）分析，預測式的社交型 apps 未來在新聞報導的應用有兩個方向：

一、預測突發新聞：並非預測未來幾天之後可能發生的新聞，而是未來一、二小時內將發生的新聞。

二、提供極度個人化新聞：過去媒體依據讀者偏好提供特定類型新聞，沒有做到真正的個人化，更照顧不到讀者喜好的改變，比如，讀者喜好可能隨著地理環境、品味、想法、交友圈等的變化而改變，媒體也應該隨之改變個人化的內容。

電腦程式是否可能取代記者來報導新聞，因而讓記者失業？或者，這是否是新聞界應該感到憂心的趨勢？Schwencke 指出，電腦程式新聞報導幫助記者節省時間，記者得以專注於分析更複雜的資訊。在報導某些類型新聞方面，電腦程式可以表現得跟記者一樣稱職。即使如此，電腦程式不會取代記者的工作，只是讓記者的工作變得更有趣（見 Oremus, March 17, 2014）。另據美聯社商業新聞編輯 Philana Patterson 表示，開發 Wordsmith 服務並未導致任何人員去職（Miller, January 29, 2015）。

Narrative Science 發起人暨技術長 Kristian Hammond 的看法更樂觀，她認為，假以時日，電腦程式不只是生產制式的新聞，也會有能力解釋及分析資訊，成為說故事的「人」。電腦程式和記者各有所長，比如電腦具有完美記憶力，能夠處理大量數據，而記者能夠從事深度訪談，處理電腦程式無法處理的資訊，將來二者也許可以合作生產內容（見 Howard, May 30, 2014; Webb, January 26, 2012）。

如前所述，數據新聞無論是幫助讀者瞭解複雜的事件，或幫助讀者解決日常生活疑難雜症，或形成重要人生決定，皆秉持使用者中心理念。全美公共廣播（National Public Radio, NPR）視覺編輯 Brian Boyer 說得好：在選擇將哪些數據視覺化時，從來不是從數據

或技術開始，而是思考與哪些讀者對話，他們需要什麼，新聞該如何呈現才能使讀者受益（見 Howard, May 30, 2014）。顯然，使用者中心理念必須倚靠開放數據政策來實踐。

## 第五節　數據新聞與開放數據

倡議數據新聞者多認同，數據新聞賦權民眾，促進民主程序，幫助民眾作知會（informed）決定，有利於公民社會發展（Bourgault, May, 2013）。Rogers（April 24, 2014）解釋，數據新聞連結擁有數據者及需要接近數據並瞭解數據者，有助於民主程序。非營利組織 Internews Network 總裁 Jeanne Bourgault（May, 2013）也認為，視覺化數位新聞報導結合公開資訊、新聞報導、公民新聞、公眾協作、地方新聞蒐集等，促使資訊透明化，賦權民眾。

因此，媒體利用數據報導新聞，包括兩個層面：一是呈現記者分析數據的用心及能力；二是允許讀者接近數據，得以透過簡單的線上工具探索數據。Rogers（April 24, 2014）認為，開放數據第一個層面涉及開放政府數據，而第二個層面涉及開放媒體數據。以下分述。

### 一、開放政府數據

何謂開放政府數據？Yu 和 Robinson（2012）區隔開放政府、開放技術及開放政府數據的定義。他們指出，開放政府一詞出現於 1950 年代，代表公共問責，原本是指「揭露具有政治敏感度之政府資訊」，後來發展為「公眾接近過去未揭露之政府資訊」。當代對於開放政府的觀點趨向於開放技術，包含「任何層級政府基於任何理由的線上數據分享」。近年來，美國公共政策將開放政府一詞廣泛延伸至任何公部門使用線上數據，使得開放政府一詞同時包含技術創新及政治問責雙重意義。因此，開放政府數據可以是指「任何足以使政府整體更加開放或透明的數據，但也可以是指任何政治中立，易於再使用的公部門揭露，可能跟公共問責沒什麼關係」。今天，一個政府只要建置一個不錯的數據網站，便可號稱為開放政府，即使該政府沒有變得更透明，也沒有變得更負責任。

Goldstein 和 Weinstein（2012）為文回應上述觀點認為，開放數據不必然與開放政府相關，但二者應該相關。他們指出，全球開放數據與開放政府運動的關係愈來愈緊密，特別是在開發中國家。

此外，開放數據運動所關切的不只是政府數據開放，還包括產業、非營利組織、媒體、大學等數據開放及共享（Bourgault, May, 2013; Howard, February 22, 2012; Howard, May 30, 2014）。大型營利及非營利組織產生的大量數據具有指標意義，可以幫助人們瞭解不同事業或產業的經營狀況，跨產業、跨區域或跨國比較更可以幫助人們掌握產業趨勢。非政

府數據往往比政府數據更難以取得，Howard（September 28, 2012）便強調，開放數據應該以公共利益為前提。

　　民眾是否關切開放政府數據？根據 Pew 研究中心網路及美國生活計畫 2010 年調查費城、聖荷西及喬治亞州梅肯市資訊系統民眾滿意度發現，民眾對於線上政府資訊表達興趣。當他們瞭解哪些政府資訊可公開查詢，並知道如何搜尋，對城市滿意度也比較高。當他們認為市政府資訊透明公開，對於公民生活其他層面的事務滿意度也比較高（Rainie & Purcell, March 1, 2011）。

　　數據記者當然歡迎更多的開放數據。Howard（June 29, 2012; May 30, 2014）指出，衛報 Datablog 表現可圈可點與英國政府 2012 年 6 月重啟 Data.gov.uk 大有關係。英國政府當時也公布一份開放數據白皮書（Minister of State for the Cabinet Office and Paymaster General, June, 2012），強調開放數據好處多多，可以催化政府透明度、公眾使用及活化經濟等（Kelsey, July 12, 2012）。

　　即使開放數據好處多多，紐約時報記者 Sarah Cohen 提醒，仍應在不疑處有疑。她擔心有些數據公開前已被適度修改或清理，或有爭議的數據被塗銷，因此，建議尋求其他消息來源，不以政府提供的數據為滿足（見 Howard, May 30, 2014）。

## 二、開放媒體數據

　　何謂開放媒體數據？主要是指記者運用數據報導新聞應該公開所使用的數據。美國哈佛商學院研究員 Brian C. Keegan（April 7, 2014）主張，數據記者應該將所使用的程式公開，讓讀者檢視、複製、修正及再散布。他從 Robert Merton 提出的科學四規範 CUDOS 出發（Kalleberg, 2007），也就是共享（communism）、普遍（universalism）、公正（disinterestedness）及有組織的懷疑（organized skepticism），指出共享與懷疑是開放媒體數據的兩大基本概念：

　　（一）共享：所有科學家應該享有相同的權利使用科學財，服膺公眾使用權概念，以倡導集體協作。

　　（二）有組織的懷疑：科學論據必須經過嚴密的檢驗，才能為眾人所接受。

　　據此，Keegan 強調，開放媒體數據包括：

　　（一）數據記者應公開其所使用之數據及分析方式，與他人分享研究結果，並接受他人的檢驗。

　　（二）數據記者除了向編輯說明報導的由來，也應該主動尋求專家意見，並公布專家意見及修正建議。

　　顯然，Keegan 主張，數據記者應該接受社會科學訓練，瞭解如何形成理論，如何觀察現象，以及如何運用統計檢驗研究假設。此外，數據記者也應遵循科學社群的規範。唯有

如此，數據新聞才有可能成為公共政策的實證基礎。他提出四個開放模式供媒體思考：

（一）開放數據：數據記者與他人共享數據及程式。

（二）開放協作：數據記者與科學家、統計學家協作，發表分析結果，並經同儕審查。

（三）開放辯論：媒體建立與科學社群對話的機制。

（四）數據公評人：媒體任命獨立評論人，後者代表公共利益，並倡導科學規範。

上述模式並非漸進式，然審視實踐難易度，似乎難度隨著規範嚴謹度的增加而升高。首先，只要媒體制定數據共享政策，數據記者便可據以公布報導所使用的數據，供讀者檢驗或再使用。至於開放協作與開放辯論，由於新聞報導的目的、形式與讀者和學術論文的目的、形式與讀者不盡相同，在實踐上，也許可以透過對談、圓桌論壇或研習會等形式進行。至於數據公評人制度理想性偏高，實務上可以執行，但可能難以長久，成效不彰。重點是，數據記者必須遵循科學社群的規範，才能維持數據新聞的品質，數據新聞才有可能發揮影響力。因此，媒體不妨思考替代方案，比如，透過外部諮詢，定期檢討數據新聞各種層面，並設計各種工作坊，提供記者再學習的機會。

# 第六節　大數據與媒體

媒體除運用大數據於新聞報導，其本身也不斷產生大量數據，比如影像、照片、文字、圖表等，媒體各部門如廣告、發行、銷售、財務、用戶資料等也不斷地蒐集各種數據。因此，媒體運用大數據不限於新聞報導，還可運用於媒體營運及管理層面。無論傳統媒體或網路媒體，2014 年無疑是關鍵年，大數據顯然成為各家媒體的策略工具。英國牛津大學路透新聞研究中心（Reuters Institute for the Study of Journalism）研究員 Martha L. Stone（November, 2014）指出，媒體大數據策略包括多個層面，比如：

一、分析公部門及私有資料庫，以提供數據新聞報導；

二、自動化新聞報導；

三、搜尋及管理各種影像內容及社交媒體內容；

四、訂定促銷及行銷策略，以及

五、瞭解目標閱聽眾的需求。

根據 Stone 觀察，截至 2012 年，媒體主管對於大數據的意義還不甚瞭解。但是到 2014 年，全球媒體的焦點皆亟欲瞭解大數據能夠帶給媒體什麼好處。她建議以四個 V 來看待大數據：

一、巨量（volume）：數據的數量龐大；

二、快速（velocity）：需要快速分析數據；

三、多樣（variety）：數據以各種結構式（如交易記錄、數據記錄器、試算表等）或非

結構式（如影音資料、電子郵件、研究報告、社交媒體留言紀錄等）形式儲存；和

四、價值（value）：無論高品質新聞報導、商業洞見或收益，皆具有潛在價值。

大數據對一般企業有何好處？根據管理顧問公司 Bain & Company 研究，策略使用大數據的企業比同業更快速作決策，更可能依計畫執行決策，財務表現較佳，也更頻繁運用數據來作決策（見 Merkel & Wegener, March 11, 2014）。由此推想，傳統媒體組織運用大數據，可以讓閱聽眾更關注目標導向的新聞及廣告，更關注與自身相關且有助於社交的內容，更關注吸睛的影像及圖像，從而提升與網路媒體競爭的能力（Stone, November, 2014）。

前北美報業協會（Newspaper Association of America）傳播長 Sean O'Leary（February 27, 2014）提出報業運用大數據的三方向：一是服務讀者；根據讀者的閱讀興趣及閱讀記錄，提供更進一步個人化內容，以及個人化首頁。二是提供新產品；除提供內容，還可運用社交媒體或行動裝置提供預警功能（如氣象、路況、突發新聞等），或提醒功能（如簡化或優化日常生活所需）。三是目標行銷；瞭解讀者閱讀行為，提高讀者專注度，開發收益來源。

Stone 針對 2014 年媒體大數據研討會參與者進行個案研究，以瞭解各家媒體如何策略使用大數據。以下簡要說明英國金融時報、美國沙加緬度蜜蜂報及赫芬頓郵報如何運用大數據。

## 一、金融時報

歷史超過 127 年的金融時報，自 2007 年開始，網路版 FT.com 改採付費機制（即付費牆）。七年之後，FT.com 訂戶數已超過紙本訂戶數，金融時報集團來自訂閱的收益也已超過廣告收益。據統計，2008 年廣告收益占總收益 52%，至 2013 年，該比例已降至 39%（見 Indvik, April 2, 2013）。時至今日，數位訂戶達總訂戶三分之二，各種版本及組合的定價可高達每年 480 美元（見 Cassidy, September 28, 2015）。執行長 John Ridding 受訪時表示，當初建立收費機制只是想增加一個線上收益來源，後來才發現，經由收費機制而蒐集的數據及資訊改變金融時報營運模式（見 Indvik, April 2, 2013）。

數據長 Tom Betts 指出，金融時報從付費牆取得讀者註冊資料，瞭解他們的背景和閱讀偏好，進而從事目標廣告，提供新產品。大數據幫助該報促進讀者溝通，提供個人化內容。只要與訂戶相關的項目如客服、網站、行動 apps、廣告主等，都能夠提供更好的服務。還可將訂戶進一步分類，比如依人格特質或生活形態設計專屬內容。透過大數據，訂戶每週每一個小時運用什麼設備閱讀哪些新聞，都可以完整排列出來，比如，訂戶週間在辦公室從電腦閱讀財經新聞，週末從智慧型手機或平板電腦閱讀週末內容。該報再依據訂戶閱讀習慣與生活習性，提供不同新聞至各式各樣的設備，可說是以讀者為中心的大數據策略（見 Stone, November, 2014）。

Ridding 解釋，有些人認為付費機制阻絕不想付費的讀者，金融時報卻將付費機制視為

吸引新讀者的方式。該報也致力於深化讀者關係。Ridding 指出，該報許多讀者即各行各業的專家，必須跟他們維持深度、高品質的互動關係。Ridding 強調，讀者閱讀新聞的方式改變，不變的是他們對於資深編輯新聞判斷的信任（見 Indvik, April 2, 2013）。

付費牆似乎是成功的，亦即願意付費的讀者穩定成長，卻無法快速成長，問題出在針對不付費讀者限量閱讀政策。不付費讀者每月限制閱讀八則新聞，超過即必須付費。Ridding 認為，閱讀是一種習慣，限量閱讀不會讓讀者形成閱讀金融時報的習慣（見 Cassidy, September 28, 2015）。因此，金融時報於 2015 年 3 月「推倒」付費牆，改採廉價試閱，即以 1 英鎊不限量閱讀 FT.com 新聞一個月。Ridding 分析，如此一來，讀者有機會建立閱讀習慣，進而改為長期訂閱。這個新策略似乎奏效，訂戶快速增加（見 Cassidy, September 28, 2015）。

此外，金融時報更努力經營讀者關係，在新聞室內建立「與讀者有約」小組，透過各種社交媒體平台將新聞散播出去。Ridding 指出，訂戶快速增加將更有利於大數據策略的執行，許多決策都以大數據為基礎（見 Cassidy, September 28, 2015）。

## 二、沙加緬度蜜蜂報

同樣是老字號的沙加緬度蜜蜂報，成立於 1857 年。面對大數據挑戰，蜜蜂報市場研究主任 Darrell Kunken 從四個角度去思考大數據：1. 技術系統；2. 讀者分析及追蹤；3. 商業模式；和 4. 文化考量（見 Stone, November, 2014）。以上每個角度皆牽涉服務讀者及服務媒體組織本身。

以數據視覺化為例，在服務讀者方面包括幫助讀者瞭解議題，也幫助媒體透過深入瞭解讀者訂閱行為（如訂閱週間版、週日版或網路版的讀者特徵），閱讀行為（如閱讀新聞類型及閱讀時間）與消費行為（如消費趨勢及偏好），以提供更精彩的閱讀經驗。在服務媒體組織方面，蜜蜂報使用視覺化軟體 Tableau 繪製前訂戶特徵及退訂理由，供發行部參考。在服務廣告主方面，蜜蜂報自行開發一個消費途徑（path-to purchase）視覺軟體，幫助廣告主選擇目標讀者，比如由讀者人生階段及生活形態預測其消費取向（見 Stone, November, 2014）。

蜜蜂報也致力於分析讀者大數據。Kunken 表示，讀者希望持續獲得新知，媒體則希望讀者持續造訪，交換心得，並滿意整體閱讀經驗（見 Stone, November, 2014）。媒體提供個人化內容，是將使用者視為讀者，可是媒體又想從個人化內容獲利，便是將讀者視為消費者。蜜蜂報網路版 sacbee.com 與史丹佛大學合作，建立追蹤系統，描繪使用者行為，以提供客製化的使用經驗。該系統將讀者閱讀過的內容製作標籤，再進一步比對內容類型及讀者需求，協助媒體提供目標內容及目標廣告。目標內容還可進一步分類，比如依內容類型、接收裝置、使用行為、有影響力的使用者，重度新聞消費者等（見 Stone, November,

2014）。

　　在蜜蜂報，創新、讀者、數位、研究等主管密切合作，確保使用者數據隱私，讓使用者決定可以公開的資訊，並且讓使用者瞭解媒體將如何使用跟他們有關的數據（見 Stone, November, 2014）。即使如此，媒體還是必須面對嚴肅的倫理議題，亦即讓讀者充分瞭解媒體的意圖，並讓讀者充分掌握數據公開，是否足夠？可預見地，媒體追蹤、描繪、分類讀者的方式將隨著工具日新月異而益趨細膩。讀者可能基於使用便利或加值服務而允許媒體追蹤他們的使用行為，然而，他們不一定清楚媒體日後將如何精準掌握他們的閱讀習慣、生活習性與消費行為，更不會清楚這些資訊將如何被使用。這是媒體使用讀者大數據無可迴避的議題。

## 三、赫芬頓郵報

　　赫芬頓郵報前執行長，現任赫芬頓郵報母公司美國線上內容及消費品牌總裁 Jimmy Maymann 表示，該報策略運用大數據來優化內容，認證回應，確認新型收益模式及創造被動式個人化（見 Stone, November, 2014）。

### （一）優化內容

　　透過更精準分析改進讀者及廣告主關係，比如即時統計分析平台測試標題，以增加流量。在對的時刻傳送內容至對的數位設備給對的讀者，再如利用大數據分析家長傾向使用行動設備的時段，傳送他們感興趣的內容。

### （二）認證回應

　　讀者回應品質參差不齊，經分析發現，具名且地理區域接近者的回應品質較佳，郵報因此要求回應者註冊，不得匿名，也因而改進回應品質。

### （三）確認新型收益模式

　　與主要廣告主結盟，成立次網頁，刊登原生廣告，亦即將廣告內容和形式與網站內容和形式緊密結合。透過大數據分析，與一般廣告相較，讀者比較記得住原生廣告的內容。

### （四）創造被動式個人化

　　分析讀者瀏覽行為，瞭解他們閱讀哪些頁面的文章，及其閱讀偏好，改進使用經驗，設法留住讀者，讓他們多閱讀一些文章。

　　赫芬頓郵報靠部落格起家，成立於 2005 年。至 2011 年被美國線上收購時，月有效造訪者（unique visitors）約 3 千萬人，此後造訪人數急速攀升，目前月有效造訪者（unique visitors）高達 2 億人。該報現有 850 位員工，9 萬名部落客遍佈全球，提供多個美國地方版及國際版，2014 年收益達 1.46 億美元，僅持平，尚未開始獲利（Kludt, May 6, 2015;

Sebastian, June, 30, 2015; Segal, June 30, 2015）。該報創辦人暨總編輯 Arianna Huffington 受訪時表示，獲利是遲早的事，她關切的是造訪人數（Segal, June 30, 2015）。該報擁有寶貴的讀者大數據，未來勢必將強化大數據的策略使用。

## 結語：數據新聞的未來

　　數據的增加將更加快速，媒體將持續數據新聞報導。從全球媒體對於 Philip Meyer Awards 及 Data Journalism Awards 兩個獎項熱衷的程度推想，數據的運用將隨著工具的日新月異在調查報導的領域扮演重要的角色。此外，隨著開放數據、開放政府運動更加普及，各種跨領域、跨區域、跨國界協作也將愈來愈普遍。

　　無論傳統或網路媒體皆有興趣嘗試電腦程式新聞報導，美聯社及洛杉磯時報的經驗皆屬正面，中文媒體騰訊財經的 Dreamwriter 更值得注意。筆者認為，電腦程式新聞報導對媒體最重要的意義，不在於是否可從中發展出新的商業模式，而是鼓勵媒體（特別是傳統媒體）創新，摒除舊思維，將新思維注入內容生產過程，尋找媒體未來發展的可能性。

　　此外，關於電腦程式是否可能取代記者來報導新聞的疑慮，並非毫無根據。電腦程式寫作平台必然朝優化的方向發展，應用的層面也會逐步發展，不一定只限於某些類型新聞的報導。即使如此，電腦程式取代記者來報導新聞的難度頗高。媒體現階段應該更關切如何運用電腦程式，以創新的思維運用與呈現數據。

　　媒體除運用數據於新聞報導，也熱衷於策略使用，主要用於改善讀者及廣告主關係，包括：追蹤及描繪讀者，以提供個人化新聞，改進整體閱讀經驗；幫助廣告主更瞭解讀者，提供原生廣告，目標行銷等。讀者固然傾向提供個人資訊，以換取加值服務，但也因而更想瞭解媒體如何蒐集與使用跟他們有關的數據。運用讀者數據的媒體應貫徹數據開放及數據共享政策。

　　數據新聞報導的基礎在於政府數據開放，現今仍有許多國家未透過立法來開放政府數據，勢將阻礙數據新聞的發展。此外，媒體也必須與圖書館、大學、大型基金會、大型非營利組織等合作，尋求政府數據以外的數據開放，提升數據新聞品質與調查深度。數據開放所牽涉的資訊安全及數據保護將更形重要，政府需要加強資訊安全，而媒體如何避免濫用讀者數據，如何保障讀者數據安全，都有待媒體更完善及細緻的處理。

　　讀者固然關切有關自身的數據如何被使用，將是數據新聞最大受惠者。讀者不僅由數據新聞瞭解更多世界真相，處理人生重要決策，還可使用各種便利的線上工具分析數據，從事個人化的求知、求真。隨著分析能力提升，讀者對於新聞精確度的要求更高，將促使記者提升新聞精確度。此外，媒體將致力於更細緻的個人化新聞，透過各式行動設備及穿戴式裝置提供個人化新聞，其類型將隨著讀者需求改變而跟著改變。媒體也可能嘗試運用

預測式的社交型 apps，幫助讀者維繫人際關係。

　　最後，大數據對於媒體固然有諸多好處，所有對數據的誤解、誤用可能產生的誤導仍舊是大數據潛在風險。此外，一個資料庫可能夾雜好數據、壞數據或有偏見的數據，使用者必須具有鑑別的能力，必要時，應佐證其他消息來源，避免單一消息來源可能帶來的偏差。更重要的，使用者固然能夠從大量數據中萃取出資訊，資訊可能被提升為知識，但不等於知識。因此，使用者應該以謹慎、懷疑的態度檢驗數據。

# 📖 參考書目

沈孟華（2015 年 9 月 15 日）。〈機器人寫新聞、FB Mentions 開放給記者，新科技正在翻轉媒體生態〉，《科技報橘》，取自 http://buzzorange.com/techorange/2015/09/11/the-change-of-journalism/

谷玲玲（2015）。〈數據新聞與記者的未來〉，彭芸（編），《「大數據、新媒體、使用者」論文集》，頁 173-200。台北：風雲論壇。

About PolitiFact. (n.d.). From PolitiFact Web Site: http://www.politifact.com/about/

Arthur, C. (2010, November 22). Analysing data is the future for journalists, says Tim Berners-Lee. *The Guardian*. Retrieved from http://www.theguardian.com/media/2010/nov/22/data-analysis-tim-berners-lee

Bell, M. (2015, February 4). What is data journalism? *Vox*. Retrieved from http://www.vox.com/2015/2/4/7975535/what-is-data-journalism

Bounegru, L. (2012). Data journalism in perspective. In J. Gray, L. Bounegru & L. Chambers (eds.), *The data journalism handbook*. Retrieved from http://datajournalismhandbook.org/1.0/en/introduction_4.html

Bourgault, J. (2013, May). How the global open data movement is transforming journalism. *Wired*. Retrieved from http://www.wired.com/insights/2013/05/how-the-global-open-data-movement-is-transforming-journalism/

Bradshaw, P. (2012). What is data journalism? In J. Gray, L. Bounegru & L. Chambers (eds.), *The data journalism handbook*. Retrieved from http://datajournalismhandbook.org/1.0/en/introduction_0.html

Cassidy, J. (2015, September 28). The Financial Times and the future of journalism. *The New Yorker*. Retrieved from http://www.newyorker.com/news/john-cassidy/the-financial-times-and-the-future-of-journalism

Ellis, J. (2011, June 8). House hunters, data edition: Meet Curbwise, the Omaha World-Herald's real-estate news app. *NiemanLab*. Retrieved from http://www.niemanlab.org/2011/06/house-hunters-data-edition-meet-curbwise-the-omaha-world-heralds-real-estate-news-app/

Gil, N. (2014, April 22). New York Times launches data journalism site The Upshot. *The Guardian*. Retrieved from http://www.theguardian.com/media/2014/apr/22/new-york-times-launches-data-journalism-site-the-upshot

Goldstein, J., & Weinstein, J. (2012). The benefits of a big tent: Opening up government in developing countries. *UCLA Law Review Disclosure, 60*, 38-48.

Grandestaff, L. (2013, January 9). 2012 Philip Meyer Award winners announced. *Investigative Reporters & Editors*. Retrieved from http://www.ire.org/blog/ire-news/2013/01/09/2012-philip-meyer-award-winners-announced/

Grandestaff, L. (2014, January 9). 2013 Philip Meyer Award winners announced. *Investigative Reporters & Editors*. Retrieved from https://www.ire.org/blog/ire-news/2014/01/09/2013-philip-meyer-award-winners-announced/

Grandestaff, L. (2015, January 14). 2014 Philip Meyer Award winners announced. *Investigative Reporters & Editors*. Retrieved from https://www.ire.org/blog/ire-news/2015/01/14/2014-philip-meyer-award-winners-announced/

Holovaty, A. (2005, May 18). *Announcing chicagocrime.org*. Retrieved from http://www.holovaty.com/writing/chicagocrime.org-launch/

Holovaty, A. (2006, September 6). *A fundamental way newspaper sites need to change*. Retrieved from http://www.holovaty.com/writing/fundamental-change/

Holovaty, A. (2007, May 23). *Knight Foundation grant*. Retrieved from http://www.holovaty.com/writing/knight-foundation-grant/

Holovaty, A. (2008, December 4). *Goodbye hyperlocal, hello microlocal*. Retrieved from http://www.holovaty.com/writing/microlocal/

Howard, A. (2012, February 22). Data for the public good: From healthcare to finance to emergency response, data holds immense potential to help citizens and government. *Radar*. Retrieved from http://radar.oreilly.com/2012/02/data-public-good.html

Howard, A. (2012, June 29). UK Cabinet Office relaunches Data.gov.uk, releases open data white paper. *Radar*. Retrieved from http://radar.oreilly.com/2012/06/uk-cabinet-office-relaunches-d.html

Howard, A. (2012, September 28). Four key trends changing digital journalism and society. *Radar*. Retrieved from http://radar.oreilly.com/2012/09/open-journalism-open-data-news.html

Howard, A. B. (2014, May 30). *The art and science of data-driven journalism*. Columbia University.

Tow Center for Digital Journalism.

Indvik, R. (2013, April 2). The 'Financial Times' has a secret weapon: Data. *MashableAsia*. Retrieved from http://mashable.com/2013/04/02/financial-times-john-ridding-strategy/#8hOgabYix8qH

Kalleberg, R. (2007). A construction of the ethos of science. *Journal of Classical Sociology, 7*(2), 137-160.

Kaplan, D. E. (2014, March 3). Data journalists from 20 countries gather for cutting-edge NICAR14. *Global Investigative Journalism Network*. Retrieved from http://gijn.org/2014/03/03/data-journalists-from-20-countries-gather-for-cutting-edge-nicar14/#

Kayser-Bril, N. (2010, August 26). #ddj: Reasons to cheer from Amsterdam's data-driven journalism conference. *Journalism.co.uk*. Retrieved from http://blogs.journalism.co.uk/2010/08/26/ddj-reasons-to-cheer-from-amsterdams-data-driven-journalism-conference/

Keegan, B. C. (2014, April 7). The need for openness in data journalism. *Brian C. Keegan: Computational social science, network analysis, online collaboration*. Retrieved from http://www.brianckeegan.com/2014/04/the-need-for-openness-in-data-journalism/

Kelsey, T. (2012, July 12). Unleashing the potential-the UK open data white paper. *Open Government Partnership*. Retrieved from http://www.opengovpartnership.org/blog/tim-kelsey/2012/07/11/unleashing-potential-uk-open-data-white-paper

Kludt, T. (2015, May 6). Huffington Post marks 10th anniversary with New York. *CNNMoney*. Retrieved from http://money.cnn.com/2015/05/06/media/huffington-post-tenth-anniversary/

Leonhardt, D. (2014, April 22). Navigate news with The Upshot. *The New York Times*. Retrieved from http://www.nytimes.com/2014/04/23/upshot/navigate-news-with-the-upshot.html?abt=0002&abg=1

Lorenz, M. (2011, September 21). Training data driven journalism: Minding the gaps. *Data Driven Journalism*. Retrieved from http://datadrivenjournalism.net/news_and_analysis/training_data_driven_journalism_mind_the_gaps

Lorenz, M. (2012). Why journalists should use data. In J. Gray, L. Bounegru & L. Chambers (eds.), *The data journalism handbook*. Retrieved from http://datajournalismhandbook.org/1.0/en/introduction_1.html

Marshall, S. (2012, September 26). #PPAdigital: Paul Bradshaw's five principles of data management. *Journalism.co.uk*. Retrieved from http://blogs.journalism.co.uk/2012/09/26/ppadigital-paul-bradshaws-five-principles-of-data-management/

Merkel, O., & Wegener, R. (2014, March 11). Big data: The organizational challenge. *Bain & Company Insights*. Retrieved from http://www.bain.com/publications/articles/big-data-theorganizational-challenge-business-day.aspx

Meyer, P. (1971, July/August). The limits of intuition. *Columbia Journalism Review, 10*(2), 15-20.

Meyer, P. (1973). *Precision journalism: A reporter's introduction to social science methods.* Bloomington, IN: Indiana University Press.

Meyer, P., Pillhofer, A., Boyer, B., Berners-Lee, T., Anderton, D., Vermanen, J., et al. (2012). Why is data journalism important? In J. Gray, L. Bounegru & L. Chambers (eds.), *The data journalism handbook.* Retrieved from http://datajournalismhandbook.org/1.0/en/introduction_2.html

Miller, R. (2012, December 21). Data journalism: from eccentric to mainstream in five years. *Strata Blog, O'Reilly Media.* Retrieved from http://strata.oreilly.com/2012/12/simon-rogers-data-journalism.html

Miller, R. (2015, January 29). AP's ‘robot journalists' are writing their own stories now. *The Verge.* Retrieved from http://www.theverge.com/2015/1/29/7939067/ap-journalism-automation-robots-financial-reporting

Minister of State for the Cabinet Office and Paymaster General. (2012, June). *Open data white paper: Unleashing the potential.* Retrieved from https://data.gov.uk/sites/default/files/Open_data_White_Paper.pdf

O'Leary, S. (2014, February 27). Examining the role of big data in the future of newspapers. *Newspaper Association of America.* Retrieved from http://www.naa.org/News-and-Media/Blog/Examining-the-role-of-big-data-in-the-future-of-newspapers.aspx

Oputu, E. (2014, March 10). The future of data journalism at Washington Post. *Columbia Journalism Review.* Retrieved from http://www.cjr.org/behind_the_news/the_future_of_data_journalism.php

Oremus, W. (2014, March 17). The first news report on the L.A. earthquake was written by a robot. *Slate.* Retrieved from http://www.slate.com/blogs/future_tense/2014/03/17/quakebot_los_angeles_times_robot_journalist_writes_article_on_la_earthquake.html

Rainie, L. & Purcell, K. (2011, March 1). How the public perceived community information systems. *Pew Research Center.* Retrieved from http://www.pewinternet.org/2011/03/01/how-the-public-perceives-community-information-systems/

Rogers, S. (2011, July 28). Data journalism at the Guardian: What is it and how do we do it? *The Guardian.* Retrieved from http://www.theguardian.com/news/datablog/2011/jul/28/data-journalism

Rogers, S. (2014, April 24). Hey wonk reporters, liberate your data! Data journalism only matters when it's transparent. *Mother Jones.* Retrieved from http://www.motherjones.com/media/2014/04/vox-538-upshot-open-data-missing

Schield, M. (2005, August 18). *Information literacy, statistical literacy and data literacy.* Retrieved from http://www.statlit.org/pdf/2005schieldIASSIST.pdf

Scola, N. (2014, September 2). Comcast bets on hyper-local by reviving EveryBlock. *The Washington Post*. Retrieved from https://www.washingtonpost.com/news/the-switch/wp/2014/09/02/comcast-bets-on-hyper-local-by-reviving-everyblock/

Sebastian, M. (2015, June 30). Huffington Post said to break even on $146 million in revenue last year. *Advertising Age*. Retrieved from http://adage.com/print/299293

Segal, D. (2015, June 30). Arianna Huffington's improbable, insatiable content machine. *The New York Times Magazine*. Retrieved from http://www.nytimes.com/2015/07/05/magazine/arianna-huffingtons-improbable-insatiable-content-machine.html?_r=0

Stone, M. L. (2014, November). *Big data for media*. University of Oxford. Reuters Institute for the Study of Journalism.

Vinter, H. (2011, August 24). Scott Klein: News apps don't just tell a story, they tell your story. *WAN-IFRA*. Retrieved from http://www.wan-ifra.org/print/articles/2011/08/24/scott-klein-news-apps-dont-just-tell-a-story-they-tell-your-story

Weaver, D. H. & McCombs, M. E. (1980). Journalism and social science: A new relationship? *Public Opinion Quarterly, 44*(4), 477-494.

Webb, A. (2013, December). The future of news is anticipation. *Neiman Journalism Lab*. Retrieved from http://www.niemanlab.org/2013/12/the-future-of-news-is-anticipation/

Webb, J. (2012, January 26). Transforming data into narrative content: Kristian Hammond on how Narrative Science gives a voice to insights found in the growing world of big data. *Tools of Change for Publishing*. Retrieved from http://toc.oreilly.com/2012/01/narrative-science-kristian-hammond-data-content-generation.html

What is the Homicide Report? (n.d.). From Los Angeles Times The Homicide Report Web site: http://homicide.latimes.com/about/

Winners of the DJA 2015. (n.d.). From Global Editors Network Web Site: http://www.globaleditorsnetwork.org/programmes/data-journalism-awards/

Younge, G. (2011, September 5). The Detroit riots of 1967 hold some lessons for the UK. *The Guardian*. Retrieved from http://www.theguardian.com/uk/2011/sep/05/detroit-riots-1967-lessons-uk

Yu, H., & Robinson, D. G. (2012). The new ambiguity of "open government." *UCLA Law Review Disclosure. 59*, 178-208.

# 第七章　大數據與收視率

國立台灣藝術大學廣播電視學系教授　賴祥蔚

# 前　言

　　隨著新媒體科技的快速進步，媒體環境正在產生巨大的改變，各種平台越來越零碎，閱聽眾的主控權也日漸強化；連帶所及，收視行為的調查研究也遭遇了極大的挑戰（Napoli, 2011）。當代收視行為的量化研究主要起源於美國，目前推行到了全世界。儘管以收視率為主的收視行為量化研究，在研究方法上自有其社會科學上的依據，但是在實際應用上卻衍生許多問題，連帶也引起了各界對於當前以收視率為主的收視行為量化研究在研究方法是否確實允當的質疑，台灣對此感受尤其強烈。台灣的電視與廣告產業從 1994 年開始接納 AC 尼爾森（目前已因公司改組而更名為 AGB 尼爾森）所提供的收視率數據，從此改變了台灣過去三十年所慣用的收視率調查模式與電視廣告交易制度（林照真，2011）。

　　台灣產業界對於收視率調查的第一個大動作公開批判，或許是在 1999 年 12 月 1 日由當時擔任中國電視公司董事長的鄭淑敏女士在聯合晚報所刊登的一幅半版廣告，廣告主題是〈我的呼籲 － 正視 A.C. Nielsen 對台灣電視亂象的影響〉，內容直指從美國移植來的尼爾森「收視率調查體系，已成為台灣電視發展的夢魘」，並且從樣本數量、人口結構、公佈方式、以及國情需要等四個面向分別進行批判。

　　曾經擔任廣電基金董事長的鄭自隆教授撰文指出：「收視率建構了台灣社會文化走向」（鄭自隆，2012 年 3 月 8 日），這是因為「收視率影響的不只是每年約六百億元的廣告預算分配，更重要的新聞與節目，都依收視率調整內容，長期下來台灣民眾的審美、價值觀、國際視野，都會受到涵化影響」（鄭自隆，2012 年 3 月 8 日）。長期批判收視率現象的資深新聞工作者林照真在她的博士論文也指出：「收視率調查產業與廣告、電視產業關係密切，並已與媒體購買機制結合，使得收視率不但是廣告商進行媒體購買的主要依據，同時亦成為電視台販賣閱聽人的交換貨幣」（林照真，2007；林照真，2009）。

　　前述意見，精簡總結了台灣各界對於收視率的質疑意見。鄭自隆教授不只撰文呼籲，也多次積極參與收視率改革，包括 2012 年協助行政院新聞局推動數位收視率調查，這也是其撰文的背景。可惜的是，儘管台灣各界對於收視率頗有質疑，但是由於欠缺可供替代的其他量化研究方法，原有收視率的地位與連帶影響一直沒有產生實質變化。

　　台灣的產、官、學各界除了持續批判收視率研究的弊病之外，也曾經試圖反制。傳播學者撰文指出，台灣各界對於收視率的質疑批判以及相應的改革努力，大概可以分成類比與數位兩個不同時期。在類比時期，主要是「廣電基金」在 2001 年決議成立「廣電人市場研究公司」，希望打破尼爾森一家獨霸的局面，推動良性競爭。廣電人公司成立之初，頗受期待，但是因為諸多因素，新競爭者最後仍然無法打破尼爾森獨霸收視率調查的局面（韋伯，2014 年 7 月 31 日）。在廣電人「抗戰」失利之後，很長的一段時間，台灣幾乎沒有再出現收視率改革的努力，直到數位有線電視的開始盛行，收視行為研究才又出現新的

改革曙光。

數位時期的收視研究改革努力，包括了行政院新聞局在 2012 年協助推動的數位收視率計畫。行政院在「數位匯流發展方案（2010～2015）」的七大推動主軸中，早就把新的收視調查機制列為重點策略，行政院新聞局在 2012 年成立了「數位媒體收視行為衡量機制研究及發展委員會」，希望推動數位收視率。可惜行政院新聞局的此一努力，隨著當年 5 月 20 日行政院新聞局走入歷史而暫時畫下休止符。儘管如此，政府仍未放棄改革努力，例如 2014 年 5 月時擔任科技部長的張善政曾公開表示，政府會在「反媒體壟斷法」通過後推動成立收視率調查公司。此舉令人期望，也符合前述的「數位匯流發展方案」。張部長升任行政院副院長之後，則指示交由文化部進行統籌規畫。

除了政府的多次努力與作為之外，傳播科技的進步，造成了數位匯流，也帶來了改變傳統收視率調查模式的可能性。這主要表現在兩方面：一方面，數位機上盒快速普遍、尤其是有線電視數位化的比率在 2013 年開始快速提升，帶來了不同於以往的可能性，有一些有線電視業者甚至主動成立了「雲端暨聯網電視論壇」，並且與「資訊工業策進會」（資策會）攜手合作在 2013 年成立了「新媒體閱聽行為研究實驗室」，藉由數位有線電視業者在頭端所獲得的資料，把收視行為研究從抽樣推到了普查，這是一個跟過去完全不同的技術層次（韋伯，2014 年 7 月 31 日）。另一方面，在閱聽行為網路化的世代，透過網路收集到的「大數據」以及相關的應用研究，推論出網路時代影音內容的收視情況，更是帶來了全新的收視行為研究典範。目前各國都陸續將網路大數據納入了收視行為調查，以反映當前多螢收看的真實情況，日本與中國大陸的經驗更常被提及（賴鼎銘、黃聿清，2015 年 5 月 22 日）。

本文試圖探討探討現有收視率調查方式的弊病，再針對數位有線電視普查的情況進行分析，最後檢視目前最熱門的大數據研究，希望歸納出這一次又一次的典範變革過程之中，不同的收視行為研究模式各有甚麼特性與優缺點。

# 第一節　文獻回顧

收視率調查機制與其可能存在的缺陷，當然不是只有台灣才有，這一整套機制發源於美國，美國對此也曾經有過不少討論。尼爾森收視率調查宣稱該公司是先針對收視戶抽樣，再到收視戶家中安裝個人收視記錄器（People Meter），然後由收視戶透過按鍵來回報收視行為，再將此一資料回傳至尼爾森公司。此一機制在 1970 年代電視頻道只有三台時已遭遇一些質疑，1990 年代之後電視頻道增加至上百台，更引起誤差過大以至於收視率無法反映真實收視情形的批評。

Meehan（1984；1990）對於收視率背後的金錢邏輯進行了深入的分析，並且提出「商

品收視率」（commodity ratings）一詞來精準指出收視率的本質也是一種商品，而且是一種具有衝突性的商品。許多研究也早就已經指出：收視率的引入，造成了電視節目內容的庸俗化，甚至造成了內容的惡質化（Ang, 1991; Swanson, 2000; Thompson, 1997）。

　　例如針對樣本戶的經濟社會地位可能偏低，其實從 1960 年代以來就一直遭到批判，過去美國尼爾森公司每星期才支付 50 分美元，一個月也才兩美元；台灣目前採用贈送禮券等方法，一年贈送的禮券面額是新台幣四千五百元，換算每月大概是不到四百元的禮券，這樣的誘因一樣不高（林照眞，2009）；傳播學者黃聿清接受林照眞研究訪談時也指出，她先前服務於廣電人公司在尋找收視戶樣本時，確實深深感到了「中高教育程度被說服的機率是較低的」（林照眞，2009）。儘管各界批評不斷，美國尼爾森公司直到網路閱聽行為逐漸普及，才為了要因應網路時代的多螢收視行為，而在 2014 年宣布與 Adobe 公司合作，結合其線上流量的分析工具與網路電視軟體，全面進行網路的視聽評量服務（Suciu, Oct 23, 2014）。日本的收視率研究機構也透過回溯式收視率以及網路回應來計算整體收視情形，要取代傳統的電視收視率；美國全國廣播公司等媒體把重點節目在官方網站同步開播，透過「埋 code」（放入追蹤程式碼）技術掌握電視與網路收視數據（賴鼎銘、黃聿清，2015 年 5 月 22 日）。中國大陸面對此一網路收視的發展趨勢，也從 2013 年開始就嘗試進行結合網路與實體電視收視情形的「全媒體收視率」（王哲，2014），儘管方法是否周延還有待討論，卻已經開創了全新的變局。

　　台灣對於收視率的研究與批判，在時間上相較於美國略晚一些，不過隨著傳播學者黃葳威（1999）等人開始針對收視率機制進行分析之後，各方對於收視率的批判越來越多（蔡念中，1999），其中最常被質疑的正是樣本結構。畢竟從統計的角度來看，樣本大小未必是問題，民調如此，電視收視率也一樣，例如媒體研究專家 Beville（1988）就曾指出 1200 個家庭收視戶其實已經足以進行收視行為研究。當然，樣本數越大，誤差越低；而抽樣方法更是關鍵。台灣現行的收視率調查，是由尼爾森這家美商公司一家獨大，其方式據稱是全台灣依照分層抽樣的方式抽出一千八百戶家庭收視戶，被抽中家庭如果願意，該公司會派員前往家中裝機（亦即個人收視記錄器）並給予一個特殊遙控器，遙控器上會有代表家庭成員的按鍵，當父親看時就在代表他的按鍵上按一下，不看離開時也得按一下取消。這些家庭成員的收視行為，每天半夜再藉由電腦線傳到該公司電腦。隔天早上訂購資料的電視台、廣告公司就會收到昨天各台節目每分鐘起伏的收視率報表。由於不滿現有的調查方式，學界對於收視率變革的可能性一直都非常關注，新的收視模式也成為一些博士學位論文的主題（邱慧仙，2013）。

　　鄭自隆教授曾投書媒體指出：尼爾森公司的收視率研究方法「把觀眾當生產線機器，表面上很科學，但經不起檢驗」，他歸納出三點質疑：第一、由於不喜歡自己的收視行為曝光，高教育高社會經濟地位的家庭可能比較不願意接受安裝收視記錄器，正因如此，尼

爾森的樣本戶結構於是被懷疑具有抽樣偏差，而且是偏向了經社地位較低的家庭，果真如此，此一樣本就無法符合台灣社會的母體結構。第二，看電視是休閒，收視戶可能不會依照尼爾森公司的要求，每次看電視只要有異動就按一下按鈕，包括掌握遙控器者暫時離席、或是其他收視者出現增減的情況。鄭教授認為尼爾森這種看似「科學」的設計，其實忘了「科技始終來自人性」，忽略了觀眾的行為科學。第三，電視頻道動輒上百個，但是實際的收視行為卻有其慣性，因此，對於每個頻道在每個時段的節目，其實不會提供相同的選擇機會，這麼一來，用固定的收視戶樣本去測量一百多個頻道就失去了真實的意義。鄭教授更以「GIGO」（garbage in, garbage out，垃圾進、垃圾出）來形容既有的收視率調查方式，他認為媒體產業仰賴這些資料來決定廣告預算的分配、新聞內容的走向、綜藝節目的笑點、以及談話性節目的主題，實在太荒謬（鄭自隆，2012 年 3 月 8 日）。

數位機上盒出現以後，透過數位有線電視的普及化，要研究收視行為已經可以透過普查而非抽樣，這就使得傳統的透過個人收視記錄器來計算收視率的調查方法更加不具有代表性。更何況，數位匯流時代到來之後，收看電視的平台早已跳脫過去那種只以電視機為主的方式，電腦、平板與智慧型手機漸漸變成了年輕世代透過網路收看影音內容的主要平台，因此，如何結合網路大數據來研究收視行為，已然變成一項熱門課題，吸引了越來越多的研究者投入。

## 第二節　收視行為研究的趨勢

### 壹、收視率的回顧與批判

從美國來到台灣的尼爾森公司收視率調查模式，儘管在過去多年以來有過一些貢獻，也招來了不少的批評，但是此一機制能夠持續維持其在電視與廣告產業中的霸權地位，這一點自有原因，一來是因為尼爾森公司提出的收視率數據，乍看之下確實非常具有科學性與說服力，足以「判斷」不同年齡、性別、學歷等人口特質之觀眾的收視行為，二來則是因為這是目前市場上唯一可供參考的收視數據，過去雖然曾有其他競爭者試圖以同樣的調查技術進行挑戰，但是卻都未能成功。

前面提及的廣電人市調公司，其推動改革的努力，主要是希望打破原本的一家獨占局面，並且引入更透明的調查機制，因此調查方法同樣是採用「個人收視記錄器」（people meter）。廣電人市調公司苦撐了 4 年多之後，終於還是因為虧損嚴重而結束。廣電人的失利，一方面是因為一年幾億元市值的收視率生意，能不能支撐起兩家收視率公司，尚待確認；另一方面則是因為當時很多的廣告公司與電視公司在預算有限的情況之下，通常只願意一年花幾百萬去向一家收視率公司購買收視行為的量化資料，而尼爾森除了有其在市場

中已經先站穩了腳步的優勢，加上許多美商廣告公司比較偏好同為美系、而且是其所屬之美國總公司所慣用的尼爾森數據，這些都是廣電人不易打破尼爾森獨霸收視率調查局面的限制（韋伯，2014 年 7 月 31 日）。

台灣的電視圈經常手持尼爾森公司提供的「節目明細排名表」，藉以檢討節目的成績得失；廣告人也常提供尼爾森的報表給廣告主參考，藉以告訴他們各家頻道的收視輪廓，以便精確透過廣告來與目標對象進行溝通。

尼爾森的報表因為有具體的數據資料，乍看之下非常客觀可信與合乎科學精神。然而，這份排名表上面的收視率與排名其實都不無問題，如果仔細分析，就可以發現其中的諸多問題，例如 2014 年 6 月 17 日的前四十名節目，第一名節目的收視率將近 4.00%，第四十名節目的收視率則是只有 0.61%。根據此表，許多節目之間的收視率差距其實都只有 0.01% 而已（賴祥蔚，2014 年 8 月）。

對於現行收視率調查方式的批判，過去一段時間以來，研究者已經指出幾項重點，包括：選取樣本時，拒絕成為樣本的拒絕率為多少？樣本跟母體之間的經濟社會地位、地理分布等差別的檢定結果如何？樣本戶的汰換率？誤差的數值遠大於收視率時，收視率的參考價值還有多少（林照真，2009；賴祥蔚，2014 年 8 月）？傳統透過個人收視記錄器蒐集的數據，必須建立在收視戶忠實紀錄收視行為的完全誠信之上，只有當收視戶百分之百忠實記錄家中的觀看情形，才能反映真實收視。尼爾森確保機制是抽查、監控、或是有其他確保措施？除此之外，尼爾森提供「每分鐘收視率」，但是實際上每分鐘觀看電視的樣本，其實遠遠少於前述的全體樣本，某些時段的實際觀眾恐怕不到全體樣本的一成，這因而涉及了統計學上「次樣本」的誤差計算，次樣本因為只是原樣本的一個部分，其誤差必然大於原樣本，至於實際誤差大小，要看次樣本的大小而決定。尼爾森要提供「每分鐘收視率」，應該先仔細說明每分鐘次樣本的數字與抽樣誤差大小為何。目前尼爾森的抽樣誤差，如果以抽樣戶來計算，依據官方網站說法有 1800+ 戶，則誤差大約是 2.3%，如果進一步以次樣本進行計算，因不知實際之次樣本大小，不易推算，但是如果次樣本為 100（以每分鐘來看，實際上有可能更小），則誤差大概是 10%，當次樣本更小，誤差就會更大。抽樣誤差遠高於收視率的數值，已足以推翻現行收視率調查與排名的意義了。

就此而論，前述的電視節目排名表，固然有其統計學上的科學根據，但是因為實際上的樣本太少、誤差太大，因此，完全不足以支撐各個節目之間的收視率排名，更何況，前述的收視率調查還有許多疑點尚未探索清楚，所以目前各大電視台根據這一套收視率數據來推算節目排名與觀眾多寡、各大廣告公司也根據收視率來決定廣告時段的價格與投放，表面上似乎參考了精準的科學數據，其實都是陷入了當前收視率機制的錯誤迷思之中。

傳統的收視率測量方式除了引起前述的疑問之外，到了數位匯流時代，又浮現了兩個層面的新問題：

　　首先，網際網路的普及化與網路收看影音的便利性也逐漸提高，使得在網路平台上收看影音節目的觀眾越來越多，透過傳統電視機收看節目的觀眾則相對減少；若干收視行為調查更顯示，多螢收看已經成為年輕世代的主要收視行為（尼爾森，2015 年 3 月），在這種趨勢之下，只針對傳統電視機進行抽樣的收視率，當然越來越無法精確反映出一般觀眾的收視行為。尼爾森採用到府安裝電視機 People-Meter 的方式測量收視率，這樣的方式只能測量透過傳統電視機看電視節目者的收視率，卻忽略了使用新媒體觀看影音節目者的收視行為，例如如果觀眾是透過網路平台例如 YouTube 觀看電視連續劇，他們的收視行為就完全沒有獲得計算。網際網路走入生活，帶來了前所未有的網路收視行為，緊接著智慧行動載具的出現、普及與上網，更把網路收視變成了行動收視，於是現行以家戶為主的收視率調查方式，幾乎都遭遇了嚴峻的挑戰。眾所周知，國人的收視行為早已出現「多螢」現象，許多人同時藉由電視機、電腦、智慧手機、平板等終端來觀看視訊節目，但是目前的測量方法，卻測不出新媒體的收視情形，因此可能存在可觀的偏差。可惜的是，尼爾森未能妥善對外界交代其調查方法可能存在的限制與不足，該公司在台灣的主管面對對於研究生提問的回應是：相關問題必須交給美國總公司先審視才能回應，而且「由於若干問題必須先翻譯成最適當的語意才能讓總公司瞭解問題癥結，因此，還要花一些時間」，等總公司確認之後才會指派專員回答（韋伯，2014 年 6 月 30 日）。

　　其次，數位有線電視的雙向傳輸特性，使得其頭端可以直接獲得收視戶的收視資料，這其實是一種不需花費太多額外費用就可以獲得的普查數據，尤其當數位有線電視的普及化比例提高之後，此一數據更具有參考價值。然而，數位有線電視所獲得的頻道收視情形，與尼爾森收視率之間有極大的出入，尤其在新聞頻道的部分，民視新聞頻道的收視版圖消失不少（韋伯，2014 年 7 月 10 日），甚至被質疑是尼爾森收視率已經遭到了推翻（韋伯，2014 年 7 月 7 日）。究竟何以如此，有待進一步探究，而最簡單的探究方式，就是雙方都以開誠布公的方式來檢驗原有數據。目前系統業者願意提供詳細數據，就看尼爾森是否願意主動出面說明。

　　嚴峻的挑戰還來自於收視行為的高度分眾化與瑣碎化。以台灣為例，1970 年代只有三台，收視率動輒 20% 甚至 40%；1990 年代衛星電視與有線電視合法化之後，頻道增加至上百，即使常看的頻道不過一、二十個，但是自此之後，各台節目的收視率如果想要突破 1.00%，其實已經難能可貴；到了行動上網與網路收看時代來臨之後，收視者可以選擇的影音內容來源，除了傳統的無線與有線電視之外，還有跨越邊境的網際網路，於是來源何只成千上萬？這麼一來，每一個影音節目來源可以搶奪到的收視比例，必然出現高度瑣碎化的情況，而且傳統收視率調查方式如果要因應這些變革，進而調查出具有意義的數據，就必須大幅增加樣本數，這麼一來，其成本只怕遠遠超過執行機構的負擔能力。但是販售收視率服務的收入卻難以等比例增加，於是幾乎等同宣告了傳統收視率調查技術的壽命即

將來到了終點（賴祥蔚，2014 年 8 月）。就此而言，傳統收視率調查遭到淘汰，其實只是時間早晚的問題。

## 貳、數位有線電視普查的檢視

傳統的收視率調查方式，使用個人收視記錄器進行收視行爲調查，必須先有一筆可觀的設備與人力投資，才有可能蒐集到收視行爲的數據。這樣的進入門檻不算太低，加上願意出錢購買收視率資料的業者不算太多，而且每增加販售一分報告的邊際成本趨近於零，因此在已經有主要收視率調查業者的市場，往往很難容納新進的收視率調查業者。正是這種限制，讓台灣各界雖然對於傳統的收視率多有批評，但是在廣電人市調公司的嘗試失敗之後，就一直無法改變現狀或是找出更佳的替代模式了。然而，有線電視數位化之後，情況開始有了改變。

相較於傳統收視率必須透過抽樣方法特別去蒐集才能取得，有線電視的數位化雙向傳輸則使得收視行爲的數據在業者頭端都可取得，因而觀眾的整體收視行爲就可以清楚呈現，而且這是普查數據，而不是抽樣數據，包括行政院新聞局與若干有線電視業者都曾經積極嘗試推動數位有線電視收視行爲普查。

從收集收視行爲數據的角度來看，有線電視數位化之後，系統台的頭端機房已經可以知道每一家庭的真實收視狀況，只要在頭端就可取得「零誤差」該有線電視系統業者訂戶收視行爲的普查資料，因此抽樣不再有必要，只要有人出面統整各家有線電視的資料，不必多投資個人收視記錄器等設備，就可清晰呈現台灣家戶電視收視圖像。這些資料隨著有線電視數位化的比例逐步上升，更會漸漸成爲全體有線電視用戶的普查資料。由於台灣目前的有線電視普及率一直維持頗高的比例，根據國家通訊傳播委員會（通傳會）的統計，至 2015 年第二季達到六成，而數位化比例更超過了八成五（彭慧明，2015 年 8 月 15 日），因此，有線電視的這些收視行爲已經具有一定程度的代表性，如果再納入中華電信 MOD 等平台的收視數據，更接近全體收視行爲。

產業界的「雲端暨聯網電視論壇」（CCTF）與資訊工業策進會攜手合作，在 2013 年成立「新媒體閱聽行爲研究實驗室」（New Media User Lab），並且在 3 月 5 日發表第一次報告。前述合作的企圖其實不只限於電視收視行爲，還包括其它新媒體。發起機構表示：一共邀請了 163 家業者加入此一實驗室的網路平台，發起後短短三周就有超過 66 家業者申請成爲會員。其中，一開始的發起者不乏重量級有線電視業者，因此，頗有希望促成數位有線電視收視行爲的普查，成爲第二套重要的收視率數據，甚至可以取代現有的收視率機制。可惜的是，仍有其他重量級有線電視業者基於互信或「個資法」疑慮等因素而暫未加入，使得現有的數據還不夠完整。有線電視業者以機上盒或頭端技術獲得的收視行爲普查數據

來替代抽樣，目前還涉及各家調查基礎與技術不同、以及如何去除識別化資料以杜絕個資與營業機密等技術問題。

　　儘管數位有線電視的收視資料尚未完成統整，只是部分收視資料，但這已經是現有除了尼爾森以個人收視記錄器取得收視率資料之外，目前可供參考而且具有更重要代表意義的另一種收視行為數據。媒體報導指出，初期加入「新媒體閱聽行為研究實驗室」的業者，包括系統業者、內容業者與硬體業者等，系統業者如凱擘、台固、新永安、聯維、寶福等，內容業者如旺中寬頻、聯合報，以及硬體業者與其他相關法人等成員，涵蓋範圍包括了大台北、桃竹苗、中彰投、雲嘉南、宜花東、高屏六大區（彭慧明，2013 年 3 月 5 日），不過實際分布情況還有待檢視。媒體報導也指出：第一階段是由凱擘和台固媒體這兩大有線電視系統業者共同提供收視戶的資料之後交由資策會進行分析。分析結果顯示：2013 年 1 月數位與類比兩種有線電視平台雙載的頻道，在八十大頻道中，收視率的前三名依序為 TVBS 新聞台、東森新聞台、三立台灣台；值得注意的是，排名前十名的頻道之中，有六個屬於新聞頻道（彭慧明，2013 年 3 月 5 日）。

　　「新媒體閱聽行為研究實驗室」會固定在官方網站上提供「收視占比」的數據。所謂的收視占比其實就是頻道占有率的概念，相關報表包括了週報表與月報表，又可以進一步分成數位加值頻道與有線電視頻道、黃金時段與全日、Top3 或 Top50 等各種有趣報表。該實驗室的網址為 http://www.uxlab.org.tw/，加入會員即可看到前述數據。

　　以「新媒體閱聽行為研究實驗室」提供的 2014 年 7 月 14 日至 2014 年 7 月 20 日數據為例，在數位有線電視頻道收視排名前五十名的報表中，前十名頻道的收視占比依序分別為：TVBS 新聞台（6.92%）、三立台灣台（5.48%）、東森新聞台（5.16%）、三立新聞台（3.68%）、中天新聞台（3.51%）、民視（2.99%）、TVBS（2.85%）、東森幼幼台（2.80%）、衛視電影台（2.51%）、以及三立都會台（2.46%）。

　　這樣的收視情形，跟一般常見的電視頻道收視率情形相比，明顯有著不小的差距。不過想要直接引用前述數據去跟尼爾森收視率進行比較，必須先注意三個限制：第一，前述數據雖然是電視收視行為的普查，但是只限於有線電視而不包括無線電視，更遑論新媒體。第二，前述的報表底下特別加註說明：「目前母體數為凱擘和台媒兩家業者機上盒的回傳資料」。凱擘與台媒的訂戶數加起來市占率合計大約三成一。所以前述的收視占比資料只是根據這三成一的有線電視收視戶而來，而且還只是其中的數位有線電視用戶。根據通傳會 2015 年 9 月的統計數據，全國有線電視的總訂戶數約 504.3276 萬戶，普及率 59.62%，其中，中嘉訂戶數 117.6085 萬戶、市占率 23.32%；凱擘訂戶數 106.4928 萬戶、市占率 21.11%；台灣寬頻訂戶數 70.0265 萬戶、市占率為 13.88%；台固媒體的訂戶數有 50.4673 萬戶、市占率為 10.01%。第三，前述數據不是收視率，而是「收視占比」，也就是「特定頻道的收視率／所有調查頻道收視率」，這個概念就是頻道的占有率。

　　目前數位有線電視的「收視占比」數據，當然還不能代表全台灣電視用戶的收視行為，未來在有線電視數位化比率繼續攀升的同時，前述調查如果能設法納入更多的有線電視系統業者及其數據，才能使台灣的收視行為調查更臻完善。儘管前述數據尚非完美，仍然具有參考價值。

　　在此前提之下比較兩種數據，根據 2014 年 5 月 19 日的收視率數據，針對 50 至 55 台這六個衛星電視新聞頻道，以 20：00 這個時段的每十五分鐘收視率為例，尼爾森公司調查的收視率數據分別是：年代（1.87%）、東森（1.72%）、中天（1.02%）、民視（1.47%）、三立（1.84%）、TVBS-N（2.13%）。依照尼爾森收視率數據高低得出的排名為：TVBS-N（2.13%）、年代（1.87%）、三立（1.84%）、東森（1.72%）、民視（1.47%）、中天（1.02%）。

　　另一份數據是凱擘等有線電視業者的部分收視戶收視資料，由其數位化用戶回傳的資訊構成了收視數據。同樣針對 50 — 55 台這六個衛星電視新聞頻道，同樣以 2014 年 5 月 19 日 20：00 這個時段的每十五分鐘收視率為例，凱擘等有線電視業者的收視率數據分別是：年代（1.05%）、東森（1.80%）、中天（1.13%）、民視（0.83%）、三立（1.19%）、TVBS-N（2.00%）。依照凱擘等有線電視業者收視率數率高低得出的排名則為：TVBS-N（2.00%）、東森（1.80%）、三立（1.19%）、中天（1.13%）、年代（1.05%）、民視（0.83%）。

　　兩相對比，乍看之下尼爾森的收視率與部分有線電視業者的收視占比相較之下差別不大。雖然收視率與占有率概念不同，但是相對比例應該一樣，但是從以下的折線比較圖不難發現，有幾家電視新聞頻道的收視情形出現極大的變化，第一是年代，尼爾森數據是 1.87%，凱擘等有線電視業者的數據是 1.05%，在折線比較上出現第一個落差；二是民視，尼爾森數據是 1.47%，凱擘等有線電視業者的數據是 0.83%，在折線比較上出現第二個落差；三是三立，尼爾森數據是 1.84%，凱擘等有線電視業者的數據是 1.19%，在折線比較上出現第三個明顯落差。

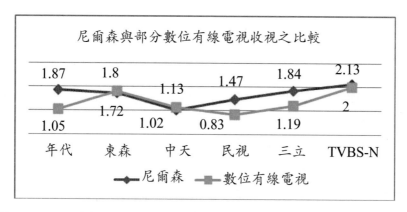

圖 7-1　尼爾森與部分數位有線電視收視之比較圖（2014 年 5 月 19 日）

　　過去有許多專家曾經質疑，尼爾森在收視戶家中電視機裝設個人收視記錄器的調查方式，通常經濟社會地位較高者比較不願意配合，因此，可能會造成抽樣的偏差，使得收視戶樣本向經社地位低者傾斜，結果就是收視率數據可能會比較有利於某一些本土頻道。從前述的收視率數據對比來看，似乎佐證了這一點。不過到底是不是這樣，還必須深入分析，不能草率就提出定論。

　　從比較嚴謹的角度來看，雖然根據尼爾森的網頁資料，其裝機戶只有「1800＋」戶，而個人收視記錄器裝設數也只有「3186＋」，但是只要透過良好的隨機抽樣設計，一樣可以反映出實際的全體收視戶收視情形。當然，前提是良好的隨機抽樣；除此之外，抽樣的推估一定是有誤差的，誤差大小與樣本數有關，如果是以戶來算，尼爾森的誤差大約為2.3%，如果是以機來算，尼爾森的誤差大約為1.8%。就此而論，前述的尼爾森收視率加2%或減2%，都還在合理範圍之內。

　　至於凱擘的收視戶雖然突破百萬，當年數位收視戶也多達68萬戶，因此，其數據足以反映這68萬收視戶的真實收視情形，而且因為是普查，所以不會有抽樣誤差存在，這一點絕對無庸置疑。但是前述的這些數據，即使再加上台固媒體等業者，也還沒涵蓋全部的有線電視系統業者，因此，當然不能等同於台灣所有電視收視戶或是全體數位收視戶的收視情形，如何衡量，還有討論的空間。

　　傳播學者劉幼琍教授指出：「比較尼爾森的收視率與凱擘訂戶的收視情形的確可以看到不同的面向」。她根據通傳會公布的收視戶分布數據，進一步計算了不同區域的市占率，發現凱擘的訂戶數有104.25萬、市占率為20.94%，進一步來看，凱擘在北部的市占率是43.2%、在中部是40.8%、在南部則只有16%，因此，劉教授提醒「在解讀時要注意區域的差別。如果再把北、中、南作交叉分析，或許也可看到一些有趣的現象」（劉幼琍，個人通訊，2014年7月10日）。除此之外，數位化的分區普及情況，也必須加入考量。即使加上台固媒體，該公司訂戶數50.43萬、市占率為10.13%，旗下五家公司三家在大台北、一家在宜蘭、一家在高雄，也有明顯偏重北部的傾向。就此而論，現有的數位有線電視收視數據是否也存有不同區域或是經濟社會上的偏差，也必須小心檢驗。

　　尼爾森的收視率是否在抽樣樣本上存在有經濟社會地位的偏斜？雖然其收視率與數位有線電視的調查數據有極大的出入，但是目前尚難得出定論。但是除非尼爾森積極回應社會大眾對其抽樣等調查方法的疑慮，否則其收視率調查機制終究難以建立更佳的公信力。至於數位電視的數位收視率是不是更具有參考價值？如同所述，目前參與的有線電視業者還不夠全面，未來還要仰賴其他多系統業者願意一起加入合作，甚至納入中華電信MOD等業者的收視行為數據。更進一步來看，數位電視當然不只是數位有線電視與中華電信MOD而已，還包括數位無線電視、Goole TV與Apple TV等，只要具備雙向的數位傳輸功能，其實都可以對其觀眾進行收視率的普查（楊欣茹，2013年10月27日）。除此之外，

想要推廣並且落實數位電視收視行為的普查，未來應該還要建立超然公正的第三方稽核或監督機制，這樣才能擴大合作、提高公信力。不過目前數位電視收視行為調查的對象，其實是家庭收視戶而不是個人收視者，但個人收視者才是廣告主所在意的對象，未來如何克服此一技術問題以符合廣告主需求，還有待思考。

## 參、大數據下的收視率應用

總結來看，目前已經出現三種號稱結合大數據的收視行為研究：第一種是結合收視率數據與網路數據，第二種是進行收視率數據與網路數據的統計相關性研究，第三種則是根據網路數據探討收視行為（賴祥蔚，2015 年 6 月 1 日）。

結合收視率數據與網路數據是常見方式，美國在這方面已有許多試驗，例如 TRA（TiVo Research Analytics）從 2013 年開始就積極結合機上盒的收視資料來進行分析；另一家媒體調查機構 Rentrak Corporation 更結合了電視機、OTT 通路以及電影院，提供更全面而細膩的分析。

除了美國，中國大陸在這方面也有不少嘗試，例如 2013 年 7 月 15 日，由中國大陸國家新聞出版廣電總局相關部門重點扶持的「澤傳媒」發布了第一個號稱結合了電視、網際網路、新媒體數據樣本的電視收視率排行榜——「中國全媒體衛視收視率排行榜」。所謂的全媒體收視率，其實就是「傳統收視率與網路收視率之和」，也就是把兩種收視率直接加總。傳統收視率的來源是個人收視記錄器，至於網路收視率的概念，指的是在現有技術條件之下，某一部影音作品在網路視頻上的點擊收看量，以及這部影音作品在網路上的搜索量。央視在 2014 年的春晚也正式引進此一概念，不過其全媒體收視率的意義稍有不同，指的是平均每分鐘通過電視機、電腦、平板、手機等終端收看某節目的觀眾人數占全國觀眾人口總體的百分比。儘管號稱全媒體收視率，不過這兩種收視率概念不無瑕疵，主要是把兩種不同意義的數據直接相加，因此，犯了明顯的統計錯誤（王哲，2014）。

最常見的大數據與收視率研究，是找出這兩種數據之間的相關性，進而直接以網路數據推估收視率。美國的尼爾森公司和 Twitter 在 2012 年推出「尼爾森-Twitter 收視率」（Nielsen Twitter TV Rating），這是透過測量在 Twitter 上面討論某一部影視節目的用戶人數，以及哪些用戶會被暴露於這些社交媒體的聊天內容中，從而推論出「觀眾的準確人數」以及「社交媒體對於電視節目的影響」等相關數據。在美國，Twitter 被稱為觀眾的「第二螢幕」，因此，受到媒體與廣告主的重視（白詩瑜，2012 年 12 月 26 日）。

中國大陸效仿前述的「尼爾森-Twitter 收視率」等研究，進行「電視節目大數據選題研究」；央視索福瑞和新浪微博在 2014 年合作推出「微博電視指數」，號稱是中國大陸首次結合社交媒體評估電視效果研究的大數據分析系統。中國大陸業者積極嘗試這些新的研

究，雖然各自還有一些不足，但是卻已經改變了收視率的傳統樣貌（牛春穎、李英格、楊雯，2013 年 9 月 10 日）。

至於根據網路數據分析收視行為，就像 Google 或是 Youtube 經常蒐集網友的使用記錄，因而推論每一個網友的生活偏好，這是透過全面掌握網友的網路足跡來精確獲得網友的影音觀看等行為模式，因此，也是一種普查，而且完全可以針對每一位使用者的網路行為進行研究分析。目前各個網路平台雖然都在進行大數據研究，不過由於各平台的對象都有侷限性，不夠普遍，因此，蒐集的資料即使進行大數據分析，也只是反映該平台使用者的行為，未必可以外推到其他平台或是母體。要達到使大數據更具有代表性的此一目的，就必須設法讓所有網友都來使用特定平台（韋伯，2014 年 7 月 17 日），不過此一任務的難度頗高，國內外多家業者都還在各顯神通。在無法發展出普遍性網路平台的限制下，如果可以統整現有主要網路平台的數據，或許也是一個可行的方法。目前這種大數據分析不但可以針對個人，而且幾乎可以完整掌握對象的所有網路行為，而進行分析，例如閱聽、檢索、消費等，甚至可以透過行動上網，進一步結合行動軌跡等，其用處極大。在研發上，如何識別並且排除一人使用多個帳戶的問題，將是一個必須面對的挑戰。稍嫌美中不足的是，現在大數據分析主要只能取得包括網路閱聽眾在內的網路使用行為，而不及於沒有連上網路的傳統電視機收視行為（賴祥蔚，2015）。

# 結　語

科技進步帶來了數位匯流，也帶來了閱聽等人類行為的改變。當透過上網收看網路電視或電影的習慣，已經逐漸取代守在傳統的電視機前面時，傳統的收視率調查方式也面臨了前所未有的挑戰。一方面，網路閱聽者漸多，長久以來收到不少質疑的傳統收視率調查方式，其只針對電視機的調查方式涵蓋面越來越有限，代表性當然就更低了；另一方面，新科技也帶來了新的收視行為研究典範，包括數位電視收視行為普查與大數據分析，這兩種新典範都可以對於收視行為進行更精確的分析。

目前數位電視收視行為的研究雖然在技術上已經可行，但是實務上在台灣還未能完全落實。在此同時，更新的大數據典範已經浮上了檯面。大數據可以掌握每個人的網路使用行為，也包括了網路閱聽習慣，這跟數位收視率調查一樣都是普查，因此，不會有誤差，既然如此，當然就不必再仰賴傳統收視率調查的抽樣方式。不過目前數位電視收視行為調查與大數據的涵蓋面都還不夠全面，因此，在現階段未必具有理想的代表性。未來數位電視收視行為研究如何擴大應用，大數據如何增加涵蓋面，都還有嘗試與研發的空間，兩者如何進行具有科學性與系統性的結合，也是一個日漸受到重視的研究面向。

從國內外的發展經驗來看，大數據未來在收視率的應用上，有兩項工作值得國內的專

家學者參考，第一是設法納入所有可以進行視聽功能的終端設備，進行更廣泛的收視情形計算，並且思考如何進行加權，以反映出眞正的收視行爲。第二是參照國外探索網路數據與收視率之間相關性的先行經驗，設法從網路大數據推導出可以預測全面收視率或是票房的測量公式。

## 📖 參考書目

牛春穎、李英格、楊雯（2013 年 9 月 10 日）。〈全媒體收視率和網路評價正在改寫傳統收視率〉。《中國新聞出版報》，取自 http://www.ce.cn/culture/gd/201309/10/t20130910_1463600.shtml,

王哲（2014）。〈全媒體收視率解析〉。《視聽》，11，取自 http://media.people.com.cn/BIG5/n/2014/1128/c390972-26114640.html.

白詩瑜（2012 年 12 月 26 日）。〈尼爾森加推特　翻轉收視率調查〉。《天下雜誌》，513。

互聯網分析師（2014）。〈數據到底如何搞定電影票房預測？〉。《鈦媒體》。取自 http://www.tmtpost.com/88163.html.

尼爾森（2015 年 3 月）。《消費者的多螢生活——2014 年尼爾森媒體使用行爲研究報告》。取自 http://www.nielsen.com/content/dam/nielsenglobal/tw/docs/Taiwan-Media-Behavior-Report-2015ch.pdf.

林照眞（2007）。《收視率新聞學——台灣電視新聞商品化歷程之探析與批判》。世新大學傳播研究所博士論文。

林照眞（2009）。《收視率新聞學：台灣電視新聞商品化》。台北：聯經。

林照眞（2011）。〈收視率的宰制：台灣媒體代理商與電視頻道業者權力競逐之研究〉。《新聞學研究》，107: 89-132。

邱慧仙（2013）。《數位時代電視收視率量測機制變革》。台北：世新大學傳播研究所博士論文。

韋伯（2014 年 6 月 30 日）。〈尼爾森公司對學生請教收視率的回應〉。《東網台灣》。取自 http://tw.on.cc/tw/bkn/cnt/commentary/20140630/bkntw-20140630000521075-0630_04411_001.html

韋伯（2014 年 7 月 7 日）。〈凱擘收視率推翻了尼爾森收視率？〉。《東網台灣》。取自 http://hk.on.cc/tw/bkn/cnt/commentary/20140707/bkntw-20140707000419614-0707_04411_001.html

韋伯（2014 年 7 月 10 日）。〈民視收視率減少 57%？！〉。《東網台灣》。取自 http://tw.on.cc/tw/bkn/cnt/commentary/20140710/bkntw-20140710000527883-0710_04411_001.html

韋伯（2014 年 7 月 17 日）。〈大數據狂潮之打電話通通免費〉。《東網台灣》。取自 http://hk.on.cc/tw/bkn/cnt/commentary/20140717/bkntw-20140717000419699-0717_04411_001.html

韋伯（2014 年 7 月 31 日）。〈收視率調查的障礙賽〉。《中國時報》。取自 http://www.chinatimes.com/newspapers/20140731000911-260109

韋伯（2014 年 10 月 30 日）。〈大數據帶來的方便與夢魘〉。《東網台灣》。取自 http://hk.on.cc/tw/bkn/cnt/commentary/20141030/bkntw-20141030000424150-1030_04411_001.html

彭慧明（2013 年 3 月 5 日）。〈串聯逾 66 業者數位電視收視調查今公布〉。《聯合報》。取自 http://www.21stcentury.org.tw/05_industry/02_detail.php?id=9579

彭慧明（2015 年 8 月 15 日）。〈花東 2 家第四台數位化不足 1%〉。《聯合報》。取自 http://udn.com/news/story/7240/1122353- 花東 2 家第四台 - 數位化不足 1%

蔡念中（1999）。〈提升電視新聞節目品質──電視社會新聞羶色腥現象之探討〉。《廣播與電視》，14：167-187。

黃葳威（1999）。〈虛擬閱聽人？從回饋觀點分析台灣地區收視 / 收聽調查的現況 ─ 以潤利、紅木、尼爾森行銷研究顧問股份有限公司台灣公司爲例〉。《廣播與電視》，14：25-61。

劉峰（2014）。《大數據時代的電視媒體營銷研究》。華東師範大學傳播學系博士論文。

劉育英（2015 年 3 月 20 日）。〈微博電視指數上線：用大數據分析節目影響力〉。《中國新聞網》。取自 http://dsj.langbang.net/WebArticle/ShowContent?ID=55

鍾起惠（2002）。〈節目產製流程中的觀衆研究〉。台北：中華傳播學會 2002 年學術研討會論文。

楊欣茹（2013 年 10 月 27 日）。〈數位電視時代的多元收視調查思維〉。《凱絡媒體》，711：6-14。取自 http://www.magazine.org.tw/ImagesUploaded/news/13835533993090.pdfhttp://www.ettoday.net/news/20150424/497585.htm - ixzz3aT4uRL3P

謝邦彥、程美華（2015 年 4 月 24 日）。〈別再吵收視率　社群大數據成預測新工具〉。取自 http://www.ettoday.net/news/20150424/497585.htm - ixzz3aT4uRL3Phttp://www.ettoday.net/news/20150424/497585.htm

鄭自隆（2012 年 3 月 8 日）。〈收視率調查荒唐方式該變了〉。《聯合報》。取自 http://city.udn.com/3028/4798051

鄭淑敏（1999 年 12 月 1 日）。〈我的呼籲──正視 A.C. Nielsen 對台灣電視亂象的影響〉。《聯合晚報》。

賴鼎銘、黃聿清（2015 年 5 月 22 日）。〈甩收視率迷思回歸內容本質〉。《聯合報》。取自 http://udn.com/news/story/7339/918284- 甩收視率迷思 - 回歸內容本質

賴祥蔚（2014 年 8 月）。〈收視率的迷思與收視行爲變遷──兼論收視率調查的問題與未來

因應〉。《NCC News》，8(4): 9-11。

賴祥蔚（2015 年 6 月 1 日）。〈大數據吞掉收視率調查〉。《中國時報》。取自 http://www.
chinatimes.com/newspapers/20150601000417-260109

賴祥蔚（2015）。〈大數據趨勢下的收視行為研究〉，彭芸（主編），《「大數據、新媒體、使
用者」論文集》，頁 339-354。台北：風雲論壇。

Ang, I. (1991). *Desperately seeking the audience.* London: Routledge.

Beville, H. M. (1988). *Audience ratings: Radio, television, cable*. Hillsdale, NJ: Lawrence Erlbaum.

Meehan, E. R. (1984). Ratings and the institutional approach: A third answer to the commodity
question. *Critical Studies in Mass Communication*, 1(2), 216-225.

Meehan, E. R. (1990). Why we don't count: The commodity audience. In P. Mellencamp (Ed.), *Logics
of television: Essays in cultural criticism* (pp. 117-137). Bloomington, IL: Indiana University Press.

Napoli, Philip M. (2011). *Audience evolution: New technologies and the transformation of media.*
New York: Columbia University Press,

Ginsberg, J., Mohebbi, M., Patel, R., Brammer, L., Smolinski, M., & Brilliant, L. (2009 Feb).
Detecting influenza epidemics using search engine query data, *Nature*, 457, 1012-4. Retrieved
from http://static.googleusercontent.com/media/research.google.com/zh-TW//archive/papers/
detecting-influenza-epidemics.pdf.

Suciu, P. (2014, Oct. 23). The ratings system that could change the TV industry forever. *Fortune.*
Retrieved from http://fortune.com/2014/10/23/adobe-nielsen-tv-ratings-system/.

Polgreen, P. M., Chen, Y., Pennock, D. M., & Forrest, N. D. (2008). Using internet searches for
influenza surveillance. *Clinical Infectious Diseases, 47,* 1443–1448.

Swanson, D. C. (2000). *The story of viewers for quality television.* New York: Syracuse University
Press.

Thompson, R. J. (1997). *Television's second golden age.* New York: Syracuse University Press.

# 第八章　大數據與廣告行銷

國立交通大學傳播研究所助理教授　陳延昇

# 前　言

　　2012 年美國紐約時報雜誌報導（Duhigg, 2012）知名零售業者 Target 百貨，以大數據資料精準推測女性消費者是否已經懷孕，而進一步對該消費者展開孕婦所需產品的廣告和行銷。如何能得知呢？Target 分析消費者的信用卡購物行為、會員在自家線上購物網站產品瀏覽紀錄，歸納出 25 種產品是屬於處於懷孕初期的女性特有的購買行為。比如，葉酸，是懷孕初期的必須補充維他命。廣告行銷團隊根據這些產品購買行為，可以推測懷孕狀態，甚至是之後預產期。Target 隨即連結到會員資料，透過個人電子信箱發送孕婦產品的相關廣告和促銷資訊。固然，懷孕狀況屬於個人隱私，部分媒體輿論也討論廣告的侵入與隱私。但從廣告行銷角度來看，這個著名案例也說明大數據技術讓廣告行銷開創了許多前所未見的新發展。大數據廣告能精確掌握消費者，甚至能動態追蹤和預測未來的購買行為。以上述的懷孕女性消費者為例子，商家甚至可以推測出在未來一年內的產品需求，甚至到隨後新生兒相關的尿布、奶粉等長期消耗品，商機之大可以想見。

　　全球最大拍賣網站 eBay 更在 2006 年就就踏入探索大數據技術，到了 2014 年 eBay 已經發展出在 2 億位用戶和 3 萬多類的商品建立關連的有效行銷方式（黃鎧，2014）。顧客瀏覽各種商品網頁的行為和顧客的性別年齡等基本資料進行交叉分析，同時考慮到動態變化的上網地點、時間或氣候因素。於是 eBay 能知道一位年輕女性顧客在早上十點的星巴克咖啡上網時，該推薦她可能感興趣的商品。不僅 eBay，Amazon、阿里巴巴和全球主要的電子商務都正在精進自家的大數據廣告行銷能力。

　　過去利用大眾媒體尋求最大量曝光的概念已經失效，廣告行銷的新主流是精準掌握個別顧客需求。廣告行銷不求大，而求精準，這個概念翻轉正是大數據技術的應用。

　　2015 年的當下，大數據廣告發展更是快速，全球主要搜尋引擎、社交媒介、網路購物網站，如 Google、Facebook、Yahoo、淘寶等，紛紛投入更即時、精確、跨螢幕的廣告購買與投放系統。廣告主不再需要固定版面、固定時間播出的舊形式廣告，也不需要浪費媒體預算在無效或重複的廣告曝光。新的大數據廣告技術是依據消費者需求的動態即時投放，並且以人為本位而非產品為本位的行銷思惟。這些依據個人量身打造的廣告訊息能突破網站、媒介載具的限制，適時適地讓幫助消費者滿足需求，大數據已經為廣告行銷翻開新的一章。

## 第一節　大數據廣告的三個核心概念

　　傳統的廣告思維比如早期的 AIDA 模式或是後期的全觀效果模式（facets model of effects）（Moriarty, Mitchell, & Wells. (2004) ／陳尚永譯，2012），都企圖解釋廣告如何能對

消費者產生影響效果。AIDA 模式說明廣告能引起注意（attention）、興趣（interest）、渴望（desire）、行動（action）的線性次序關係。而全觀效果模式則進一步說明廣告引發的知覺、感覺、認知、聯想、說服和行為等六個面向影響可以是同時的。儘管前後期的傳統廣告效果觀點已經從線性走向非線性，但是選擇性暴露（selective exposure）一直是研究廣告效果的核心議題。廣告行銷人員一直以來竭盡心力思索如何能讓更多消費者願意對廣告訊息多看一眼，多點興趣，包括從訊息設計層面，利用恐懼、幽默、可信度、相關性等元素來吸引消費者（蕭湘文，2005；蕭富峰、張佩娟、卓峰志，2010）。

　　整體來看，傳統廣告思維所進行的是引發選擇性暴露動機，讓消費者產生後續的認知涉入、記憶保存、態度改變，乃至最終的實際購買行動。廣告心理學者（Fennis & Stroebe, 2010）在其著作中詳細分章介紹廣告對記憶、態度與行為的分層影響，以及層次彼此間的交互作用。整體來說，學者認為從認知心理學角度來看，傳統廣告所希望的上述所有層次的說服效果有相當的困難，也因此他們最終建議可以發展不需要涉及改變既有態度的七種廣告說服原則。為什麼專研廣告心理的專家給出如此的建議呢？事實上，認知心理學研究早已經提出說明：個體的認知資源有限，閱聽人不願意去接觸需要額外耗費心力去處理的新事物，也為了避免認知不和諧（cognitive dissonance）（Festinger, 1957）。同時，閱聽人對與其個人既有認知不相符之訊息，也常採取抗拒或迴避。據此，當廣告行銷是以說服消費者的角度操作時，可以想見廣告成效不彰實屬正常。

　　晚近的廣告研究則開始了翻轉的思考，Eastin、Daugherty 與 Burns（2011）提出會是數位環境中的廣告行銷主軸。他們認為閱聽人在網路上不僅使用也產製各式娛樂性質內容（包括運動、遊戲，甚至是政治），同時也是具有高度參與感、享樂、認同的消費經驗。廣告的角色是精確掌握這些獨特的使用者原創內容，並給予個人化的消費建議。簡言之，數位環境中的廣告行銷應該是透過 UGC 收集消費者真實且自發性的需求，然後為消費者媒合所需的產品和服務。我們可以看出使用者實際行為和個人化是此新思維的重要關鍵。然而，新思維如果沒有資訊技術的支援，仍僅是紙上談兵式的理想推論。

　　跨入大數據時代的今日，學者所預期的願景已經逐步浮現，因為大數據技術的最重要核心就是能實際掌握消費者行為。所謂的實際掌握有兩個層面解釋，首先代表著真實。廣告行銷不再需要去假設、推估消費者心理和預期行為，而是實際記錄、分析他們的瀏覽、消費的使用行為。第二層面，實際掌握也代表精準。過去廣告行銷固然重視利基、分眾，但只有大數據技術能把分析單位最小化到個人。個體化的需求搭配客製化的廣告行銷，能滿足每位消費者獨特的品味。當大數據技術已經能實際掌握消費者行為，廣告行銷的核心概念自然翻轉成精確媒合、動態消費者、人為本位的概念。以下分點加以說明。

## 壹、只要精確媒合，不要費力說服

　　大數據技術透過消費者的各種行為模式，大數據的資料分析可以建構出以個人為單位的消費者輪廓，包括全觀效果模式提到的知覺、感覺、認知等各種面向。我們不再需要費盡氣力讓消費者產生動機、興趣，而是可以精確掌握每個人的異質多元選擇。換句話說，大數據的廣告行銷新思維，是把說服轉變成精確的媒合。不再需要去驅使消費者產生動機，而是已經知道消費者對那些產品服務有興趣，將產品訊息與消費者建立精確的連結。既然消費者已有既存的動機和興趣，廣告行銷接下來要做的只是順水推舟式提供消費者有需要的訊息，而非主導式給予說服訊息。再者，以消費者為本位的大數據廣告思維，能讓消費者滿足自主性的心理需求，避免對廣告行銷產生抗拒感。研究（Fotaki et al, 2014）曾針對大數據廣告的精確性對消費心理的影響進行探討，學者認為大數據技術所帶來的消費者精確定位和區隔，對廣告主和消費者雙方都有好處。對廣告主而言，精確的定位與區隔，代表著後續能發展正確的行銷策略。而對消費者，這些精確、符合所需的廣告行銷，能提升消費者對品牌、網站的線上參與感（online-engagement）。所謂的線上參與感是具有認知和情感層面的顧客評價，它代表著顧客與線上品牌、環境所發展的主動關係。換句話說，因為大數據廣告能到讓品牌（產品或服務）與消費者有著精準和正確的互動，消費者自然對該品牌有較佳的評價和滿意度。

　　值得注意的是，精確的消費者定位和區隔其實在傳統的廣告行銷理論也常被強調，然而在大數據廣告技術之前，所謂的精確其實只能靠行銷人員的臆測和靜態定義。大數據廣告所強調的精確卻能夠以實際的消費者資料，結合時間與空間的因素分析來提升廣告效果。媒體曾報導近期台灣可口可樂網路廣告案例（張維仁，2015 年 6 月 14 日），威朋（Vpon）負責執行可口可樂的廣告投放，他們先利用手機用戶資訊鎖定 20 歲至 39 歲的上班族、學生族群，並選定多數人想在周三晚聚餐的時段進行手機廣告投放。

　　該廣告活動不僅已經掌握年齡層與時段的動機需求，也結合適地性服務技術。當消費者分享該廣告與朋友並將手機對碰，模擬飲料乾杯的聚餐情境，就會收到附近有販售可口可樂的餐廳之優惠券、免費餐飲訊息。這一波「小周末就要 Coke x 麻吉」活動，因為精確掌握消費者的動機，廣告點擊率比一般手機廣告高 3.5 倍，活動完成率則是 4 倍。在歐美市場，大數據的廣告效益已經有實證研究證實。以加拿大知名購物網站 SHOP．CA 的大數據資料的實證研究（Balar et al, 2013）發現，大數據廣告透過分析消費者的瀏覽、產品搜尋點閱，以及對產品的評論，而針對消費者需求給予廣告行銷，廣告效果能大幅提升訪客成為顧客比率，較過去提升１０倍。

　　精確媒合能提昇顧客對產品的感知相關性，為消費者過濾了不適合的廣告資訊。在資訊氾濫的網路環境中，精確媒合是產生正向消費經驗流程的開端。前述所提到 AIDA 模式

中，消費者前兩個階段的注意、興趣，也都與精確媒合相關。反過來說，缺乏精確媒合的亂槍打鳥式廣告投放，很容易遭到忽略甚至引起反感。全球搜尋龍頭 Google 的關鍵字行銷 Adword 就是利用使用者在搜尋引擎輸入的需求關鍵字與廣告主所設的產品關鍵字進行媒合，相關性高時，系統就會將廣告訊息出現在該使用者的螢幕上。當使用者看到這則相關產品廣告而點擊連結時，廣告主就需要為此次廣告付費。值得注意的是，Google 在媒合需求與廣告訊息上並不是純然以廣告主願意支付的價格高低為唯一的廣告出現排序標準。為了維持精確性，Google 強調廣告排名也會考量過去此媒合的成功點擊率等因素，以求維持搜尋引擎的最佳化。

現今的大數據廣告行銷除了應用關鍵字行銷之外，已經發展出更複雜的媒合方式。有時候消費者未必能夠提供正確的關鍵字，甚至並未察覺自身已經有特定需求。因此，接下來要談到是加入時間變化因素的動態消費者，讓精確媒合更進階。

## 貳、動態的消費者概念

第二個大數據行銷的重要概念是掌握動態的消費者。動態消費者的概念尤其對當前盛行的網路購物、電子商務產業格外重要。這些走在第一線的經營者發現傳統的廣告行銷方式在電子商務環境不能適用。傳統上的廣告行銷依據人口、性別、購買習慣所建立的標籤是固定的，但是電子商務環境產品種類既多且雜、競爭對手來自各地各處的虛擬世界，更重要的是消費者行為是天天變化。如何應對呢？最直接的辦法是增加人口標籤數量，企圖以量的方式讓消費者的辨識更為精準。以阿里巴巴的淘寶網站為例，為了讓廣告精確曾經急速擴建人口標籤到上千種（車品覺，2015。陳傑豪，2015），但隨即發現大量的標籤必須簡化。於是將成千的標籤簡化為 6 組動態標籤，分別是顧客動態、入店資歷、近期購物情境、購物頻率、購物金額和下次購物預測。每個動態標籤又區為細項子類目。比如，最重要的顧客動態，又再以購買活躍程度分成六個層級，從新近顧客到低回購率顧客。於是，每個顧客屬性可以用六個主要的彈性標籤所構成一組公式來表示，可以隨時調整。淘寶的大數據廣告行銷團隊認為，顧客每一次的購買行為都會為其個人的彈性標籤帶來調整，換言之，所謂的動態標籤之關鍵即是利用自動產生的大數據資料不斷將資料庫的每個顧客進行細緻的定位。

我們可以想見如此的動態標籤對廣告投放的最明顯的效果就是精準行銷，可以將商品與消費者需求無縫連結，甚至在需求尚未產生之時已經預測到下次的購買需求。事實上，精準行銷的概念由來已久，但過去對消費者的樣貌往往只能靠著行銷人員的猜想或是過去產品販售的經驗法則來推估。舉例來說，一位男性中年顧客可能在一年中的特定時間購買女性的珠寶配件服飾、兒童玩具，動態標籤可以幫助商家和行銷團隊在每年的這些時間點

提早將適切品項的廣告投放給男性顧客。對這位男性消費者來說，購物網站的廣告不僅能及時提醒要選購太太和小孩的禮物，也提供顧客可能有興趣的禮物清單選項，大幅減少挑選禮物的時間。動態的廣告標籤能創造商家和顧客的雙贏局面。

　　然而，在上述的例子中，如果個人標籤並沒有動態調整，廣告投放情境可能會出現問題。這位男性消費者可能整年不斷地收到女性與兒童商品的廣告，而他大多數對這些品項並不感到興趣，甚至引起對該品牌或商家有負面的抗拒反應。另一種可能是該顧客的個人屬性，男性、中年標籤，在資料庫中並沒有和女性和兒童品項的購買行為連結，商家選擇投放廣告時會忽略這群表面上看起來與商品屬性無關的顧客。事實上，動態標籤的概念不僅和精準行銷有關，也和顧客關係管理（CRM）息息相關。前面提到顧客動態應作為一個具有彈性的動態標籤，從初次購買為時間起點，顧客動態就不斷產生變化（車品覺，2015）。對商家的最理想情境是初次購買之後發展成重複購買，逐漸成為忠誠顧客，甚至隨著購買累積金額而成為 VIP。然而，實際的情況是顧客的下次購買時間難以預測，可能會與產品自身的消耗週期吻合，舉例來說，一箱標準包裝的衛生紙在四口家庭平均需要 3 個月才能使用完畢，於是顧客的下次購買行為預測就是以 3 個月的頻率計算。如果已經超過預測週期而沒有回購，在廣告行銷角度來看，該名顧客的活躍程度已將降低，亦即顧客對該品牌商品的需求已經弱化或消失。顧客發生購買需求的變化固然有許多原因，包括是不愉快的使用經驗、競爭對手的介入，或僅是個人情境因素延緩了購買週期。但不論是何種原因，品牌經營者當應該重視顧客關係管理，主動瞭解並試圖重新激發顧客的活躍程度。從大數據發展的動態標籤系統配合顧客關係管理，能維繫的顧客忠誠度，也能將顧客的價值向上提升。加入時間因素的動態標籤配合顧客關係經營，改變了讓過去僅能從靜態的購買金額變項來判斷顧客價值且忽略沉睡顧客的作法。

　　強調動態的廣告行銷概念在 Amazon 的應用可能更令人驚訝，在 2014 年已經發表「預判發貨」的專利（T 客邦，2014 年 1 月 19 日）。預判發貨是透過消費者過去的購買資料、瀏覽搜尋紀錄、購物車記錄等，在消費者還沒有真正的購買行為前就預先為他們撿選商品，並配送到離消費者最近地點的發送點。Amazon 認為這種未來訂單的好處能有效節省物流的時間，讓消費者在下訂單後更快獲得商品。這樣的風險不會太大嗎？事實上，它們的預判發貨技術還會包括在配送未來訂單時，不斷向消費者推薦產品，讓未來訂單能成員。掌握動態的消費者行為分析和配合精確的廣告投放，預判發貨的可行性相當高。目前 Amazon 尚未真正使用該專利技術，但可以想見不久的將來，會有更多這類的未來式類型的廣告行銷出現。

## 參、人為本位，不是產品為本位

大數據廣告行銷也翻轉了目標閱聽人的概念。過去廣告行銷的標準思維是 4P，產品（product）、價格（price）、通路（place）、促銷（promotion）。1990 年代後則轉換成 4C，亦即顧客（consumer）、成本（cost）、便利（convenience）、溝通（communication）。近年則又有新 4P 觀念，Collins 提出把人（people）為首要的新行銷概念（Collins, 2002），以人為本位去思考行銷而發展出成效（performance）、步驟（process）、利潤（profit）。從早期的以產品為本位的觀點，廣告行銷已經變成必須把消費者視為最優先考量。隨著大數據的技術快速發展，消費者概念已經可以落實在實際的廣告行銷的操作。在過去沒有大數據的年代，所謂的目標消費者只能靠行銷人員的猜想，僅能從簡單的人口變項將某一群具有相同特質的人視為目標消費者。接續的廣告投放則是另一道關卡，即使目標消費者正確地界定清楚，廣告訊息未必能透過有效的管道接觸到他們。

大數據廣告行銷則是在網路環境明確掌握消費者的各種使用和購買行為，從這些具體的行為資料去尋找他們所需要、想要的目標產品。讓產品去配合消費者，而非消費者配合產品。以人為本位觀點具有降低經營風險的優點，不必憑空設想產品的可能消費群，而是已經有足夠利基的消費者和明確的產品需求。或許有人疑惑，傳統的顧客關係管理、顧客資料庫分析也同樣能提供以人為本位的資訊。學者（Debortoli, Müller, & vom Brocke, 2014）則指出傳統的顧客資料分析通常難以回答預測性的問題，因為顧客資料都僅是靜態、歷史性、同質高的資料收集。大數據分析的重點則是在於探索與預測，而大數據資料 4V 的巨量性（Volume）、多樣性（Variety）、價值性（Value）、快速性（Velocity）特性則符合探索與預測的需求。

對企業經營而言，探索與預測都是為了增加利潤和減少風險的目的。以電影產業為例，由於前期投資成本很高，而票房收入又充滿不確定，大數據廣告行銷以人為本位的方式，開始應用在電影發行行銷。媒體報導（經純渝，2015 年 9 月 11 日）指出美國的娛樂媒介市調公司 Rentrak，從 2011 年開始和好萊塢合作而發展出電影大數據分析服務。由於電影製作時程漫長，Rentrak 會在電影上映前一年已經開始蒐集消費者資訊，比如影片各次宣傳活動、預告片或新聞發布後，網路上的口碑意見都是電影製作公司希望掌握的訊息。以近期的「復仇者聯盟」為例，為求上映票房成績，在預告片推出後即交叉比對網路上的觀眾正負向評價、觀看意願等與消費者特質（如性別、漫畫喜好），以作為正式上映前的內容調整與宣傳策略參考。

不僅是歐美，近年來中國大陸的電影市場也開始結合大數據技術。最知名的例子是2012 年開始，身為中國最大電影線上購票、影評平台的貓眼電影網站（翁書婷，2015），透過線上購票、瀏覽電影預告、發表影評等線上使用行為，可以分析出電影消費者的性

別、年齡趨勢、地理分布等與電影票房之關係。貓眼電影也開發行動裝置使用的電影購票APP，讓大數據技術結合行動通訊。這些精確的觀眾資料連結到票房銷售，不僅可以用在當前電影的行銷宣傳策略操作，甚至可以作為下一部電影內容產製的方向。電視產業也同樣出現以人為本位的反向現象，美國影音市調公司 Tublar 長期收集並追蹤 34 個社群媒介、影音平台的觀看習慣，分享和討論內容。發現有一群閱聽人對園藝的手作藝術相當著迷，但市面上沒有一個專門的影音頻道，於是市調公司建議 HGTV 電視集團開始規劃與製作了一個專門以園藝手工藝製作的 handmade 頻道。因為已經先確認既存的目標觀眾，此頻道獲得此分眾市場的好評也因此吸引許多相關園藝產品廣告（陳傑豪，2015）。

　　娛樂產業另一個案例是大數據與串流音樂內容的結合。全球知名的音樂串流服務平台Spotify（張維仁，2015 年 6 月 14 日），估有 6000 萬的使用者。使用者必須登入 Spotify 網站或是由 Facebook 登入網站或 App。業者分析使用者的基本人口變項資料、播放時間、區域和長期點選的串流音樂內容，掌握消費者的生活型態細節。通常使用者會依據不同情境建立播放音樂清單，Spotify 能將與情境有關的廣告即時發送給消費者。音樂平台也依據個人的音樂喜好，可以預測消費者喜好並持續推薦新的歌手、歌曲以增加網站使用的黏著度。

　　前述所提到的三個新思維：精確、人為本位、動態消費者，是大數據廣告行銷時代的重要思維，我們也可以將大數據廣告行銷的概念具象化為一個具有 XYZ 三軸的示意圖（請見圖一）。X 軸代表活動空間，Y 軸代表時間變化，Z 軸代表個體與族群。就 X 軸的活動空間而言，消費者身處於數位環境與實際地理空間的虛 / 實雙重活動空間，大數據資料則一方面以網頁追蹤技術記錄著網頁造訪與產品瀏覽，一方面也匯集行動通訊技術定位真實世界中的所處位置。

　　學者（曹修源、盧瑞山、王建富，2014）指出近年來開始盛行線上線下行銷（online to offline, OTO），廣義來說是指讓消費者從網路到實體通路間相互流動的購買或使用服務的行銷方式，而這種虛實整合的行銷能兼顧網路的快速便利以及實體通路的信賴度高之雙重優點。特別是利用智慧型手機與 App 應用程式，讓廣告行銷人員能夠隨時隨地掌握消費者在數位環境的瀏覽動線，同時也透過定位系統媒合消費者位置所在區域之實體商家訊息。大數據能精確掌握虛實空間的特性會越顯重要，目前的資訊社會已經逐漸出現線上線下難以區分的趨勢。智慧型手機的普及和無線通訊網路環境的全面建置，讓人不需要也不願意下線，掌握消費者的線上行動變成是分析其生活型態的關鍵。相對地，虛實空間的交互影響對商家也同樣重要，物理空間上的商圈、交通等條件影響力雖然仍在，但搜尋引擎排名與關鍵字廣告則決定了虛擬世界中商家與消費者的距離。因此，善用大數據資料有助於廣告行銷人員掌握消費者線上線下的活動空間，進而精確媒合消費者所需。

　　在 Y 軸代表時間變化，大數據廣告行銷能掌握消費者在歷時性的變化資料。消費者的需求可能因時段或季節，乃至生命週期而有變化。大數據長期持續的收集分析消費者的使

用行為資料，因此能掌握動態變化。更進一步來說，大數據可以預測消費者的未來需求，對電子商務領域格外重要。黃若（2014）提出快速消費品，比如衛生紙、清潔用品，將是未來網路上消費行為的主要品項，將在所有交易中占有三成的比例。這些快速消費品儘管單價比不上大型家電、電腦資訊產品，但卻具有穩定、長期消費的特性。如此，一方面商家可以根據消費記錄適時在消費者產生需求前給予相關商品建議，強化品牌忠誠。快速消費品的產品差異通常不大，如果可以提早發出購物提醒而維持既有客群的持續消費，則可以避免市場的激烈競爭。其他小額消費亦然，媒體曾報導美國 7-Eleven（李欣宜，2015 年 4 月 2 日）2013 年開始推出下載 APP 來進行咖啡集點活動，利用買六送一的咖啡行銷手法吸引顧客使用 APP。隨後，系統依據手機 APP 回報的使用資料，並結合消費者的活動地點、氣候溫度與時段因素，發送預判顧客需要品項的優惠　。對業者來說，至今擁有 400 萬次下載數量的 APP，是掌握消費者動態需求最好的資料收集以及廣告行銷管道。

二者，商家也可能透過預測消費購買，調整生產數量和配送流程。前面小節曾提到的 Amazon 目前著力發展的預判發貨系統就是針對快速消費品類目的固定消費模型，提早以物流成本較低的配送方式將貨物發送到區域集貨中心，等待預期中的顧客訂單。而物流成本的降低對單價低的快速消費品市場競爭占有關鍵影響，因此能掌握時間變化而預知未來消費需求更顯重要。

就 Z 軸的個體與族群而言，大數據不需要傳統廣告行銷用概念化的族群想像去框定形色各異的消費者，反而直接以使用行為來分析出精確的消費者個人面貌。再由該消費者身處的社群媒介向外去搜尋出一群群有高度認同凝聚的線上線下社群。社群不是由簡單的人口變項、社經地位去界定，而是直接透過個人在社群網路的互動來定義，回歸到以人為本位的思維。

進一步而言，從大數據資料所定義出的差異化個體，其實可以被拓展為一個個的社群。在網路時代，社群本身就是強力的行銷管道。學者（曹修源、盧瑞山、王建富，2015）研究國內部落格（Blog）行銷現象時指出部落客先期透過自創的圖文內容吸引讀者的長期瀏覽，進而建立起粉絲。部落客與粉絲的緊密信賴關係形成了強固的社群意識，部落客也成為各自專精領域的意見領袖。當部落客以自身經驗角度分享特定產品，這種介於人際傳播與大眾傳播的行銷手法對粉絲而言具有高度說服效果。然而，部落格行銷也有其限制，比如廣告置入意圖太明顯也可能出現反效果，同時，部落客的產製內容不穩定也會降低社群的行銷效果。

而有別於部落客行銷，大數據資料則提供另一種利用社群進行廣告行銷的方式。以前述的電影或音樂內容產業案例來說，每位消費者的選擇偏好也可以透過社交媒介的按讚或分享功能，讓該消費者所屬族群中的其他成員見到。舉例來說，當某消費者對新發行音樂單曲的網頁按讚或分享以獲得折扣，他的社交媒介上也會出現這則動態，形同個人對社群

其他成員的產品推薦。同屬社群行銷，部落客的行銷方式有如一對多的上下階層模式，而使用者間的分享則是多對多的平行互動。近年來，團購風氣盛行，也有許多共享評論的網站（比如 iPeen 愛評網、Groupon 酷朋網站、Babyhome 寶貝家庭網站）出現，這些新興消費行為與共評共享內容出現就是大數據應用在社群行銷的新型態。以專門針對親子主題的Babyhome 寶貝家庭網站為例，成員間所提出的種種懷孕、育嬰等問題常常引起長串的熱烈回應與討論。從廣告行銷的角度而言，討論串中的成員們可被視為同一族群，對特定產品和服務有著相同的需求，而且共評意見在此社群中具有重要的消費導引作用。業者可以在大數據資料的網站瀏覽記錄中撈取特定語意的關鍵字組合，即可以準確掌握個人乃至族群的消費需求。

　　許多購物網站經營粉絲社群來獲取市場競爭優勢。學者分析女性服飾網路購物競爭案例，東京著衣網站具有具高知名度、早期進入市場的優勢，但 2013 年的市場調查中卻被後進者，86 小舖所超越。該研究認為 86 小舖的最大競爭優勢來自約 58 萬的臉書專業粉絲，數量遠多於東京著衣的約 8 萬粉絲。後進者利用社群媒介經營粉絲，隨著粉絲數量的增加，網路上發送的廣告行銷所得到關注度的是競爭對手的兩倍。這是網路中社群的力量（曹修源、盧瑞山、王建富，2014）。

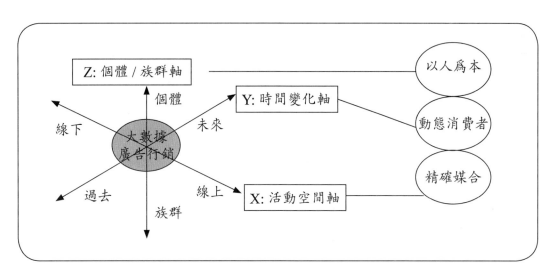

圖 8-1　大數據廣告行銷概念圖

　　另一個值得注意的現象是顧客自我回報的使用經驗在大數據廣告行銷的影響。在電子商務環境中，尤其是負向評價，比如退換貨、財務紛爭等形形色色的客訴問題記錄往往變成是其他消費者、族群成員的重要參考。網路上的電子商家所得到的負向評價記錄會讓消費者卻步，即使產品訊息或行銷能吸引住消費者目光。這些來自其他消費者的評價扮演著

虛擬社群中其他成員的意見忠告，儘管評價未必總是公允。換個角度來說，網路商家的正向評價也同樣對消費行爲有影響效果。顧客在留言板、討論區的留言是讓其他瀏覽者有了替代參與的體驗消費經驗，比起廠商的宣傳促銷更具有說服力。

　　整體來說，本章提出以活動空間、時間變化和個體／族群的三軸架構來呈現大數據廣告行銷的概念。而三軸也與精確媒合、動態消費者和以人爲本的三個概念相符。至於各象限間的變化互動，應可作爲日後大數據廣告行銷在各領域應用差異的分析參考。

# 第二節　大數據廣告核心技術

　　介紹大數據廣告行銷的主要概念之後，本節介紹讓這些創新思維能成眞的核心技術。傳統廣告的關鍵是選擇媒體（平面、電子）、版面（尺寸、時間長度、時段），而廣告費用也有固定標準。但是廣告投放後，有多少目標消費者看到廣告訊息，則難以保證。這種從平面媒體發展出的廣告思維到網路、行動時代並不適用。在網路購物環境的許多廣告主希望能更準確把廣告訊息帶給有興趣的消費者，同時，也希望避免廣告預算資源的浪費。廣告效果評估從讓很多人看到，變成是讓有需要的人看到。廣告經費從以媒體播放角度的固定計價收費，變成是消費者價值的動態競標。目前以 Google、Facebook、Yahoo 在內的全球網路廣告業者（李欣宜，2015 年 3 月 2 日）通常計價方式分爲每次點擊廣告成本，即爲（cost per click, CPC）和每千次瀏覽成本（cost per 1000 impression, CPM）。CPM 模式重視的是廣告訊息散布的廣度，越多人有機會瀏覽到該產品訊息則需支付較高的廣告費用，這與傳統廣告媒體計價方式較爲近似。然而，CPC 的概念則是更重視廣告的效果，因爲即使消費者瀏覽了某則產品訊息但沒有點擊該連結，在 CPC 的計價模式中都不算有效廣告。網路廣告業者爲何願意推出這種新式的計價方式？表面上看起來，要讓消費者點擊廣告才計費的方式似乎讓廣告業者擔負頗高風險，但實際上，目前大數據技術確實能夠做到提供給消費者願意按下連結的廣告訊息。而這背後的關鍵核心技術就是重定向與即時競價，能讓廣告主能精確媒合消費者需求與產品銷售，並且也能動態調整廣告預算。尤其，即時競價技術可以說是爲 CPM、CPC 模式帶來更具彈性變化的廣告計價模式，以下介紹相關技術與市場發展。

　　首先是重定向與即時競價，爲了精確掌握消費者的動態，目前發展出即時競價技術（real time bidding, RTB）。即時競價系統的概念是以網路環境的使用者行爲數據爲分析基礎，幫助廣告主找出所預期的產品目標消費者，而所謂的競價則是指廣告主們必須透過一個廣告需求平台依據各自的廣告預算出價競標，價高者就可以由網路系統自動開始進行對目標消費者的廣告投放。相較於過去廣告僅是以固定版面和時段進行廣告訊息的投放，即時競價的概念可以依據每位消費者的特性連結到最適切的產品訊息。對廣告主來說，即時

競價是動態調整廣告預算支出，避免無效果的廣告資源浪費，精確連結到所預期的目標消費族群。

即時競價技術讓大數據廣告的理念能夠實現，而回顧網路廣告的發展可以幫助理解即時競價的重要意義。廣告在網路環境的初期發展時，仍然沿用傳統的廣告購買與投放方式，廣告主直接或透過廣告代理商購買入口、分眾網站的版面放置廣告訊息，也逐漸出現網路廣告聯播網的服務業者能整合各網站的廣告版面。這種初期模式僅只是在網路環境放置廣告，仍有兩個傳統廣告投放遭遇的問題。首先，廣告投放雖然已經選擇與預期目標市場相符的分眾網站，但仍然無法精確到以每位使用者為單位的廣告曝光。其次，尤其無法精確掌握到個人消費者，同一則廣告投放在不同網站可能一直接觸到是同位消費者，但廣告瀏覽量、曝光量卻被膨脹計算。如此一來，不僅廣告主虛擲了廣告經費，也容易讓消費者頻繁接觸相同廣告訊息而產生反向的厭惡效果。

第二代的網路廣告思維則開始真正有了大數據的概念。涉及大數據廣告的資訊技術眾多，但從實際的網路廣告產業資料可以整理出兩項重要技術：重定向（retargeting）和即時競價兩項技術（AD partner, 2014 年 6 月 4 日；6 月 16 日）。首先，是重定向技術的發展，是利用使用者在網路環境的 cookie 身分訊息（cookie）來描繪並動態定位消費者的輪廓。簡單來說，消費者瀏覽某個網站時所留下的身分訊息，可以讓系統自動追蹤後續的網路使用行為，同時掌握該名消費者的更多特徵資料。目前重定向技術可以做到追蹤下列幾種使用者情境：網站到訪者、瀏覽特定產品網頁後離開者、將產品加入購物清單但最終未購買者、到訪後的特定期限內。這幾種使用者情境可能顯示出消費者對產品的不同程度興趣與需求，可以幫助廣告主判斷該顧客的價值。

在到訪與瀏覽的情境中，重定向技術可以藉由消費者瀏覽分眾網站、網頁的數據資料判斷哪些潛在商品的購買意願。廣告主可以即時投放提供同類品項或是相關產品的訊息。而購物清單情境則對廣告投放更重要，消費者已經有明顯的購買意願和明確的產品需求，但最終卻沒有完成結帳的確認購買行為。此時消費者可能在其他網站繼續搜尋類似產品，而重定向技術可以讓廣告在跨網頁的環境繼續鎖定消費者。舉例來說，消費者可能 A 購物網站挑選樂高玩具作為耶誕禮物，並已經存放入購物車清單，但或許也正瀏覽 B 或 C 購物網站探詢比較優惠價格。重定向技術可以讓消費者在瀏覽 B、C 網站時仍看到 A 網站的結帳提醒、最新價格優惠活動或其他的樂高產品之廣告投放。

具體來說，消費者在瀏覽各網頁、使用 APP 應用程式時所留下的數位足跡都讓重定向技術能不斷自動化追蹤消費者，大數據廣告知名業著 AD partner（2014 年 6 月 4 日；6 月 16 日）就清楚列舉重定向技術能提供的消費者特徵資料：

1. **人口特徵**：包括性別、地域、來源媒體、時間、頻率等；
2. **行為特徵**：包括網站搜尋行為、購物車清單、瀏覽器首頁、收藏網站等；

3. **興趣特徵**：即從各分眾的內容屬性判斷使用者興趣，如對旅遊、運動、3C 產品的興趣；

4. **角色特徵**：包括登錄、註冊會員、關鍵字使用、連接網路之設備。

第二方面，則匯集廣告主的廣告投放需求，並透過即時競價系統讓廣告主能自由決定該消費者的價值而競價，競價成功的廣告主則透過網路廣告業者將廣告訊息與該名消費者連結。即使該名消費者在不同網站、網路環境切換，廣告訊息仍可以動態定位。第二代的網路廣告思維已經由購買固定的版面，轉換成競價動態的個別目標消費者。

值得注意的是，為何需要發展廣告競價，而非固定的以人頭計價或以點擊計價的廣告收費方式？事實上，競價的目的是為了讓廣告主有彈性的預算運用空間，換言之，把預算運用在真正具有價值的目標消費者。反之，若當廣告主判斷該使用者並非預設之客群，也可以選擇不參與競價而避免無效之廣告投放。根據媒體報導，即時競價系統確實可以降低廣告主的預算支出，一家標榜 24 小時到貨的網路食品業者發現即時競價的方式，可以讓每張網路訂單的廣告成本可以節省 83%，廣告只投放到真正有效的消費者（李欣宜，2015年 4 月 2 日）。

然而，即時競價技術的出現雖然已經讓廣告投放能掌握動態化和異質性的消費者，大幅提升精準行銷的效果。在實際的廣告產業運作中卻發現廣告主或廣告代理公司需要一個介面友善、易於管理的廣告投放需求平台，以處理日益複雜的即時競價、廣告交易系統的資訊技術問題。於是，需求方平台（demand side platform, DSP）因應而生，也可以說補強了廣告主與即時競價系統的連結。透過需求方平台，廣告主可用簡易方便的廣告投放介面，透過即時競價技術，將廣告訊息投放跨網站、跨區域（比如同時針對台灣和中國的網路購物市場）的消費者。目前甚至有廣告業者已經更往上游整合，已經跨不同的需求方平台，已經整合了電腦環境下的即時競價和手機環境即時競價，形成跨螢幕式的廣告投放（Ad partner, 2014 年 6 月 4 日；6 月 16 日）。

從上述重定向與即時競價的簡要技術說明可以發現大數據為廣告行銷帶來的創新其實已經從概念思維、運算技術層面，提升對整個廣告行銷產業的商業模式之影響。我們所再三提到精確、人為本位和動態，其實也已經是廣告主和廣告產業互動的新註腳。對廣告主來說，採用大數據廣告代表著對自身廣告預算與效果的精確評估，對目標消費者的清楚界定，以及隨時競價的動態調整。對尚未踏進大數據廣告行銷的傳統廣告主，或許誤以為這些快速而巨大的改變只是“又”一項的應接不暇的新資訊科技，其實整體廣告行銷已然丕變。

即時競價系統其實在 2009 年已經在歐美廣告市場開始發展，包括 Google、Facebook、Yahoo 都先後採用即時競價的廣告機制。媒體報導，寶僑集團在 2014 年決定將 70% 的廣告預算投注在有即時競價系統的自動化廣告購買。中國大陸的前 2000 大電子商務業者有

八成已經透過需求方平台進行廣告投放（李欣宜，2015 年 3 月 2 日）。在台灣，運用即時競價的大數據廣告大約從 2014 年後才逐漸有業者投入。以 Yahoo 奇摩為例，美國市場在 2013 已經導入即時競價系統，台灣的 Yahoo 奇摩則在 2015 年開始啓用即時競價與需求平台，廣告主依據消費者的瀏覽或點擊成本購買動態的網路廣告，廣告不再是過去以固定版面、播出時間的概念。除了網路購物業者，社群媒介也積極搶進網路廣告。Facebook 在 2015 年推出即時新聞快訊功能（Instant Articles），使用者點選動態消息上的新聞連結時能直接在即時新聞頁面顯示內容，不再需要另外連結外部的新聞網站（新媒體世代，2015 年 5 月 16 日；翁書婷，2015 年 12 月 3 日）。這項功能大幅縮短新聞網頁的開啓下載時間，外部連結新聞平均需花 8 秒，即時新聞功能只需 0.8 秒。而新聞快訊功能也允許媒體置入廣告，Facebook 甚至可以幫助媒體銷售這些新聞內容上的廣告版面但將收取部分廣告費用。換言之，Facebook 用更快更精確的訊息推播系統來連結使用者和外部新聞媒體的內容與廣告，以自身龐大使用者優勢和大數據技術而扮演著類似廣告投放平台的角色。

# 結語：大數據廣告行銷的下一步

　　本章討論了大數據廣告行銷的三個核心概念：精確媒合、動態消費者、以人為本，這些概念翻轉了傳統的廣告行銷思維。而資訊技術的發展協助了這些概念的具體應用，重定向與即時競價是兩項最為關鍵的技術。從歐美到中國大陸，從軟體內容到實體產品，我們舉出諸多產業界的大數據廣告行銷應用案例。這些變化和影響不只廣而且深，所謂的目標消費者不再是僅能藉用市場調查、深度訪談所推估出的虛擬同質輪廓，而是實際的使用行為所記錄的一張張鮮明獨特面容。這是大數據帶給廣告行銷的大革命，而且是正在進行中。

　　就消費者端，大數據廣告行銷帶來的影響是它讓消費者可以在任何一個時間、地點有消費需求時，所需要的產品廣告資訊就隨手可得，甚至在消費者還沒想到之前就已經出現。對而對廣告主與廣告行銷業者端，重定向與即時競價讓業者能夠以更彈性、有效率運用廣告預算，避免資源虛擲。它重新界定廣告主、廣告行銷業者，與消費者三方的精確、人為本位、動態的新生態關係。

　　面臨席捲而來的變化，大數據廣告行銷是不是只會只發生在網路環境、電子商務領域？換言之，大數據廣告行銷的下一步發展是什麼呢？

　　確實，大數據廣告行銷現階段仍然是以網際網路和行動網路環境為主，但許多大數據廣告行銷已經朝向跨螢幕、跨媒介的發展。目前仍為廣告投放主流的電視廣告預計會逐漸會被整併在即時競價和需求方平台的系統之下。隨著數位互動電視的推展，閱聽人透過電視螢幕與網路環境互動日漸頻繁，包括線上購物、收看串流影音頻道等。針對每位閱聽人而播放的電視廣告也將變成未來的趨勢。簡單來說，大數據廣告行銷會將整合現有的電子

媒介廣告，下一步是跨螢幕，整合電腦、手機、電視、數位看板，線上到線下的界線會逐漸消失，大數據廣告行銷是網路消費的必然趨勢。

　　另一個值得注意的現象是大數據廣告服務平台的發展趨勢。首先，全球搜尋引擎、社群媒介公司都在近年推出標榜簡便使用、彈性收費的大數據廣告投放平台。這些套裝式服務目的在於吸引更多產業領域使用大數據廣告。搜尋引擎、社群網站的免付費使用商業模式也是奠基於販售使用者所產生種種大數據資料。廣告主可以不必自己經營大數據資料，卻可以透過大數據廣告平台的投放，不僅達到廣告行銷效果，平台所提供的即時資料分析也能幫助更精確的產品定位與目標市場設定。整合式的投放平台出現則是另一個重要趨勢，大數據廣告行銷已經走向跨螢幕、跨系統，廣告主希望在電視、電腦、手機螢幕上都能讓自己的產品資訊與消費者有精確的連結，但不同媒體投放在過去會分屬不同投廣告放平台，目前則出現越來越多的廣告業者提供垂直整合的廣告投放服務。這些服務平台的出現代表廣告市場上的大數據廣告行銷的需求日益增多，也意味著大數據廣告行銷時代已經到來。

　　我們對大數據廣告行銷全然沒有顧慮嗎？當然不是，從消費者端來看，廣告還是無所不入，甚至出現的更為頻繁。大數據廣告的精確媒合，也容易讓人警覺自己的種種需求早已經透過數位足跡揭露在網路世界。然而，如果把廣告視為免付費使用模式的必要之惡，今日的閱聽人在使用網路或 APP 的種種免費內容時，已經明白自己的使用行為就是一種有價值的廣告行銷資產。符合所需的產品訊息或許也比完全沒興趣的垃圾廣告稍微不擾人。從廣告主端來看，成功的大數據廣告也需要清楚的產品定位和目標受眾設定的配合，同時，品牌經營與顧客關係管理也更為重要。然而，彈性的廣告計價、有效的廣告效果和即時的市場反應，則是廣告主可以獲得的好處。最後，對廣告行銷業端，大數據廣告行銷是跨界的整合，資訊技術扮演流程中非常重要的角色，這是傳統廣告行銷領域所不熟悉的新課題。此外，搜尋引擎與社群媒介公司在大數據廣告行銷則扮演關鍵通路的角色。廣告行銷產業與數位新媒體的互動競合是發展中的議題。

　　本章介紹了大數據在廣告行銷的三個核心概念、兩項關鍵技術，在理論層面則提出三軸的概念架構，在實務層面則分析國內外重要的個案。最後，提出大數據廣告行銷的未來發展方向以及反思，盼能提供全面且與時俱進的大數據廣告行銷主題之討論。

## 參考書目

AD partner（2014 年 6 月 4 日）。〈一張圖教你看懂甚麼是 RTB 實時競價廣告〉。《數位時代》。取自 http://www.bnext.com.tw/article/view/id/32464

AD partner（2014 年 6 月 16 日）。〈讓廣告精準命中！ RTB 實時競價與重定向廣告的應用〉。《數位時代》。取自 http://www.bnext.com.tw/article/view/id/32594

T 客邦（2014 年 1 月 19 日）。〈大數據時代，Amazon「預判發貨」，你還下單它已經開始發貨了〉。《T 客邦》，取自 hhttp://www.techbang.com/posts/16570-era-of-big-data-amazon-prejudge-the-issue-you-havent-order-it-has-started-shipping-the

李欣宜（2015 年 4 月 2 日）。〈一次搞懂大數據〉。《數位時代》，取自 http://www.bnext.com.tw/article/view/id/35809

李欣宜（2015 年 3 月 2 日）。〈大數據時代的數位廣告神器 RTB〉。《數位時代》，取自 http://www.bnext.com.tw/article/view/id/35474

車品覺（2015）。《大數據的關鍵思考：行動 X 多螢 X 碎片化時代的商業智慧》。台北：天下雜誌。

翁書婷（2015 年 9 月 4 日）。〈誰看了《刺客聶隱娘》？貓眼電影大數據告訴你〉。《數位時代》。取自 http://www.bnext.com.tw/article/view/id/37288

翁書婷（2015 年 12 月 3 日）。〈Facebook 在台灣推出 Instant Articles 功能〉。《數位時代》，取自 http://www.bnext.com.tw/article/view/id/38123

陳尚永譯（2015）。《廣告學 Advertising & IMC: Principles and practice》，台北：華泰。（原書 Moriarty, S., Mitchell, N., & Wells, W. [2014]. *Advertising & IMC: Principles and Practice, 10th Edition*. Saddle River, NJ: Prentice Hall.）

陳傑豪（2015）。《大數據玩行銷》。台北：30 雜誌。

黃鎧（2014 年 9 月 8 日）。〈揭秘大數据玩家 eBay：猜出你的購買欲〉。《21 世紀經濟報導》，取自 http://tech.sina.com.cn/i/2014-09-08/04339599754.shtml

黃岩（2014）。《再看電商》。北京：電子工業出版社。

張維仁（2015 年 6 月 14 日）。〈品牌如何用數據驅動即時行銷？〉《動腦 brain》。取自 http://m.brain.com.tw/detail?ID=21921&sort=

曹修源、盧瑞山、王建富（2014）。《網路行銷》。台北：普林斯頓。

新媒體世代（2015 年 5 月 16 日）。〈臉書「即時文章」震撼登場：對新聞出版商是仙丹還是毒藥？〉。《關鍵評論網》，取自 http://www.thenewslens.com/post/164611/

經純渝（2015 年 9 月 11 日）。〈雷翠客（Rentrak）用大數據幫電影做行銷〉。《Find》，取自 http://www.find.org.tw/market_info.aspx?k=1&n_ID=8520

數位時代（2015 年 9 月 23 日）。〈全面擁抱 RTB ！ Yahoo 奇摩 3 月起變更數位廣告商業模式〉。《數位時代》，取自 http://www.bnext.com.tw/article/view/id/35247

蕭富峰、張佩娟、卓峰志。（2010）。《廣告學》。台北：勝智。

蕭湘文（2005）。《廣告傳播》。台北：威仕曼。

Balar, A., Malviya, N., Prasad, S.,& Gangurde, A. (2013). *Forecasting consumer behavior with innovative value proposition for organizations using big data analytics*. Computational Intelligence and Computing Research, 2013 IEEE International Conference.

Charles Duhigg. (2012). How Companies Learn Your Secrets. *The New York Times magazine*, Retrieved from http://www.nytimes.com/2012/02/19/magazine/shopping-habits.html?_r=0

Debortoli, S., Müller, O., & vom Brocke, J. (2014). Comparing Business Intelligence and Big Data Skills - A Text Mining Study Using Job Advertisements. *Business & Information Systems Engineering*, 6(5), 289-300.

Eastin, M. S., Daugherty, T., & Burns, N. M. (2011). *Digital media and advertising: User generated content consumption*. Hershey, New York: IGI.

Fennis, B. M.,& Stroebe, W. (2010). *The psychology of advertising*. New York: Psychology Press.

Festinger, L. (1957). *A theory of cognitive dissonance*. Stanford, CA: Stanford University Press

Fotaki, G., Spruit, M., Brinkkemper, S., & Meijer, D. (2014). Exploring Big Data Opportunities for Online Customer Segmentation. *International Journal of Business Intelligence Research*, 5(3), 58-75

# 第九章　大數據與政治傳播

脈動國際股份有限公司總經理　吳世豪
脈動國際股份有限公司公關部主任　陳昱旗

# 前　言

　　資料採礦（Data mining）[1]過去十年被成功運用在零售商店、電子商務平台，貢獻出另一種型態的網路經濟，改變消費行為，縮小與實體經濟的業績差距。隨著資訊數位化，傳輸科技管道效率倍增，資料快速大量累積，大數據（Big data）[2]一詞開始出現，並在這幾年快速流行，多層面的研究加速了大數據時代的來臨有效，各領域都開始嘗試應用大數據分析的概念。為了能明白大多數人的意向趨勢，減少不必要的成本浪費，擬定各項有效的策略，提升預測未來的發展趨勢。如同在選民行為與意識上，透過在網路媒介的表現，經過大數據探勘技術，掌握大多數選民的態度趨勢。本章節設定探討二層面：大數據技術如何應用於政治傳播領域？大數據技術應用於政治傳播領域的侷限？

　　政治傳播與選舉研究有兩條殊途同歸的研究途徑，一條指向媒體所傳播的政治訊息如何影響選舉人的認知基礎、政治態度與投票行為，即強調大眾媒體的政治宣傳效果以及如何奏效的原因；另一條則關注媒體使用的角色，也就是競選人團隊或選民，使用媒體的情形與政治認同、信念、參與及選舉行為的關係，尤其有關閱聽選民如何在競選政治傳播的情境脈絡下，藉由對媒體的選擇性暴露、理解、記憶來認識政黨、候選人與政見，並據以形成認知、態度與行為（何溢誠，2014）。有鑑於此，政治傳播相關研究，都在說明媒介的重要性，而面對網路新媒體[3]使用，在選局過程中，已經成為各方競逐角力的關鍵媒介（Aragón, Kappler, Kaltenbrunner, Laniado, & Volkovich, 2013），因此，本章節輔以個案研究美國總統歐巴馬（Obama）與柯文哲如何用大數據分析社群、找出隱藏的關鍵力量，打贏選戰作為觀察的個案分析。

## 第一節　政治傳播媒介的重要性

　　彭懷恩（2007）所編著的《政治傳播：理論與實踐》是一本政治傳播文獻匯總的筆記本，其中歸納學者有關大眾媒體對選民影響之研究可歸納為八個重點：1. 大眾媒體對選民提供選舉消息的重要性已大於政黨機構。2. 對候選人在資訊不足的情況下，大眾媒體的報導或廣告仍有影響選民的效果。3. 大眾媒體的資訊流通，若透過意見領袖的人際傳播，有強化選民投票，甚至改變選民投票抉擇的效果。4. 在選民的態度並未定型或穩定時，媒體仍有塑造民意的效果，進而影響選民投票決定。5. 媒體的「樂隊花車效果」與民意測驗，改變選民投票的效果並不顯著。6. 在選民中，較注意大眾媒體且主動蒐集資訊的選民，反而不易受媒體內容的影響，相反的，最可能被說服的是那些政治興趣低及對媒體注意力低的選民。7. 媒體上呈現的候選人的政治議題（political issue）立場，並不能吸引選民，只有將候選人個人特質與議題立場加以結合，才能形成印象效果，進而吸引到選民的注意。

8. 大眾媒體對候選人的報導、評論，或特定事件解釋，對選民態度強化或改變之效果，大於政治廣告與政黨接觸。

在政治傳播媒介中，隨著網路科技的進步，各類型社會團體紛紛將關注焦點投射到網路媒介，試圖運用其優勢聯繫和動員群眾，引導群眾參與集體行動，並透過網路為傳播管道，宣傳活動理念，建立共識，並且將事件不同角度的報導內容傳播出去，以爭取更廣大的閱聽人注意（周芊、康力平，2014）。

民眾使用社交媒介已然成為國內網路服務的主流趨勢，並隨著網路社群的興盛及行動裝置的普及，打破人們以往在地域及時間上的限制，使得人與人之間的互動更加活躍，進而帶動人們對網路社群服務的需求日益增加。為瞭解網友們在各社群網站的行為及想法，創市際市場顧問公司於 2015 年 6 月 19 日至 21 日，針對全體網友進行了一項「社群服務」的調查，總計回收了 2,465 份問卷。創市際同時使用 comScore Media Metrix 技術，觀察各區域市場對於社群服務類型網站的使用情況，最後針對社群服務類網站中幾個後起之秀進行觀察。依據創市際市場研究顧問股份有限公司 2015 年 7 月 15 日的調查統計，全球市場中，社群媒體以「Facebook」之到達率最高，在五大洲中除亞洲以「QQ 空間」到達率最高，其餘市場同樣以「Facebook」領先。

在台灣不重複使用人數 Top10 社群網站中，「Facebook」以不重複訪人數 981.9 萬人領先，其後接續為「痞客邦」與「Xuite 隨意窩」，至於在使用量方面依舊以「Facebook」領先，不過也發現「新浪微博」的使用數據表現突出。在 2015 年 7 月，台灣共有 1,243.6 萬位不重複使用者造訪過社群網站，到達率為 92.6%，顯示每 100 位網友只有 7 位不曾接觸社交媒介，而每位網友在該月份平均造訪社群網站 32.4 次，單一使用者平均停留時間花費 387.5 分鐘，單一使用者平均瀏覽量 415.1 頁／支影片，其中以 Facebook 到達率最高，有 8 成網友造訪，是台灣網友使用最廣的社交媒介（創市際，2015）。

由上可知，國內民眾的上網活動，有相當長的時間花在社交媒介，其中又以 Facebook 占最大多數。在 Facebook、Twitter 等社交媒介的快速崛起之下，人們習慣透過社交媒介互動，人際關係網路也在虛擬的空間中建立與發展，這些具有共同點的使用者，聚集形成了「網路社群」（social network）。網路社群日益重要，大部分的選民因為依賴社交媒介，透過社交媒介的「社群」特性，獲取資訊，取得認同或者排拒相反立場的觀點，因此，大多數選民的意向會因為選擇使用的媒介產生影響。大數據研究透過大量的資料探勘，獨特的脈絡分析，嘗試找出網路社群風向，運用於選戰的策略分析，有利於候選人擬定相關政見、議題設定與危機處理。

# 第二節 大數據在政治傳播的應用

就大數據一詞而言，近年來廣泛被討論，而應用上觸及各領域，不再侷限於 IT 產業，廣泛應用於市場預估、企業管理與政府公部門領域，各領域逐漸開始重視鉅量資料的應用技術（金瑞，2015；王豐勝、黃彥文，2013）。

就政治傳播領域上的應用，不容忽視網路社會動員的重要，在個人行動裝置的普及與便利優勢之下，藉由網路動員的新世代社會運動，必須透過綿密的網路運作，以及源源不斷進入的巨量資訊，將「感動人心」的訊息對外傳佈，如此才能吸引廣大閱聽人的矚目，成功聚集強大社會運動能量，進而爭取認同（周芊、康力平，2014）。

Andrew Chadwick（2006）在「Internet Politics: State, Citizens, and New Communication Technologies」檢視了網際網路對於公民政治參與以及國家治理的影響，包括了政黨動員、選舉參與、利益團體、社會運動、民主小選區制度、官僚體制與全球治理等面向；此外，該書內容也分析了當今熱門的政策網路議題，包括數位落差、網際網路治理、政府機關對人民的網路監視、網路隱私權、以及網際網路媒體政治經濟學等主題，其涵蓋的範圍可謂相當廣泛多元，對於當今網路政治，熱門的討論議題皆有涉及。不僅如此，為了能夠更進一步詳細說明與評估各項網路政治的討論主題，Chadwick 在書中，使用相當多的篇幅介紹了許多國家在實施網路政治上的具體個案，不但援引美國的例子，更有英國、歐陸、拉丁美洲以及其它國家的發展經驗，這些「美國之外」的各國經驗案例，提供了一個相當廣闊的比較空間，讓網路政治的相關論述主題能夠在一個更為巨觀的國家脈絡下呈現出不同的對照模式，有別於一般的網路政治專書，多只侷限於美國觀點的經驗論述。Chadwick 對於網路的政治效能給予正面積極肯定，不過也忽略了網路匿名、偏鋒、造謠與激化等隱藏在虛擬實境，不時動搖現實世界的許多問題。Chadwick 指出，透過網際網路的網路動員可以增加組織動員的彈性，即網際網路和新媒體所並聯的結構管道，在政治團體組織傳播中的機制效能。因而大數據在資料探勘過程中是否注意這些現象，留意網路匿名、偏鋒、造謠與激化等隱藏在虛擬實境等問題，至為重要（Chadwick, 2006；轉引自何溢誠，2014）。

為何要應用大數據的分析？目前大數據的分析應用較為普及的領域為經濟與商業領域，根據相關研究顯示，網際網路上每筆搜索，網站上每筆交易，敲打鍵盤、點擊滑鼠的每一個動作，都可以轉化為輸入數據資料，經過整理分析後，可能在抽離的面向上顯示出市場的脈絡、提供更具商業價值的開發著力點。根據 2012 年 2 月紐約時報統計，運用大數據的分析，可以讓公司增加 50% 的新客戶，讓政府減少 30% 的成本！這些如海潮般湧入大量資料，正是雲端時代的新金脈，已經創造出驚人的效益（張文貴，2013）。

就銀行業而言，行銷策略上，特別是以消費金融為主的銀行在面對廣大的客戶群，即可透過巨量資料分析技術，由大量的客戶群消費紀錄中，找出值得開發的商機。例如，

根據客戶刷卡交易資料分析客戶的消費習性，包括消費時間、地點、購物與飲食習慣，然後，再據此推出符合顧客需求的金融服務，則可提升經營績效（李沃牆，2014）。而在我國政府應用上，依據 2015 年 4 月 27 日「研商大數據輔導團成立事宜」會議決議，行政院成立大數據技術指導小組，主要分析政策決策議題，主要以企業調薪、大專院校畢業生就業薪資、毒品防治、新住民及二代就業就學、財稅資料低所得報稅戶背景分析與促進銀髮人力運用及資源整合等議題（簡宏偉，2015）。

然而，當大數據應用於政治傳播領域時，如何可以清楚瞭解到選民的態度？ 2012 年的美國總統大選。歐巴馬的大數據分析團隊利用演算法分析與建立模型，將選民分成多種不同屬性的族群，以瞭解每一類人群和每一個地區選民在任何時刻的態度，準確預測出在各州勝出的可能性。透過大數據分析，在美國總統投票結果出爐前，即掌握歐巴馬在哪些州會勝出，連任美國總統（黃薇如，2014）。

因此，應用於網路社群預測選舉選民議題關注與投票意向趨勢，進而提供候選人在議題設定（agenda setting）[4] 上，符合大多數民眾心中的期待，真正獲取最終選票上的支持（Aragón et al., 2013）。

綜合以上所述還有，大數據技術應用於政治傳播的選戰策略中，增加對候選人的支持率還有，來自於清楚掌握其資料屬性，以及明白資料探勘與萃取過程的侷限。成功的大數據運用，帶來的效應為準確有效反應社群風向的趨勢，進而有效迅速回應選民所期待議題，讓候選人與選民產生良好雙向互動，有效提升其支持率；缺乏即時掌握民意趨向的動能與警覺性，可能讓不當的發言與活動，成為選票流失的重要關鍵因素。

# 第三節　大數據與政治傳播的應用案例

大數據（Big Data：A Revolution That Will Transform How We Live, Work, and Think）一書的作者麥爾荀伯格（Viktor Mayer-Schönberger）分析，大數據有三大特點：即資訊量龐大、巨量，然而，資訊來源雜亂、不精確，第三則是要拋開因果概念，尋找數字背後隱含的各種相關性。首先，「巨量」是因為資料蒐集由類比走向數位，加上儲存分析資料技術日益精進，隨著科技發展，數據呈現爆炸性成長。人類歷史透過不斷探索，試圖瞭解自己的世界，過去蒐集資料必須耗費大量時間金錢，效益十分有限，而新的大數據時代，帶來的是理解世界的嶄新方式。但也因為資訊量爆炸性的成長與無限制的流動，透過網路的發散，資訊經過不斷的二手傳佈、編寫與重製，很難要求精準與正確，不限於絕對精準的資訊；在海量撈取中判斷相對多數，同時拋開線性的因果關係，跳躍式的尋找出事物連結間的相關性，成為大數據應用最核心的概念。麥爾荀伯格 2014 年 6 月 11 日訪台時，曾經提及政治人物可以運用巨量資料分析，瞭解市民的行為、找出市民的需求，並藉此設定出市政的

核心議題。

　　而提到大數據運用在政治傳播上，進而實際應用在選戰策略上，不能不提及的，就是美國總統歐巴馬的網路選戰團隊與 2015 年異軍突起的台北市長候選人柯文哲的選舉網路團隊操作策略。

## 壹、歐巴馬（Obama）用大數據打贏大選

　　在 2008 年總統大選期間，歐巴馬推出因應選戰的專屬社群平台 MyBO（my.barackobama.com），讓支持他的選民們可以互相交流及籌備活動。這個線上組織效果十分驚人，總共兩百萬名民眾加入，線上用戶和志工們一共籌備了超過 20 場的線下活動、寫了超過 40 萬篇的部落格文章，以及創立了 3 萬 5 千個志願者團體。此外，當時 Facebook 才成立 4 年，Twitter 成立 2 年，歐巴馬就已經累積了將近 3 百萬的 Facebook 支持者，以及約 12 萬的 Twitter 追蹤者，分別是共和黨競選對手約翰‧麥肯（John McCain）的 3 倍和 23 倍。透過策略性的線上平台經營策略，歐巴馬當年從 3 百萬名捐款者募得了約 6.4 億美金，其中大部分都是來自線上捐款，這也幫助他順利打贏選戰。

　　歐巴馬競選團隊的成功，關鍵因素正是歐巴馬找來了 Facebook 的共同創辦人 Chris Hughes，來經營 MyBO 競選網站的社群。他不斷改進 MyBO 網站的互動機制，讓支持者更容易安排競選活動、發起募款活動，以及最重要的動員催票。這群志工在 2 年競選期間，在全美各地舉辦了 20 萬場選戰活動，成立了 40 萬個支持部落格，以及 7 萬個私人募款網頁。甚至到了投票前一周，MyBO 也靠著社群機制發動百萬志工大力催票（王宏仁，2014）。

　　在 2012 歐巴馬選舉中，一位參與過 2012 年歐巴馬網路選戰的教授指出：「透過社群不只是用來凝聚已經表態的支持者，更重要的是從社群中找到沒有特定立場還未表態的未來支持者」。因此，歐巴馬團隊也大量分析 Facebook、Twitter 上的訊息來判斷哪些可能是潛在的支持群眾，再透過社群互動機制向對方取得聯繫。

　　支持歐巴馬的志工們，可以從 MyBO 網站上取得自己住家附近的 100 個催票名單，然後可以打電話，或是直接走過去敲門拜訪。志工回家後還會上網登錄催票結果。因此，歐巴馬競選團隊，可以從 MyBO 上的資訊來預估得票數，甚至可以追蹤到單一個郵遞區號所覆蓋範圍的得票情況。如果發現哪一區的得票率不佳，就可以馬上調度人力，針對不理想的地區催票。

　　歐巴馬競選團隊運用 MyBO 社群網站串連數百萬名志工，將龐大的數千萬人動員和鉅額募款任務，分割成了百萬份小任務，每一個小任務都是一個人可以勝任的負擔，也透過 IT 來監督每一個人的工作成效。另外，競選陣營的數據分析團隊，也為競選活動，蒐集、

儲存和分析了大量數據，幫助其競選團隊成功「策劃」多場特定議題的活動，爲歐巴馬競選籌集到 10 億美元競選資金。

Obama Changed The Political Campaign With Big Data

圖 9-1　2012 Obama 官方網站連結

資料來源：https://www.barackobama.com

　　比較有趣的一件事是，當時歐巴馬競選陣營的數據分析團隊注意到，影星喬治‧克魯尼（George Clooney）對美國西海岸 40 歲至 49 歲的女性具有非常大的吸引力。她們是最有可能爲了在好萊塢與喬治克隆尼和歐巴馬共進晚餐而自掏腰包的族群。而最終喬治克隆尼在自家豪宅舉辦的籌款宴會上，爲歐巴馬籌集到數百萬美元的競選資金。

　　有了西岸競選團隊的成功經驗，同樣希望東海岸競選團隊也能如法炮製出「喬治克隆尼效應」。最後 Big Data 數據分析把箭頭指向了莎拉‧潔西卡‧帕克（Sarah Jessica Parker），於是一場在莎拉‧潔西卡‧帕克的紐約 West Village 豪宅與歐巴馬共進晚餐的募款競爭便誕生了。對於一般民眾而言，沒有人會想到，也不會知道這次活動的想法，源於歐巴馬數據分析團隊對莎拉‧潔西卡‧帕克粉絲研究的重大發現：這些粉絲們特別熱衷於競賽、小型宴會以及名人的聯繫。

　　回顧 2012 年，歐巴馬爭取連任，當第一次總統大選電視辯論結束後，競選團隊察覺選民的投票傾向發生改變。藉由數據分析，數據團隊可以立即勾勒出輪廓，什麼樣的選民改變了態度、什麼樣的選民仍堅持原來的投票選擇。再者，每天晚間，分析團隊用高速電腦運算模擬高達 6.6 萬次的大選結果，涵蓋設計各種可能出現的危機與變數。隔天上午的選情會議上，可以立即提報出模擬的數據分析，瞭解各種突發狀況下，影響各州勝出的可

能性，從而進行最大效益的選戰資源分配（金瑞，2015）。

這種根據數據分析的決策方式，在歐巴馬成功連任的過程中發揮了重要作用，從前依賴傳統預測和經驗的華盛頓特區競選專家地位，因為大數據的崛起迅速下降，被善於利用大量數據分析的專家和程式設計師所取代，此亦暗示在政治領域裡，大數據的時代已經到來。

歐巴馬 2012 年數位行銷組合改變為如下公式：官網＋搜尋引擎＋社交網站（Facebook, LinkedIn, Twitter）＋網路影音網站（YouTube）＋移動資訊擴散＋搜尋引擎數據收集與分析＋網路與移動社交媒體數據收集與分析＋即時資訊反應與選戰策略調整。這也是歐巴馬競選獲得勝選最關鍵的行銷組合策略。

在大數據治理方面，歐巴馬 2008 年當選後，第一天上班他就發出一則總統備忘錄，要求各聯邦機構負責人盡量公布所有資料，強調開放為原則，因而促成了 data.com 這個網站，主要這個網站儲存所有聯邦公開可下載的資訊，並在 2009 年到 2012 年三年時間，這資料庫已經是跨越一百二十七個部會機構，擁有將近四十五萬個資料集的網站（林俊宏譯，2013）。在 2012 年當選後，他一樣持續相信數據分析，美國白宮不只將官方網站和社群媒體專頁（譬如：歐巴馬個人 Facebook 專頁以及白宮 Facebook 專頁）經營的有聲有色，在其他數位新聞網站也可以看到歐巴馬的身影，更加強化社群媒體與民眾的互動，都為了能夠搜集更多的社群資料，以利用大數據技術做社群風向的分析。

圖 9-2　Obama Facebook 社群網站連結

資料來源：https://www.facebook.com/barackobama/photos_stream

表 9-1　歐巴馬兩時期大數據應用的項目與種類

| | | 2008 | 2012 |
|---|---|---|---|
| 競選時期 | 項目與種類 | MyBO 社群網站的成立。 | 延續 MyBO 社群網站，強化選民互動性與連結性功能（圖 9-1）。 |
| | | Facebook、Twitter、LinkedIn。 | 強化 Facebook（圖 9-2）、Twitter、LinkedIn 相互連結。 |
| | | 網路影音網站（YouTube） | 網路影音網站（YouTube） |
| 執政時期 | 項目與種類 | 政府官方網站 data.com 的成立。為了有效開放儲存所有聯邦公開可下載的資訊。 | 延續政府官方網站 data.com，2012 年 3 月宣布投資兩億美元，推動大數據之相關產業，並將大數據之因應列為國家戰略之一，明確宣示：大數據涵蓋的規模、分析及運用的能將成為一個國家的核心資產。 |

## 貳、柯文哲用大數據打贏市長選舉

　　柯文哲在台北市市長競選上，利用大數據的分析，讓他可以獲取大多數中間選民的支持，回顧美國總統大選，歐巴馬靠著社群網站擊敗對手，類似的劇碼，也發生在 2014 年臺北市長的選戰上，雖然應用的手法與規模不盡相同，但本質都是透過資訊科技（Information Technology）網路延伸的力量，善用社群，發揮影響力。

圖 9-3　柯文哲 Facebook 網站

資料來源：https://www.facebook.com/DoctorKoWJ/?fref=ts

　　歐巴馬初次競選美國總統時值 2008 年，爭取連任時爲 2012 年，由於美國幅員廣闊，Facebook 散佈規模仍不足以達到完整的覆蓋，所以，歐巴馬團隊選擇自行打造一個專屬的，具有更鮮明指向性的競選社群平臺。反觀 2014 年的臺灣，2,300 萬人口中，已有高達 1,400 萬個 Facebook 使用者，Facebook 爲台灣人最常使用的社群媒體，在台灣覆蓋率驚人。所以，柯文哲團隊的重要選戰策略之一是，快速掌握 Facebook 上的意見氣候，而背後操刀協助柯文哲團隊掌握臉友熱門競選話題的，正是一個以 Facebook 塗鴉牆搜尋引擎起家的 QSearch 團隊。

　　QSearch，原本只是一個利用 Facebook Graph API，來提供 Facebook 塗鴉牆歷史訊息中文搜尋的 Chrome 瀏覽器外掛，而後，QSearch 團隊進一步發展成一個大資料分析平臺，將這樣的經驗擴大到搜尋全球 Facebook 公開訊息，可以從使用者行爲的紀錄和發言，來歸納出當下最熱搜的話題。

　　就如同 Facebook 共同創辦人加入歐巴馬競選團隊核心一樣，QSearch 團隊以志工身分加入了柯文哲競選團隊，讓柯文哲團隊可以監控每一天的選舉議題，每週定期回報，來決定選戰策略及輿情應對。

　　如同歐巴馬團隊賦予社群高手找出潛在選民的任務一樣，QSearch 也同樣被受命要找出年輕人感興趣的主題，來號召這群從未參加過選舉活動、對政治較爲冷感的年輕新世代，引發共鳴的包容感，誘發年輕人的集體認同，並化爲行動，選擇攜手站出來支持柯文哲。

　　柯文哲拋棄傳統競選路線，傳統政治候選人習慣走訪大型組織與工商團體，覺得沒有效益的小活動、行程，通常不願意浪費時間參與。但是柯文哲反其道而行，願意花時間參與會引起年輕人話題的活動，例如跳街舞、打籃球、騎腳踏車等，而不只像傳統選戰例行公事般的掃街拜票、跑婚喪喜慶場子、拜碼頭等等，最終決定選戰策略行爲，都是透過大資料分析 Facebook 資訊後，找出能吸引年輕人大舉按讚的行動（柯文哲，2015）。每天研究 6 億個讚，算出討好網友的關鍵字，柯文哲的資訊科技 5 人小組最重要的工作，就是從 1400 萬人次的台灣 Facebook 用戶所按出 6 億個讚的海量數據中，監測網路輿論，進而對柯提出具體因應建議。監測 Facebook 發文，成功化解 MG149 危機[5]，該團隊監測每一天的選舉議題，固定一週向柯文哲報告一次，並提供策略分析，包括化危機爲轉機的 MG149 帳戶事件。

　　選舉的變項很多，時勢、氛圍、對手強弱與個人領導魅力，都能影響選情，其中，把柯文哲送進市府不可忽視的關鍵因素，就是網路上的大數據分析，競選團隊利用大數據分析 Facebook 上目前選民最關心的議題，並從中尋找潛在支持者，Qsearch 共同創辦人與 CEO Roger Do 接受新加坡科技媒體 e27 採訪時表示，Qsearch 是鎖定社群媒體正在關注的特定議題，而不僅於人口統計學進行分析，他們的廣告分析比 Facebook 廣告要精準 16 倍

（科技中心，2014）。

　　以台灣來說，由於 Facebook 的高普及率，針對 Facebook 上的社交貼文、爬文、語意分析、監測網路輿論與網路正負聲量分析，是未來選戰不可或缺的手段。往下延伸，這也可看做是之前搏來客行銷（Inbound Marketing）分析部分的延伸，以前只能做自家網站的分析，現在因為科技工具進步與大數據分析進入門檻變低，不但可以從內部歸納、分析自己家裡的網站數據資料，更可以讓你的「蜘蛛」往外爬，占據網路節點，通往人潮最多的社交媒體上進行查訪與收集資料的動作。分析的目的與議題設定，基本上是為了讓候選人可以在大眾所關注的議題上，投其所好，在自有媒體（Owned media）上往該方向前進，進而有機會爭取到更多眼球關注。大數據技術這次幫柯文哲做了哪些 40 歲以下年輕人投其所好的分析呢？依據數據分析對應的行為，在選戰過程中影響選戰節奏，主要有以下幾個關鍵點：例如鄉民好評關鍵字「公開、透明、開放」做為競選口號與主軸、決定正面迎擊 MG149，不要冷處理，年輕人的街舞議題、打籃球議題、自行車議題與其他更多年輕人有興趣的小眾主題，有些當初看起來的小事情，事後都大大的影響了選戰的節奏。因此，團隊很積極突顯柯文哲在中產階級心中的特色，因為選舉過程中不只是要靠年輕人，更要靠人數眾多而廣大的中產階級。因而整個團隊在思考行銷策略時，都想盡辦法要吸引中產階級，進而去影響那些原本對政治不關心的人（柯文哲，2015；洪永泰，2015）。

圖 9-4　柯文哲官方網站

資料來源：http://kptaipei.tumblr.com

表 9-2　柯文哲 2014 年兩時期大數據應用的項目與種類

| 競選時期 | 項目與種類 | Facebook（圖 9-3）。 |
| | | 柯文哲個人官網成立（圖 9-4）。 |
| | | 網路影音網站（YouTube）。 |
| 執政時期 | 項目與種類 | 緊盯市政議題設定，掌握議題的 Data 投放趨勢。 |
| | | Facebook。 |
| | | 市政 Line 手機社群平台，提供即時回覆市民。 |
| | | 網路影音網站（YouTube）。 |

　　在大數據治理方面，台北市長柯文哲上任屆三個月，不按牌理出牌，反其道而行祭出「三漲三砍」，要公務員瘦身，又向市民討錢，人氣不減。柯背後的「大戰略」及「數字觀」，是「柯 P 市政學」兩大治理心法。「柯 P 市政學」還有兩大治理秘訣；先訂核心大戰略，再讓數據說話；建立「用數據回答問題」的政府，當有反彈聲浪，以數字「撐腰」。幕僚說，「大戰略有了，剩下的就是專業問題，專業解決」。因此，柯文哲認為他的優點就是講真話，但原因是講真話的時候，相信數字與科學，他認為有一個大數據團隊，就可以隨時搜集並盯緊 Data，掌握議題的投放，並成立即時市政 Line 平台回應市民，因此，依據數據科學分析，明確地做出市民有感的的政策（柯文哲，2015）。

## 第四節　　大數據技術應用上於政治傳播領域的侷限

　　大數據技術應用於政治傳播領域，在最近幾年更顯重要，社交媒體已成為選舉活動日益重要的媒介。通過這些技術平台所提供的新功能，作為進行相關選舉宣傳（例如 Twitter）的工具，也提供政治家有機會和選民在互動平台上產生即時性的互動討論。國外大量使用的 Twitter 上，大多數訊息的內容是公開，所有使用者都能夠彼此交流，完全不需要再協議授權，例如「好友請求」這類的繁複過濾程序，這種設計反而成為被爭論的重點（Aragón et al., 2013）。

　　社交媒體產生的鉅量資料對傳播研究帶來了新的挑戰，一方面是研究者如何取得傳輸資料（transactional data），因為這些數據多半掌握在 Facebook，Twitter，Google 等大公司手裡；另一方面，鉅量資料的搜集與分析需要資料專家的運算技術與人文社會學者的專業知識，因此，必須透過跨領域合作開發適當的社交媒體分析工具，以縮減資料專家與未經資科訓練的人文研究者間的「資料分析落差」（data analysis divide），才能從巨量資料分析中找到趨勢與網民行為模式（Manovich, 2011）。

　　潘文超認為台灣的大數據有三大問題，第一是整合過少，像是資工、企管、財務未能夠統合，FB 及網路經營需要各種人才整合；第二是資料取得困難，公部門在「個人資料保護法」限制下，經常不願意提供資料，其實，最簡易的方式，只要去識別化即可；第三是國內人才外流，懂得大數據分析的專才大多外流到國外，如何留住人才是台灣發展大數據最重要的關鍵（風傳媒，2014）。大數據的發展除了要付出硬體成本的代價外，目前它所產生最大的困擾就是隱私權的議題[6]，在政治、政策上的應用也不例外，特別自 2012 年 10 月起我國正式公布施行「個人資料保護法」，已清楚規範個人資料之蒐集、處理及利用，因此，若有涉及個人資料之蒐集與分析更要小心領域的侷限，以免觸法（張文貴，2013）。

　　無論、新創公司傳統企業或政治組織，愈來愈多組織將未來押注在巨量資料的分析價值上。Gartner 研究總監 Svetlana Sicular 列舉了八個最常出現的錯誤（Inside, 2014）：頁 1. 管理層的惰性：根據 Fortune Knowledge Group 的調查，62% 的企業領導人依然仰賴直覺；下決策時，61% 以真實世界的情境為優先考量，而非數據。2. 選擇錯誤的使用案例：有些公司的實力跟不上野心，選擇遠超過自身負荷能力的大數據專案，又或者企圖使用舊方法執行新專案，兩者都無可避免將走上失敗之途。3. 問錯問題：數據科學是由產業知識（比如零售、金融）、數學與統計、程式結合的複雜混合體。很多公司增聘了資料科學家，他們可能是程式高手也懂統計，卻缺乏了最重要的成分：產業知識。Svetlana Sicular 建議，應從產業中找到對的人才，因為「學習 Hadoop 技術比瞭解商業內涵簡單」。4. 缺乏必要的技能：進行大數據分析時，應該找到熟稔特定專業領域的人士——醫療、語言學、行為心理學家、社會人類學家等等，IT 部門以外的專業人士。5. 大數據之外，無法預料的問題：資料分析只是巨量資料專案的一部分，訪談技巧與處理數據的能力同樣重要，不過諸如網路壅塞、人員訓練不足等等都有可能阻礙專案執行。6. 策略不一：如果巨量資料專案被隔絕於核心業務之外，那大概註定失敗，如果組織把雲端或其他策略置於巨量資料之前，那失敗的機率當然又更高了。7. 大數據孤島（silos）：很多人喜愛談論「數據湖」（data lake）[7]、「數據中心」（data hubs），但是現實狀況是，很多公司嘗試建立各數據功能類型，如數據水坑（data puddle），行銷數據水坑、製造數據水坑等，但是造成彼此間的隔閡與孤立。對組織而言，巨量資料只有在各數據水坑間的隔閡消除、彼此匯流才會更凸顯價值。只是，政治或政策，往往抹煞了資料集體發揮的可能性。8. 問題迴避：這在藥物產業中最為明顯，藥廠無法進行情緒分析，因為病人服用某種實驗藥物後，只要一出現頭痛等副作用，就得回報 FDA[8]。由於過程太麻煩，甚至可能碰上法律責任，因此，藥廠傾向迴避此類措施，結果可能錯失珍貴的發現。

　　對應於在大數據在整個政治傳播領域應用上，最大的侷限，其實就在於如何在社群之中，分析並且找到潛在支持者，如此才能真正精準的反應社群風向趨勢。大數據應用在一般商業顧客行為，實屬交易的單純關係，所以在獲取顧客行為資料上，相對較為單純；一

但放諸政治傳播、牽涉到「人」本身的政治取向時，訛誤會產生非習慣的另類資訊解讀方式，其中涉及複雜的政治價值取向與相對利益，當沒有發生重大情境變化時，還容易判讀事件發展趨勢與民眾意見風向，一旦突發重大事件，變項增加，結果預測就難以準確。畢竟海量資訊並非靈丹妙藥，錯誤的解讀、切入的角度誤差，將造成損害。

對於大數據應用於政治傳播的侷限，就是如何精準掌握潛在支持者，真正反應社群風向的趨勢。就大數據應用實務上，必須明瞭候選人的特性（例如地區、政黨屬性等），透過社群找出可以比較的基礎。換言之，柯文哲的粉絲團已經可以成為一種參考的指標，透過這指標去推估潛在的支持者人數。像柯文哲當初完全沒有比較基礎，他就必須透過一次次的政策議題廣告，去累積放大支持者的人數，進而去推估算出準確的潛在支持者人數。所以，在大數據技術應用政治傳播上，面對多變複雜的環境，就必須透過議題設定的方式，去找出大多數人所關切的議題，進而不斷地修正候選人的競選主張，以獲取更多選民的支持。

# 結　語

科技伴隨大數據時代發展，人類活動由真實社會轉移到虛擬空間，網路媒體上積累了無數的活動痕跡，轉換為數據背後隱藏著人類的訊息傳播、人際交往和群體互動等社會規律。

政治傳播相關的大數據研究顯示，有效運用大數據來窺測民眾的態度趨向，能減少不必要的政策阻礙，增加政策推行的合法性與正當性。而國以網路社群作為政治意向的分析單元，透過巨量資料去預測選民有興趣的政策與議題，進而顛覆傳統的議題設定方式，能夠更準確抓住民眾的預期心理，爭取支持者的同意，反應在政治認同與選票上。然而，抱持相反立場的學者則認為，過度引用大數據不適當的相關性連結，違背了公平、正義與自由意志的理念。因此，必須儘可能透徹的瞭解資料特性，在資料截取與分析技術上務求謹慎，不然很容易被表象蒙蔽，造成研究上的謬誤，傳遞出錯誤的結果。

而候選人最關注的選舉研究預測，包括設定網路議題、發動與實際參與，找出與確定背後潛在支持者，除了依賴電腦程式挖掘、計算，還是得靠「人」來幫忙設計模型並且做出解讀。這些「人」，就是所謂的「資料科學家」。數位科技帶來各種新的人才需求，未來的人才必須是「跨領域」人才。大數據的「跨領域」人才，是指在多個專業領域裡擁有知識（domain knowledge），同時兼具分析資料的邏輯能力，更重要的是能與團隊一同工作。大量搜集網路數據，是為「傾聽」選民意見，重點還是候選人本身的價值理念及主張。唯有理解「網路」這個全新的政治場域，不把網路視為「惡意媒體」，而是當作「接觸選民的觸媒」，才能真正與網路族群站在同一陣線。

　　美國總統歐巴馬對於新媒體的使用走在前端。未來數據時代，新媒體佈局是非常聰明且絕對必要的政治公關策略。第一個原因是相較透過傳統媒體宣傳需要鉅額廣告費用，線上經營要出奇制勝雖然也需精準的操作策略，但卻不需驚人花費。第二則是數位世代來臨，年輕一代資訊取得多以網路為主，雖然電視新聞和報章雜誌仍有其重要性，但透過傳統媒體接觸年輕選民，卻不是最有效率的方法。造訪歐巴馬的官方網站，就可以瞭解箇中差異。在網站上支持者可以申請個人帳號；可以寫部落格，可以利用網站的各項工具，在全美各州組織地方團體，認識其他支持者，並且協助捐款。當競選網站變成了支持者與志工習慣的社群網站。這個官網，就不是只能看官方說法的地方，而是充滿熱情、互動的社交網路。當其他候選人仍然把網路經營侷限在政策宣導工具單一功能的時候，歐巴馬陣營已經動員了草根力量，組織選民的參與，透過社群自發性的組成力量，奠立了深厚的群眾基礎。

　　而柯文哲選戰勝利，則是因為善用網路行銷的數據分析優勢，把握網路行銷小資金，卻能發揮大曝光與借助社群平台的行銷力量。在網路社群中只要找出 20 個時下年輕人感興趣的主題，一個主題號召出 5,000 人來，就可能產生 10 萬張選票的影響力，網路上的這群隱藏對象不藍不綠，甚至過去可能從未踏進選舉場合，是真正的白紙，最純的「鐵票」。

　　柯文哲競選台北市長期間，在善用網路行銷小資金發揮大曝光策略上也曾遇到極待解決的問題，原因為台灣的政治獻金法 [9] 對於捐款金額、捐款人身份驗證有嚴格的規定，在讓人心驚的充公條款下，大部分的政治捐款網站都寧願把所有警語法條列出，請捐款人填寫所有可能需要、但不一定必要的基本資料，這就是大部分捐款流程都無法做好使用者驗證的原因。不過，負責改版的競選團隊設計師與專案管理人，當時花了很多時間瞭解法律規定的本意，然後嘗試在法條中找到方法。在深入政治獻金法與過往案例後，他們釐清各個不同身份的捐款人在不同捐獻金額下，應該要提供的資訊，再回頭分類柯文哲的捐款者類型，最終設計出以服務最多數的捐款者為主的流程，並只在必要時才要求捐款者提供法定該申報的資料（張育寧，2014）。

　　另一方面，在借助社群平台的行銷力量上，競選初期，柯文哲就設置了陽春版官網網站。當時的概念很簡單，沒有錢買電視廣告，柯文哲的官網就是最便宜的個人頻道。柯文哲競選官網改版，是如何從歐巴馬成功的網路策略中學習，同時讓市民認同「柯 P 新政」，讓素人一年變市長呢？其秘訣就在設計「理解路徑」。「柯 P 新政」是柯文哲競選期間整合施政政策，所提出的口號，運用口述短片的方式，分次針對不同的重要施政政策提出解釋，規劃藍圖，當時負責改版團隊做的第一件事，既不是寫程式，也不是設計使用者介面，而是做 Facebook 與原官網的流量交叉分析，將生硬的數據，畫成白板上的使用者足跡圖，立刻找出原本空有大量 Facebook 粉絲卻少有人捐款的原因，團隊發現：疑點一，有 22 萬人的粉絲團，為什麼政見貼文按讚人數卻寥寥可數。疑點二，為什麼柯文哲 Facebook

的粉絲，在官網停留時間極短。疑點三，從外網來的使用者，看政見影片秒數很長，但繼續點擊舊分頁的次數極低。張育寧（2014）運用數據的演算分析，直指問題的盲點，對症下藥，不但在分秒必爭的選戰節奏中，最短時間活絡了官網的社群功能，運用網路組織群眾，養成死忠的「粉絲」，也提升線上募款的轉換率，減輕了選舉經費的壓力。

就大數據實務操作經驗上，面對 Facebook 上粉絲團 22 萬人數，但實際對於政見貼文按讚比例卻不高，原因來自於 Facebook 的新舊演算法與下廣告兩影響關鍵因素。在新的演算法上，只能算入最近的關注人數，而下廣告卻會實際直接影響粉絲大量關注按讚主要因素。面對柯文哲 Facebook 紛絲人數，在柯文哲官網瀏覽上停留秒數很短暫以及外網來的使用者，看政見影片秒數很長，但繼續點擊舊分頁的次數極低，原因來自於想要透過 Facebook 粉絲團衝高候選人官網瀏覽率以及增加官網內容的瀏覽量，必須做好分頁導流連結技術與網頁點選誘因點選小腳，真正吸引網路瀏覽者的關注興趣，並方便網路瀏覽者的關注點選。最後，在柯文哲 Facebook 紛絲團與官網上，透過不斷地在 Facebook 下廣告與官網使用小額募款功能，強化網頁導流技術連結，明顯增加網路使用者的長期關注，解決這三大疑點的問題，獲取更多人的關注與支持。

歐巴馬與柯文哲可以看成政治傳播上大數據運用的成功案例，但大數據在政治領域中，有幾個問題無法視而不見：

首先，政治情境多變複雜，行為主義只侷限於事實的分析與描述，先驗地假設研究事實的環境合法的在與維持，以大數據進行政治上的分析，並且期待能夠很準確的預測政治未來，仍有存疑，但對於已經發生的事件，大數據的確可以提供新形式的另類資訊解讀。

其二，在 Facebook 上的使用族群，多數為年輕族群，如要推估到母體全部，可能需要做相關預估檢測，即便麥爾荀伯格（Viktor Mayer-Schonberger）在其著作《大數據》（Big Data）一書中宣告，「樣本＝母體」的時代來臨，但依賴單一社群媒體推估母體仍有其風險存在。

以柯文哲所屬的台北都會區來看，因為大多數市民對新媒體的接收度高，使用社群平台的比例相對比其它縣市較為平均，因此，使用大數據資料探勘，較能準確預測社群風向趨勢；反觀如果在中南部地方選舉，因為大多數中高齡族群不太使用社群平台，是否一樣能準確反應社群風向，還是必須考量傳統民意調查方式，分層人口結構統計，才能分析與推估大多數民眾的反應，一昧相信大數據的力量，可能形成結果的偏誤，看區域與對象族群，使用合適的民意調查工具，有其必要性。

排除理性上的客觀分析，個人感性上的政治魅力，就更加難以用量化的方式來預測，以歐巴馬與柯文哲兩個案比較，歐巴馬本身更具備突出的政治智慧與領袖氣質，他非常相信大數據分析，但是很多時候面對現場民眾與記者的臨時提問，歐巴馬能立即顯現政治應對智慧，不會完全依賴數據分析結果，做出可預期的制式反應。大數據分析對歐巴馬而

言，更偏向參考社群趨勢的風向球，引領民眾，展現魅力型領導[10]特質，則是歐巴馬與生俱來的人格優勢；反觀，柯文哲因爲個性眞，不拘泥小節，往往面對媒體，容易講錯話再尋求事後的修正。柯文哲透過數據分析，推測民眾的期待與好惡，來修正自己的發言。柯文哲的當選，有部分原因取決於當時的社會氛圍，民眾長期對台灣兩大政黨不滿，對政治上的語言感到厭倦，覺得受到欺騙，柯文哲在當下滿足了選民的期盼，透過大數據分析強化議題而錦上添花，因此得以促成在此次市長選舉當中的出線。

　　大數據應用於複雜的政治傳播領域，在成熟的網路與社群連繫下，逐漸改變了政治取樣的生態，巨量資料幫助我們找出隱藏背後的眞正原因，協助政治人物做出更正確的政治判斷，在複雜的政治因素影響探勘資料的過程中，留意政治情緒帶來的網路匿名、偏鋒、造謠與激化等隱藏的政治假象，是降低主政者對於情勢誤判的方式。大數據分析是一項工具，巨量資訊的世界中，我們永遠無法撈取完整、全面的資訊，當然也就不會有絕對正確的預測。保持「人」的直覺，也許才是大數據資訊價値線索的關鍵。

# 註　釋

1. 資料探勘（Data mining），又稱爲數據挖掘、資料挖掘、資料採礦。資料探勘一般是指從大量的資料中自動搜尋，挖掘隱藏於大量資料中的有著特殊關聯性的資訊的過程，通常與電腦科學有關，並透過統計、線上分析處理、情報檢索、機器學習、專家系統（依靠過去的經驗法則）和模式識別等諸多方法技術來探取資料（Fan & Bifet, 2012）。
2. 大數據的分析處理與傳統資料處理的差異在於，大數據的數據集合是無法在一定時間內用我們現有的常規軟體工具就其內容進行抓取、管理和處理。因爲大數據的資料不但大量，且不具相關性，也不像傳統資料那樣具結構性；因此傳統的資料處理方式就不再適用（張文貴，2013）。
3. 網路新媒體亦被稱做第四媒體。部落格、入口網站、搜尋引擎、虛擬社群、RSS、電子信件／即時通訊／對話鏈、部落格／播客／微博、維客、網路文學、網路動畫、網路遊戲、網路雜誌、網路廣播、網路電視、掘客、印客、換客、威客／沃客等。
4. 議題設定理論的核心觀點在於議題顯著性的轉移（transfer of salience），多數議題設定相關研究在於探討媒體報導中的議題顯著性是否會與民眾所認知的議題顯著性有關（陳憶寧，2003）。理論創始人 McCombs 將前者（what to think）稱爲第一層級的議題設定理論（the first level of agenda setting），而把後者稱爲第二層級的議題設定理論（McCombs & Shaw1972; McCombs,1995; McCombs, 1997）。
5. MG149 案，是 2014 年臺北市長選舉期間的爭議事件。無黨籍市長候選人柯文哲爲國立

臺灣大學醫學院附設醫院加護病房外科主任、並擔任臺大醫院 MG149 專戶的計劃主持人。中國國民黨立委羅淑蕾質疑柯文哲在 MG149 之外私設帳戶，涉嫌貪污、洗錢、逃漏稅等。對 MG149 帳戶本身，監察院審計部調查後認為「未發現違反『會計法』及該院『學術研究支援專款管理要點』等相關規定情事」，MG149 之外私設帳戶部分尚在檢察部門調查之中。

6. 保障隱私權：21 世紀的開放資訊平台，也可能誘使組織侵害公民的隱私權。電腦運算能力的大幅提升、儲存成本的下降、以及資訊的大量流動，這些數位時代的特性為我們帶來許多好處，但同時也產生濫用的危機。我們需要明智的保護措施，以保護新世界的隱私權。

7. 一組巨大的數據資料，透過存儲和分析服務，使分析人員、科學家與企業組織對所有形狀和特徵的大數據來進行分析和處理。

8. 美國食品藥品監督管理局（U.S. Food and Drug Administration, FDA）為直屬美國健康及人類服務部管轄的聯邦政府機構，其主要職能為負責對美國國內生產及進口的食品、膳食補充劑、藥品、疫苗、生物醫藥製劑、血液製劑、醫學設備、放射性設備、獸藥和化妝品進行監督管理，同時也負責執行公共健康法案（the Public Health Service Act）的第 361 號條款，包括公共衛生條件及州際旅行和運輸的檢查、對於諸多產品中可能存在的疾病的控制等監管。

9. 政治獻金係指對從事競選活動或其他政治相關活動之個人或團體，無償提供之動產或不動產、不相當對價之給付、債務之免除或其他經濟利益。

10. 魅力型領導者有著鼓勵下屬超越他們的預期績效水平的能力。這種領導者不像事務型領導者那樣不擅長預測，而是善於創造一種變革的氛圍，熱衷於提出新奇的、富有洞察力的想法，並且還能用這樣的想法去刺激、激勵和推動其他人勤奮工作。此外，這種領導者對下屬有某種情感號召力，可以鮮明地擁護某種達成共識的觀念，有未來眼光，而且能就此和下屬溝通與激勵他們的工作方向。

## 📖 參考書目

Inside（2014）。〈小心別掉進陷阱裡，大數據專案失敗的八個理由〉。取自 http://www.inside.com.tw/2015/06/10/big-botched-data

王宏仁（2014）。〈柯文哲與歐巴馬〉。取自 http://www.ithome.com.tw/voice/92807

王豐勝、黃彥文（2013）。〈Big Data 時代啟示錄—雲端巨量資料的國際潮流與產業需求〉，《經濟前瞻》，123-128。

何溢誠（2014）。《政治傳播：台灣選舉研究》，復旦大學博士論文。

李沃牆（2014）。〈銀行業善用大數據提升績效〉，國政研究報告。取自 http://www.npf.org.tw/1/14587

周芊、康力平（2014）。〈網路社會動員的新研究取徑 - 社群巨量資料分析〉。《空大人文學報》，23: 29-46。

林俊宏譯（2013）。《大數據》，台北市：遠見天下。

金瑞（2015）。《大數據時代的無限商機》。新北市：柿藤。

柯文哲（2015）。《白色的力量3─柯P模式：柯文哲的SOP跟你想的不一樣》，台北市：三采。

洪永泰（2015）。《誰會勝選誰會凍蒜》，台北市：天下文化。

科技中心（2014）。〈比臉書廣告準 16 倍　Qsearch「大數據」分析助柯文哲〉。取自 http://www.ettoday.net/news/news-list.htm?from=3q4fd7

風傳媒（2014）。〈果蠅優化算法解碼大數據資料〉。取自 https://tw.news.yahoo.com/ 果蠅優化算法 - 解碼大數據資料 - 風傳媒 -140300076.html

張文貴（2013）。〈積極面對「大數據」時代的變革趨勢〉。《品質月刊》，49(11): 7-11。

張育寧（2014）。〈柯文哲網路競選策略大揭密：官網流程改版，成功募 3,000 萬競選經費〉。取自 http://buzzorange.com/2014/12/25/kps-internet-election-strategies-1/

陳憶寧（2003）。〈2001 年台北縣長選舉公關稿之議題設定研究：政治競選言說功能分析之應用〉。《新聞學研究》，74: 45-72。

創市際（2015）。〈社群服務調查與台灣社群服務類型網站使用概況〉。取自 https://www.scribd.com/fullscreen/271647063?access_key=key-48FQtogIm2zAsVEGb5Bv&allow_share=true&escape=false&show_recommendations=false&view_mode=scroll.

彭懷恩（2007）。《政治傳播：理論與實踐》，台北市：風雲論壇。

鈕則勳（2002）。〈傳播科技與競選策略：以 2001 年選舉民進黨為例〉，國政研究報告。取自 http://old.npf.org.tw/PUBLICATION/IA/091/IA-R-091-050.htm

黃薇如（2014）。〈Yahoo 電子商務如何應用大數據來未卜先知？〉。取自 http://yahoo-emarketing.tumblr.com/post/120335619396/yahoo 電子商務如何應用大數據來未卜先知

鄭宇君、陳百齡（2014）。〈探索 2012 年台灣總統大選之社交媒體浮現社群：鉅量資料分析取徑〉。《新聞學研究》，120: 121-165。

簡宏偉（2015）。〈政府決策與巨量資料分析及應用〉。「政府良善治理：實務與學術的世代對話」。台北：中國行政學會會員大會。

Aragón, P., Kappler, K. E., Kaltenbrunner, A., Laniado, D., & Volkovich, Y. (2013). Communication dynamics in Twitter during political campaigns: The case of the 2011 Spanish national election. *Policy Studies Organization*, 5(2), 183-205.

Barnes, T. J. & Wilson, M. W. (2014). *Big data, social physics, and spatial analysis: The early years*. Geography Faculty Publications.

Chadwick, A. (2006). *Internet politics: State, citizens, and new communication technologies*. Oxford: Oxford University Press.

Fan, W. & Bifet, A. (2012). Mining Big Data: Current Status, and Forecast to the Future. *SIGKDD Explorations*, 14(2), 1-5.

Gold, M. K. (2012). *Debates in the digital humanities*. Minneapolis, MN: The University of Minnesota.

McCombs, M. & Shaw, D. (1972). The agenda-setting function of mass media. *Public Opinion Quarterly*, 36, 176-185.

McCombs, M. (1995). *The Focus of Public Attention*. University of Rome La Sapienza.

McCombs, M. (1997). *New frontier in agenda setting: Agendas of attributes and frames*. Chicago: Association for Education in Journalism and Mass Communication.

Fang, Z. & Li, P. (2014). The Mechanism of "Big Data" Impact on Consumer Behavior. *American Journal of Industrial and Business Management*, 4(1), 45-50.

# 第十章　大數據與紙媒轉型及運用

銘傳大學新聞系主任　孔令信

# 前　言

　　紙媒的前途自 2008 年以後就有江河日下的趨勢，在尋求轉型的過程中，有採取併購模式，也有採取結束紙本純走網路報的模式，也有結合新媒體，進行更大的轉型實驗，還有……，然而，不少轉型實驗始終找不到更大的利基，反而是廣告市場愈來愈快速地向新媒體位移，更麻煩的是受眾也大量地轉向新媒體，造成紙媒更大的危機。《紐約時報》推出的網路付費牆（paywall）好不容易找出一條出路，不過，媒體市場的變化太快，並非每家紙媒都可以採取；《華盛頓郵報》在葛蘭姆家族的經營下，同樣擋不住新媒體的即時、互動與快速的衝擊，轉手賣給電子商務、虛擬書店經營高手貝佐斯，貝佐斯採用的是大數據分析，透過雲端運算，深入消費者品味而提供更多的服務，這種主動行銷手法與策略，在社群媒體中特別盛行，影響力也特別大，顯然有可能帶給《華郵》轉型的新契機。大數據能否帶給紙媒另一波高峰？能否對國內四大紙媒體集團提供轉型啟發？本章分五節論述如下。

# 第一節　網路新媒體的興起 vs. 紙媒的危機與轉型

## 壹、紙媒的危機

　　2008 年美國先是爆發二房（房地美、房利美）危機[1]，接著雷曼兄弟（Lehman Brothers）、美國保險集團（AIG）及美林公司（Merill Lynch）三家公司也紛傳財務困難，市場後續效應擴大。小布希政府疲於奔命，勉強平息二房危機，也同意美林併入美國銀行，但是對於雷曼兄弟，則採取保留態度。9 月 13 日美國雷曼兄弟宣布倒閉，麻煩的就是這個後續的骨牌效應，多年來金融衍生性商品的浮濫與虛誇，在這時候全部被引爆出來，形成一個大風暴，除了使得華爾街股市重挫之外，更重要的就是在一連串的激盪下來，這股風暴竟然變成金融大海嘯。

　　這一年正逢美國大選年，民主黨的歐巴馬團隊籍由這個機會，再加上他的小額捐款策略與 e 化選戰運作，讓他順利擊敗小布希的接班人麥肯，成為白宮新主人。

　　歐巴馬贏的策略中最驚艷的就是網際網路上的大串連，不但連結了支持歐巴馬的群眾，更重要的是許多選舉上重要訊息在他的支持者中相互流傳，上傳下傳之間，互通有無，形成快速且緊密的連結系統，這個系統一發動起來，就可以隨時動員歐巴馬的支持者，形成一股強大的力量，而網上的聊天與交換意見，吸引更多「志同道合」的人，特別是年輕上網族，在線上很快就能溝通起來，歐巴馬就成了他們溝通與談話的核心。從麥肯陣營後來也發現網際網路的重要而開始急起直追，就可知道，歐巴馬在這次大選中已成功

地開創了網際網路選戰的新模式（*The Economist* print edition, 2008）。

2008 年的金融海嘯衝擊帶來最直接的傷害就是經濟成長率的急速下滑，失業率飆升，影響最大的就是美國的汽車業、金融業還有傳播媒體業，特別是傳統媒體。像擁有《洛杉磯時報》（Los Angeles Times）、《芝加哥論壇報》（Chicago Tribune）的論壇報業集團（Tribune）首先宣布破產。2009 年 2 月底，有 150 年歷史的丹佛《洛基山新聞》（Rocky Mountain News）也熄了燈。同年 3 月 16 日，百年老報《西雅圖郵報》（Seattle Post-Intelligencer）也停止報紙印刷，成為首家全面轉型為網路報的紙媒。不少平面媒體特別是地方性媒體紛紛結束紙本印刷而改為網路報，連《紐約時報》也不得不販賣旗下的球隊來節省成本，更重要的是《紐時》的頭版從不刊登廣告的作風也改變了！形勢比人強，相對地，網路媒體角色愈來愈吃重！

另一方面，經濟衰退效應持續擴散，讓 1922 年創刊的全球知名雜誌《讀者文摘》（Reader's Digest）於 2009 年 8 月 18 日宣布破產重整，主因就是廣告收入的劇減，加上讀者閱讀習慣的改變轉向網路閱讀人愈來愈多，《讀者文摘》的銷路一路下滑，2008 下半年美國發行量跌至 820 萬本，2009 年 6 月宣布，把向廣告商保證的發行量由 800 萬下修至 550 萬本，發行期數也減至每年只出 10 期。

然而，《讀者文摘》這次的破產重整未能發揮起死回生效果，美國母公司歷經購併及債信問題，2013 年再度宣布破產重整。只是紙本發行還是直直落，頹勢難挽。撙節成本、縮編人事、財務重整勉強還能應付廣告量下滑，但在網路社群媒體大興，如 Google、Yahoo 等搜尋引擎，訊息隨時更新、可得的時代，讀者們顯然已無耐性再等上一個月再來品味幽默小品文或振奮人心的成功故事了！

同樣地，美國知名的新聞雜誌也紛受衝擊而不得不應變，《美國新聞與世界報導》（U.S. News & World Report）搶先在 2010 年停止發行紙本改發行網路版；《時代雜誌》（TIME）則在 2011 年宣布旗下 21 本雜誌全面數位化，推出行動載具版的電子書 App；接著創刊 80 年的《新聞週刊》（Newsweek）也在 2012 年 12 月 31 日出版了最後一期紙本版後，轉為網路發行。不過在 IBT 接手經營後，2014 年 5 月再度恢復發行紙本，但改走小眾菁英路線，定位為「優質、精美」商品，發行量則鎖定美國 7 萬份、歐洲 7 萬份，不再像以往 330 萬份一樣地大量發行，以節省印刷成本；同時一改過去零售方式，仿效《經濟學人》的訂閱模式，提高售價為 7.99 美元，比《時代週刊》每本貴 3 塊美元，以期彌補廣告量的流失。

從市場經濟來觀察是平面媒體的發行受到廣告量劇烈下滑的影響，而被迫轉型，其實在產業結構上來看，媒體整合平台與載具的快速更新，帶動閱讀習慣的改變，數位化只是基礎工程，媒體匯流已成為主流趨勢，更重要的還是內容加值與行銷，已成了傳播媒體產業鏈中的關鍵核心。新興網路媒體的快速與多元性，還有即時性與互動性取代了傳統媒體既有的優勢，這才是逼迫傳統媒體非轉型不可的主要原因。

## 貳、紙媒的轉型

　　紙媒的冬天驟降，寒冬來得既猛且烈，很多人都不看好平面媒體的遠景，更有人預言報紙工業將成爲明日黃花，是媒體業中的夕陽工業。最著名的預言就是來自亞馬遜網路書店（amazon）的 CEO 貝佐斯（Jeff Bezos），他在 2012 年接受《柏林報》訪問時就曾預言：「我非常確定一件事，平面印刷的報紙將在 20 年內消失。也許報紙將成奢侈品，由一些旅館提供作爲高級服務，總之，20 年內印刷報紙會成稀有品。」

　　然而，出人意料的 2013 年 8 月貝佐斯竟然買了已有 136 年歷史的全球知名的《華盛頓郵報》（The Washington Post），取代葛蘭姆家族，成爲《華郵》的新東家。與他自己前一年的預言背道而馳，意味著貝佐斯不是瘋了，就是他看到大家所看不到的新商機。開發這個新商機的關鍵還是 kindle 電子書閱讀器，未來是新媒體主導的時代，網路是無遠弗屆，而當紙本不再發行時，人們勢必要從行動載具上看新聞或從事商務活動，kindle 就會是重要的媒介平台。

　　2013 年 9 月 3 日至 4 日兩天，貝佐斯旋風式拜訪華郵總部，在和編輯部的記者與編輯們面對面的談話中，貝佐斯建議《華郵》員工可以借鑒亞馬遜的經驗：顧客至上，而非一味追求廣告營收；其次，新聞報導不可譁衆取寵；最重要的是，報導內容絕不可乏味（鍾玉玨，2013）。

　　談及未來經營的方向時，貝佐斯指出，如何重新培養讀者「每日閱報習慣」將是他計畫的核心。至於如何落實這個計畫，第一，郵報說不定可與亞馬遜進行跨界合作，讓消費者可輕鬆在亞馬遜訂到報紙，就像在亞馬遜下單買尿片一樣簡單。第二，他主張報紙不應只是把一系列獨立的新聞湊在一起而已，而應包裝成一個系統或包裹，貝佐斯說：「大家願意付錢吃到飽，但不會付錢單買一條新聞。」第三，報紙的賣點在內容，所以新聞必須兼具重要性與說服力，滿足讀者知的權利，廣告營收自然會跟著來（鍾玉玨，2013）。

　　和貝佐斯的經營模式不同的是《紐約時報》，《紐時》在 2008 年的金融大海嘯重創下，一度賣了頭版作廣告，也把集團旗下的球隊給賣了！報份與廣告一度也往下掉。但是，數位化轉型的工作也在這時候啓動。2010 年 9 月《紐時》大老闆索茲柏格（Arthur Sulzberger Jr.）在倫敦媒體峰會論壇上就開玩笑地說，「在未來的某一天，我們將停止印售《紐約時報》，確切日期尚待決定（TBD）。」

　　當時他主要的任務就是向大家介紹《紐時》的「計量式的收費牆」（metered- model paywall）策略與執行情況，只是當時大家在意的反而是他所說的「笑話」，大家最關注的是他所說的「某一天」會是哪一天呢？

　　付費牆機制一直都是全世界矚目的實驗，若是《紐時》能夠成功的話，那麼全世界各大紙媒的轉型就有希望，因爲付費牆能夠讓在網上讀報的消費者不再免費閱報，對於報老

板來說無疑地就是可以讓每天都在虧損印刷的報紙止血。一旦消費者願意上網讀報，人數持續上漲，相對地廣告主也會看準這個趨勢而願意下單買買廣告。這樣整個報業的損益很快地就能夠達到平衡，對已日漸走下坡甚至被稱為黃昏事業的報紙雜誌來說，簡直就是一條新生之路。

2013 年第三季起，《紐時》的付費牆機制已經穩定運作，同時也開始逐步地賺錢，數位化已成《紐時》未來報業經營重點，索茲柏格特別禮聘 BBC 前總裁湯普森（Mark Thompson）來幫忙策劃更新的《紐時》新媒體平台。同時也讓兒子 Arthur Gregg Sulzberger 主持一個數位專案小組，經過半年的研究，整理出 96 頁的「創新」報告，來探討《紐時》過去的優缺點，並且尋找未來的發展方向與新的經營策略。報告分析的對象不是《紐時》傳統競爭敵手，而是像 First Look Media、Vox、赫芬頓郵報（Huffington Post）、Business Insider 和 BuzzFeed 等新媒體（cf. New York Times,2014/3/24）。

《紐時》以傳統專業報紙優勢兼具網路報新趨勢，尋求轉型模式來化解危機，它向新媒體借鏡，重訂發展方向與經營策略。顯然不同於貝佐斯的的「華郵實驗」，貝佐斯以亞馬遜經驗來整合《華郵》，思考模式是網路與電子商務式，他的操作則是運用雲端與大數據（Big Data）。

# 第二節　大數據的運用模式

## 壹、亞馬遜的大數據的形成

亞馬遜網路書店一開始便有計畫地蒐集每本書的國際標準書碼（ISBN），建立起 150 萬筆資料，讓貝佐斯不但有一個完整圖書資料庫，更便於管理，虛擬書店無需實體店面與展示書架，顧客線上訂閱，接著有無存貨或需向代理商進貨，…… 各項資料進進出出，日積月累就形成了一個巨大而全面的資料庫。同時亞馬遜還廣蒐絕版書與孤本書（獨存唯一的善本書之類），這些完整的書目與書碼，目前已累積 310 種數位化圖書目錄，每本書都有消費者的星等評比及沿伸閱讀書單。年末時還會整理出年度十大好書或百大暢銷書。

亞馬遜會忠實記錄顧客買過的每一本書、寄給誰、何時寄送等，完整保留客戶基本資料〔如信用卡號、收件地址、聯絡方式等〕，藉著這些購書記錄（顧客的所有資訊形成另一種大數據），再利用電子郵件主動通知顧客感興趣或正在尋找的特定書籍。由於有些顧客會購買各類的書籍贈給朋友，因此，amazon.com 的推薦書單與新書通知不僅針對顧客，也包括顧客的個人資料中所記錄的朋友與家人來個別推薦。

一旦成為亞馬遜的會員，登錄網路時，會有特別為個人量身訂做的推薦書單，網站會依據會員閱讀上的喜好與以往購書紀錄，做交叉銷售分析，會員專屬網頁，還特別建構個

人閱讀歷史。

此外，2003 年 10 月 23 日起，亞馬遜新增「書籍全文檢索服務」，讀者可以檢索查詢到網路上所銷售的 12 萬部以上的書籍，總頁數可達 3300 萬頁。主要目的是爲促銷，用戶完全免費。

從書本的基本資料一直到客戶的基本資料，來往之間形成的數據可以說是愈累積愈多，雙方互動之際更形成了巨量資料，亞馬遜並沒有讓這些數據塵封起來，反而從中挖掘出讀者有可能喜愛的相關書籍或者書評，主動提供給客戶參考。可以說大數據第一個特性（第一個 V）就是：巨量（Volume），在亞馬遜公司裡是隨時不斷地在增長。換言之，可供亞馬遜運用的相關數據是與日俱增且源源不斷。

起初，對 amazon 這樣小的公司才開始起步，根本無需要買到像甲骨文（Oracle）這樣貴的電腦系統，由於貝佐斯的堅持，他更要求程式設計師依著公司的需求來重新發展，也就是說，當初在買甲骨文電腦系統時他已經意識到售價雖高，可是當公司發展起來且壯大時，甲骨文的設備還是夠用。早期的 amazon 就是靠甲骨文的硬體設備與購買其他公司的軟體與自行開發出來的軟體，讓 amazon 可在短時間完整地建立起 150 萬筆資料，基礎上已超越像邦諾等實體連鎖書店。

此外，貝佐斯與蘋果的賈伯斯對於系統整合有著特殊的敏感度，特別是在垂直性整合上有極大的創見，賈伯斯從麥金塔開始，貝佐斯則從「一鍵下單」（1-Click-Ordering）專利軟體程式。主要設計概念就是方便顧客在訂購產品時，無需經過多道手續，只要點一下滑鼠就可完成訂購程序。這個設計在顧客首次下單時個人資料、付款方式輸入系統，下次再來買書時，網頁就會出現「一鍵下單」的按鈕，可以方便顧客馬上下單，快捷且便利，這樣的作法不但贏得顧客的青睞，更是走在 Google 之前。

「一鍵下單」的訂購系統，除加快買書、取書、送書之外，客戶的個資這筆大數據正好提供給 amazon 做更多的服務、中介與行銷，就像書評的寫作讓客戶自由發揮，而這些發揮也成了推銷新書的重要媒介，資料一直都在 amazon 電腦系統上流通與儲存，造就日後亞馬遜最重要的競爭力。

上線，2009 年更引進彈性運算雲（Amazon Elastic MapReduce），MapReduce 是 Google 提出的一個軟體架構，用於大規模數據集（大於 1TB，1TB=1024GB，相當於一萬億個 byte）的並行運算。運用「Map（映射）」和「Reduce（歸納）」兩大概念，常用在 WEB 索引、數據探勘、金融分析、日誌文件分析、科學模擬與生物信息研究等。

使用亞馬遜的雲端計算服務 EC2（Elastic Compute Cloud）和 S3（Simple Storage Service）客戶無需自行搭建大規模數據處理環境，亞馬遜能在短短幾分鐘內做出一定規格的運算，它是以小時計費，客戶還可以利用伺服器個體執行自家的程式，不必再另行購買電腦。在 EC2 和 S3 上亞馬遜利用預先配置的 Hadoop 工作環境提供了 EMR（Elastic

MapReduce）服務，對資金不充裕的中小型公司來說，非常方便執行大數據分析（城田眞琴，2013）。此外，amazon 還可以幫忙個別公司打造內部通訊系統與獨立運作網路，並管理商品結帳、運送到其他零售商的流程。

2011 年 amazon 進一步地啓用「雲端硬碟」（Cloud Drive），提供給客戶將數位檔案上傳到亞馬遜的伺服器儲存。雲端服務除了快速的運算之外，還有可容納巨量的資訊，這些對 amazon 來說又是一個「大數據」，除可供自家研究分析外，更能產生新商機。

從網路書店一直跨足到「什麼都可以賣」，隨著網路科技的發展，亞馬遜整合系統的模式在 2007 年 11 月 19 日推出 kindle 這個新型的電子書閱讀器。在行動時代的來臨之際，kindle 成了一個重要的平台與利器，讓亞馬遜能立於不敗之地。

2013 年 8 月，貝佐斯以私人名義花了 2.5 億美元買下有 136 年歷史的《華盛頓郵報》，亞馬遜帝國橫跨紙媒。2014 年貝佐斯更涉足視訊串流（video streaming）服務與網飛（Netflix）競爭激烈。砸下約 20 億美元購買與自製影集，皆由亞馬遜的隨選視訊（VOD）服務系統「Prime Instant Video」（一次十集）播放，其中《透明家庭》（Transparent）電視影集初試啼聲就拿下 2015 年金球獎男主角與最佳影集兩項大獎。

總之，貝佐斯的整合系統愈來愈多元與複雜，亞馬遜數據的多樣性更是豐富，這也正反映出大數據第二個特性（第二個 V）：多樣性（Variety）。

亞馬遜帝國不僅數據多樣，據《富比士》（Forbes）雜誌報導，五百項量化指標，有80% 與顧客服務有關，有人用複雜的計算程式來處理消費者習慣，進而探索新顧客的推薦名單；有人專門檢視缺貨商品，要讓這個缺貨時間降低。還有人專司每小時更新暢銷商品排行榜，掌握流行趨勢……指標巡邏隊嚴格管控所有相關項目的數據，對整個亞馬遜來說，網頁資訊若是慢 0.1 秒時，消費者決定購買的可能性就會降低 1%。在海量數據中有條不紊之外，更需要講求時效，不然再多量的數據也沒有意義，同樣地，再快速度的資訊，但是卻是有誤差的資訊，對消費者而言也是毫無效率可言。在亞馬遜的如此講究之下，我們看到大數據的第三個特性（第三個 V）就是：快速（Velocity）。

## 貳、Kindle 的實驗與運用

對於貝佐斯來說，創新是唯一的出路，他在 kindle 的實驗上就是一個最好的示範。貝佐斯會設「126 實驗室」（Lab126）發展電子書這一大塊商機，主要還是受賈伯斯的影響，2003 年 3 月 4 日，蘋果推出了 iTunes，賈伯斯的豪語是有些實體商品是沒有必要存在的，CD 是第一個被數位化革命的對象，從那時起音樂可以被數位化，透過網路傳送，實體 CD 的生產成本與郵寄費用全都省下來。貝佐斯既是經營書店，書的數位化革命對他來說就是當務之急的工作。

　　Amazon 從 2004 開始進行研發，這個工作小組叫做「126 實驗室」（Lab126），他們宣稱要「改變世界」，同時正在研發「史無前例，高度整合的消費者產品」，主要的領導專家是柴爾（Gregg Zehr），他曾是蘋果旗下的工程師，他在矽谷設立新公司並向蘋果與數位個人助理 Palm 挖角，在 2007 年 11 月 19 日推出 kindle 這個新型的電子書閱讀器。

　　早在 1968 年全錄的凱伊構想出「動力書」，是部圖形介面的可攜式電腦，也可以下載數位化的書籍供人隨時隨地閱讀。凱伊的構想當時沒有被全錄公司所重視，而圖形介面的概念被賈伯斯拿去運用開發出麥金塔電腦。如今電子書也開始被大量推廣，在 kindle 之前，索尼（SONY）也在 2006 年時發表第一代電子書閱讀器 Sony Reader，但效果不佳。kindle 做了改良，非常便利使用，因為有 Wi-Fi 連線功能，用戶不必連結電腦就能直接連上亞馬遜的網站。也就是說，kindle 充分運用電腦與網際網路的技術，打造了紙本書所不可企及的功能。kindle 問世時亞馬遜提供下載的電子書高達九萬種，一部 kindle 可以同時儲存兩百本電子書，這些優勢都是索尼無法望其項背的。

　　這些優勢源自於在開發 kindle 時，貝佐斯堅持 kindle 就是更理想的書籍形式，它和實體書最大的不同就是它有獨特性，而不是模仿實體產品。他說過：「你不能一直對紙本書下工夫，你應該提供紙本書做不到的功能，例如內建字典、變換字型、六十秒完成的無線傳輸等。我們必須做出比實體書籍更好的產品。」（理察．布蘭特，2012）。

　　儘管如此，kindle 的競爭對手也不少，蘋果的 iPad 就是其中最強勁的對手，雖然 iPad 售價比 kindle 高許多，但是卻具有更多功能，不單只是閱讀器而已。然而不可否認的從 2007 年起，kindle 開創了電子書的時代先聲，在這場豪賭中貝佐斯是初步的贏家。

　　126 實驗室成功開發出 kindle 的經驗明顯地會被複製在日後 amazon 的所有創新歷程，像改造《華郵》的工程中，貝佐斯在紐約設立的設計與技術團隊，就是整合《華郵》既有的新聞菁英、新聞產製流程與網路平台、電子商務的實驗室。預料未來《華郵》的更多內容產製與行銷模式，極有可能會從這個實驗室中開發出來。

　　總之，kindle 可以說是書本的數位化革命，電子書改變的閱讀習慣，也改變實體書的行銷市場。但是 kindle 的實驗模式與革命精神能否延伸與複製到報紙或雜誌呢？特別是在《華郵》的改革上，能夠發揮怎樣的作用呢？

## 第三節　大數據與紙媒轉型：《華郵》的新實驗

### 壹、彩虹計畫的推動

　　若是認為電子商務專家就能夠讓《華郵》起死回生的話，無疑地，貝佐斯會是最佳人選，但是事實上，要讓紙媒轉型重新再出發，電子商務只能說是手段之一。貝佐斯最感興

趣的還是用平板電腦讀報的經驗,這應該是 kindle 的成功與經驗複製的開始。然而,貝佐斯在《華郵》的新布局顯然不能光靠一個 kindle 經驗,報紙與書本營運模式明顯不同,所以進駐華郵總部時,貝佐斯最大的策略就是將編輯部翻轉做為像 126 實驗室一樣的實驗大平台。

首先,師法網路報《赫芬頓郵報》(The Huffington),針對外部分析和評論,推出一個撰稿人網路平臺。其次,《華郵》還推出一系列新的博客平臺,並準備將業務運營時間拓展至全天 24 小時,以便跟蹤網路上熱議的話題和新聞線索。第三,研發類似谷歌眼鏡 Glass 這類設備推送新聞。第四,應用 Snapchat 及私密社交應用 Secret 的智慧手錶應用平臺,分享「閱後即焚」照片。

以上皆為數位實驗室改造《華郵》的發展策略,加上亞馬遜的電子商務運作這就是貝佐斯以 kindle 為核心的「彩虹計畫」(Project Rainbow)。的確,讓《華郵》網路這一塊發展茁壯。過去一年的《華郵》,據 comScore 的數據顯示,《華郵》網站在 2014 年 7 月實現 3950 萬獨立訪客的最高流量記錄,成長 63%。數字的成長是在網路這部門,但是紙媒部門截至 2014 年 3 月份的 6 個月平均日發行量已降至 43.5 萬份,低於 2012 年同期的 47.2 萬份和 2002 年的 76.9 萬份。消長之間顯示出,隨著平面廣告收入下滑以及讀者群向網路遷移,整個報紙行業仍處在困境之中。

「彩虹計畫」企圖將《華郵》帶進電子新生代視野的秘密計畫,主要設計是為《華郵》開發一項新聞導讀 App,裝在 amazon 新的 kindle Fire 平板中。關鍵是,郵報的內容在 kindle Fire 平板上,先走免費路線,以利吸引更多年輕世代的讀報族,並逐步發展成為 kindle Fire 平板上的一個核心功能,當然也藉此將亞馬遜的所有相關企業都整合在同一個大平台下。

然而,若是貝佐斯以為這樣就能改造《華郵》的話,那他注定會失敗。改造《華郵》明顯地不只是靠電子商務或平台融合,內容整合更形重要。沒有完整、精確的報導與專題,光有 kindle 是無濟於事的。內容的經營,無疑地就是《華郵》136 年長期累積下來的優勢,但是內容的整合與內容的行銷,明顯地會是華郵未來最該強化的重點。能幫助《華郵》走向這個新方向,還是得靠大數據加值。這裡也點出了大數據的第四個特色(第四個 V):價值(Value)。

## 貳、改造實驗的啟示

經過一年的貝佐斯實驗結果,2014 年 4 月 14 日總編輯巴倫領導下的《華郵》與《衛報》美國版同獲普立茲公共服務獎,獲獎作品是系列報導愛德華 · J · 斯諾登(Edward J. Snowden)洩露美國國家安全局(National Security Agency,NSA)機密文件事件,披露

NSA鋪天蓋地的國內外監聽行動，引發國際社會對美國政府監聽範圍的熱烈爭議。兩報當時還受到美英兩國政府的嚴厲批評，不少議員更是抨擊兩報對國安造成威脅。但是對於新聞專業的堅持與挖掘事實眞相的努力，再度受到社會與傳播界的肯定。只是獲獎的專業肯定，並未贏得更多報份，也無法挽回廣告日趨流失的危機。業界與市場的巨變趨勢提醒我們：

　　一、年輕世代還是需要看新聞，但是他們不需要像傳統媒體所提供的那種百貨公司式的綜合新聞，他們想要的是客製化與有特色的訊息，完整而有用的消息。大數據分析可以更全面、快速與重點化抓住消費者最即時與想要看到的新聞。（相對地，傳統媒體對新聞的定義與新聞產製流程也需要全盤改變，特別是在「大眾」特性上，新媒體的分眾性已經裂解大眾傳播的中間核心，分眾傳播的時代已經來臨。傳統的傳播給予受眾新聞的模式已然改變，受眾與傳播者是互動與平等的主體，新聞和輿論不再是媒體的特權，閱聽者的主權明顯提升）。

　　二、善用圖表新聞Infographics，在大數據時代，數據的解析與圖像化是一氣呵成的，要能成爲即時有用的數據，還是靠解析，不是什麼新聞都要配上圖表才是王道，要有具體與特色的解析結合，才會讓圖表新聞更能創造新商機。（與消費者互動性的增強勢在必行，大數據提供消費者洞悉的分析之外，與消費者的互動就不僅在新聞報導的內容與評論，相關的電子商務也有可能融入其中，而圖像化呈現會是最方便與最簡潔地溝通管道，Infographics把大數據分析具體呈現，無疑地，增強了新聞的可讀性與可用性。可視覺性的影音新聞或圖表式的Infographics製作，同樣改變傳統紙媒的視覺焦點，在最短時間內以最直接與具體地圖像把新聞事件和盤托出，讓閱聽者即時掌握訊息、發表意見）。

　　三、多媒體、跨媒體的閱讀模式是未來新型的讀報習慣。雖然《華郵》紙媒一直都沒有起色，但是網路方面，由於貝佐斯用力甚深，而快速成長，貝佐斯一定會想方設法結合亞馬遜的kindle電子書閱覽器與電子商務，形成讀報平台，一旦讀者養成新的讀報習慣，紙媒轉型的成功機率就大大提昇。（新的跨媒閱讀平台像iPad、kindle等或者垂直整合平台像從雲端到分流各類行動載具及傳統媒體……都在快速更新，相對地，也養成更多元的新閱讀習慣。數位匯流與媒體整合就是垂直與橫向整合的綜合運用，以一雲多頻多螢的傳播模式，改變傳統媒體的產製流程，同樣地也改變了閱聽者的接受新聞的習慣）。

# 第四節　紙媒轉型與運用大數據模式

## 壹、《紐約時報》、《衛報》的轉型模式

　　《紐時》的96頁《創新》報告內容強調，未來發展兩大目標：增加閱聽人及強化新

聞編輯室。兩者又是相輔相成。當務之急在培養更多的閱聽人，方法有三：一、發掘：包裝與傳遞新聞方式勢必得創新；二、推廣：要讓更多人看到《紐時》的新聞；三、連結：強化媒體與讀者雙向關係，增加閱聽人的忠誠度，要做到這三項，關鍵還是得回歸到新聞編輯室的功能強化上。

如何來強化新聞編輯室，重點有三：一、與專注於讀者體驗的業務部門合作：對於有助提升讀者體驗的相關單位，尤應納入整合；二、成立新聞編輯室策略小組：持續瞭解競爭對手的策略、科技的變遷和無常的讀者行為；三、讓新聞編輯室眞正以數位優先：重新思考當前以紙媒為中心的傳統、全面評估數位化需求、想像未來的新聞室，是當前刻不容緩的任務（cf. New York Times,2014/3/24 *Inovation*）。

《紐時》除了推動付費牆，在內容方面強化了訊息分析與整合，將複雜的新聞事件視覺化及圖表化，不但幫助讀者在最短時間內瞭解整個事件的來龍去脈，更重要的是圖像化減少了文字壓力之外，讓讀者更容易懂得整個事情的發展過程。

其實，不少傳統主流媒體在尋求轉型的過程都有和《紐時》類似的困境和改變模式，然而大都因為廣告量始終拉抬不起來，而很難維持下去。不過，還是有少數例外的，就像英國《衛報》（*the Guardian*）。《衛報》強調「數位第一」，進而建構整合性編輯平台，它在2008年美國總統大選之夜便整合投影片、廣播、影片、部落格與資料新聞學（當時是以互動式資料圖表來呈現）加上傳統紙媒的報導，創下24小時內最高流量的紀錄（參考林麗雲主編，2013：99）。

《衛報》更在2009年3月啓動了它的「資料部落格」（datablog），也開啓了「數據新聞學」（Data Journalism）的先聲。重要的是《衛報》採取了「開放新聞學」的政策，有別於大多數採用付費模式的傳統媒體（參考林麗雲主編，2013：43，95）。這讓《衛報》不但開放讓讀者免費閱讀，也開放資源讓讀者參與並協助新聞的製作。其實《衛報》的操作就是數位匯流與媒體整合，同時開始大量使用大數據進行新聞內容的深度與全面性的調查報導。

再看大數據在選舉上的運用，2008年與2012年美國總統大選中都勝出的歐巴馬都與數據有密切不可分的關係，大數據的操作更讓他的競選團隊在籌募資金、分配競選資源與預測大選結果上發揮最有效的功能。

在大選預測的操作，歐巴馬的大數據分析團隊用了4組民調數據，建立一個關鍵州的詳細圖譜，他們做了俄亥俄州29,000人的民調（占該州人口0.5%），深入分析特定人口、地區及組織在任何設定時間中的趨勢。有了這樣的數據分析做為依據後，當歐巴馬在第一次辯論後，民意出現下滑情況時，分析團隊馬上可以去檢視究竟是哪些選民改變了立場？哪些依舊支持歐巴馬？同時也提供給歐巴馬與競選團隊調整或改變主打策略的建議。

民調數據與選民連繫人數每晚都在可以設想的任何情況下被處理、再處理。也就是不

斷地進行虛擬投票，瞭解可能發生的變化。分析團隊借重雲端運算每晚進行 66,000 次選舉，從這些虛擬投票中來計算歐巴馬在「搖擺州」的勝率（CNN, 2012）。

　　民調與大選素來有密切關係，不過，在台灣 2014 年九合一大選，這種關係出現了最新的變化。傳統主流媒體在選前十天做完了民意調查之後，按選罷法的規定便不再公布相關的民調數據，然而 11 月 29 日當天一開出票來，幾乎所有民調公司或媒體公布的數據全然走樣，傳統媒體在選前十天裡所能做的還是在版面或報導中做區塊的實力分析，同樣這些選前分析一樣失準。

　　當時台北市長候選人柯文哲團隊一開始就選擇了網路做為決戰的重要戰場，他的 Qsearch 團隊每天鎖定台灣 1400 萬臉書用戶，按出 6 億個讚的海量資料中去探勘網路輿論，提供給柯文哲競選團隊做決策參考。這個 5 人小組每天一開始就先抓出網路上前 40 名談柯文哲的文章，進行分析瞭解真正支持柯 P 的是哪些人？反對的又是哪些人？也就是在這樣的監控與探勘網路輿論，讓柯 P 瞭解到 MG149 帳戶在網上造成的嚴重影響，建議柯 P 發表「光明磊落」的聲明，讓這個原本頗具殺傷力的危機轉危為安。大數據分析顯然已成為取代傳統民意調查的利器。它也改變傳統選舉的操作，翻轉了傳統式的助選及拜票模式（田習如、顏瓊玉，2014）。

　　簡言之，這次的九合一大選不但讓傳統媒體看到新媒體整合與匯流的革命模式，同時也讓主流媒體見識到大數據在新聞操作上的模式。類似《衛報》的操作模式也在台灣出現。

## 貳、紙媒轉型中運用大數據模式

　　數據新聞學本身觸及的就是數據探勘、數據處理與新聞視覺化，以往累積的數據加上新生出來的數據，往往有可能形成更大的數據，但是數量雖多，卻不見得懂得使用。另外，不少文本本身就屬於非結構數據，更需整理；有些主流媒體數位化的概念，只是將文本用光碟或 PDF 檔儲存起來，同樣雖累積不少，卻還是需要重新整理才可以加以運算與跑出有價值的數據來。因此，在運用大數據時，數據探勘、數據整理變得非常重要。

　　經過數據整理之後，接著就是假設（if-then）的提出，不但決定了在雲端運算時的速度，更能影響跑出來的數據在做分析的精準性。對於新聞的產製與議題設定的操作上，這一段「假設」的精確提出，常會提供給新聞企劃者非常重要的訊息與創意。

　　像九合一大選民意的變化在最後十天內，這個變化在沒有民調的情況下，社群媒體像 FB、LINE 等卻有豐富的訊息一直在流動、互動、評論與操作中，如何撈取資料並進行精確數據分析，以做出未來結果的精準預測，顯然才是最關鍵的大數據在傳統媒體轉型時最該下工夫的地方。以下就是一個初步操作的模型：

　　1. **問題提出**：沒有辦法操作抽樣民調時，如何掌握連勝文與柯文哲最後十天的民意變化？

2. **數據資訊的整理**：大選期間民意論壇顯然最具批判性，也最能代表媒體的立場或政黨傾向，蒐集各大紙媒相關版面的所有評論，再進行比對與分析，顯然有助於掌握最後選情的變化與走向。例如設定以蘋果日報論壇版在選前一個月（10/29-11/30）一共 33 天的論壇刊出的 722 篇評論文章。

3. **運用運算法來尋找關鍵字**：從蘋果日報所選出的 722 篇評論，先進行文字雲（HTML5 World Cloud）處理，找出這一個月中影響最大、討論最多的核心字詞，進而探索由這個核心字詞引發的相關連結議題或人物（連勝文 70 次 vs. 柯文哲 50 次）。

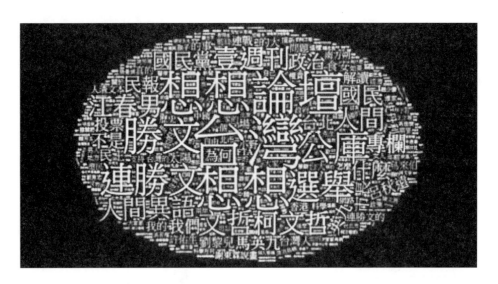

圖 10-1　文字雲分析蘋果論壇選前（10/29-11/30）標題中文詞出現次數圖示

表 10-1　文字雲分析蘋果論壇選前（10/29-11/30）標題中文詞出現次數最多前 20 名

| 序號 | 標題文字 | 出現次數 | 序號 | 標題文字 | 出現次數 |
|---|---|---|---|---|---|
| 1 | 台灣 | 54 | 10 | 市長 | 15 |
| 2 | 勝文 | 37 | | 英九 | 15 |
| 3 | 連勝文 | 33 | 11 | 投票 | 14 |
| 4 | 選舉 | 32 | | 馬英九 | 14 |
| 5 | 文哲 | 26 | 12 | 民主 | 12 |
| 6 | 柯文哲 | 24 | 13 | 太陽 | 11 |
| 7 | 國民 | 21 | | 食安 | 11 |
| 8 | 國民黨 | 19 | 14 | 台灣人 | 10 |
| 9 | 政治 | 17 | | 連戰 | 10 |
| 10 | 台北 | 15 | 15 | 連勝文的 | 9 |

1. **進行分析**：透過文字雲所透露出的其他字詞（通常出現在 2 次以上）進行相關連結分析找出相關性的議題與人物。進而進行作者分析，從出現次數最高的作者一直到最具影響力的作者，進行相關評論文的文字雲再處理，同樣找出核心字詞／人物，進行第二次的分析，瞭解這些字詞的正面意涵大還是負面意涵深，建構起蘋果日報評論版在選前一個月時的核心字詞架構，進而瞭解整版在選舉期間對於候選人的支持傾向與基本立場。當然每篇文章都附有點閱率，這個流量也成為我們判斷這篇評論造成的影響有多大？（基本結構是核心字詞出現次數愈高，負面影響愈高，像連勝文比柯 P 多，國民黨比民進黨多，馬英九比蔡英文多，顯示前者被批判的成分高於後者）。

2. **運用運算法找尋熱點變化周期**：借重 Google Trends 的分析，進行對特地特區、特定候選人之間的搜尋熱點處理形成固定周期的曲線圖，以供分析。接著再從搜尋熱度與事件對比來瞭解在選舉期間重大事件對於候選人的影響，究竟是正面／負面，不是只在數量上下工夫，而是同時瞭解其深度。（對應選舉期間各項事件，連勝文 vs. 柯文哲的熱度起伏，選前一直都是連高於柯，但是熱度都不超過 40 以上，顯示在社群媒體上討論並不是很熱絡。但是到了 11/7 連柯電視辯論會時，兩人被搜尋熱度旗鼓相當，分別為 81vs.82，熱度加溫之外，到了姚立明說柯 P 會以 80 萬票當選，此時熱搜連 100 柯則掉到 79，最後連戰混蛋說一出，連 85 柯開始往上飆到 89，最後一周柯再上升，連則下降）。

圖 10-2　從 Google Trends 看連柯搜尋熱度變化

資料來源：聯合報 udn《2014 九合一選舉》。（圖中三條線最底下平點的是候選人馮光遠的熱度變化曲線，中間第二條曲線為柯文哲的熱度變化曲線，最上端的則是連勝文的熱度曲線，柯與連的熱度起初是互有高下，中期後連的領先就逐漸明顯，顯示對連的負面討論偏高，到選前一周交叉，討論柯的熱度超過連。）

表 10-2　從選舉期間相關事件與 Google Trends 對照看連柯搜尋熱度變化

| 日期 | 事件 | 台北市長候選人 | 搜尋熱點次數（最高點） |
|---|---|---|---|
| 2014/8/4<br><br>2014/8/7 | ・王世堅看板廣告酸爆勝文<br><br>・連勝文競選微電影惹議 | 連勝文 | （8/3-8/9）28 |
| | | 柯文哲 | （8/3-8/9）15 |
| 2014/9/8<br><br><br>2014/9/11<br><br>2014/9/12 | ・柯P失言「婦產科只有一個洞、女人大腿中討生活」<br>・私設MG149帳戶羅淑蕾：柯文哲涉洗錢<br>・「如果像我一樣有錢？」連勝文首支電視廣告 | 連勝文 | （9/7-9/13）29 |
| | | 柯文哲 | （9/7-9/13）23 |
| 2014/10/9 | ・頂新集團一年內連出三次食安弊端，董事長魏應充，宣布請辭三公司董事長職務。 | 連勝文 | （10/5-10/11）27 |
| | | 柯文哲 | （10/5-10/11)31 |
| 2014/10/20<br><br>2014/10/21 | ・買地瓜丟垃圾桶？連勝文總部：遭抹黑<br>・連勝文一顆地瓜 引爆抹黑口水戰 | 連勝文 | （10/19-10/25）40 |
| | | 柯文哲 | （10/19-10/25）24 |
| 2014/11/4<br>2014/11/7 | ・柯辦爆出竊聽案<br>・連柯辯論會 | 連勝文 | （11/2-11/8）81 |
| | | 柯文哲 | （11/2-11/8）82 |
| 2014/11/9 | ・姚立明：柯P將以80萬票勝選 | 連勝文 | （11/9-11/15）100 |
| | | 柯文哲 | （11/9-11/15）79 |
| 2014/11/16 | ・連戰脫口「混蛋」風波 | 連勝文 | （11/16-11/22）85 |
| | | 柯文哲 | （11/16-11/22）89 |

資料來源：聯合報 udn《2014 九合一選舉》。

　　1.　**進行交叉分析**：由於 Google Trends 的分析是人物或事件周期與趨勢上的探索，和文字雲在核心字詞或人物的累積不太一樣。但是像連勝文與柯文哲都是兩種分析的重要對象，因此，會有重疊的地方可供比對與研究。

　　2.　**提出預測或解決方案**：人物與事件的操作中，在文字雲出現次數愈高者，負面影響愈高。在 Google trends 熱搜的程度在選戰初期並未有太大的影響，到了接近投票時，熱搜加溫時，議題與熱點就有密切關係，到了愈接近投票時，熱點更容易看出選民對某一候選人的喜愛程度。柯P陣營非常精確掌握這些熱度變化，應變策略隨之而出，讓 MG149

事件危機化解，就是致勝的關鍵之一，相對地，連陣營對於食安議題與頂新魏家的風暴應變無方，無法即時化解危機，反而成為選戰負擔。

從上述的在蘋果日報論壇版的實驗，文字雲與 Google Trends 都能處理巨量資料並提供數據進行分析，以瞭解更多相關性與可能性，顯然與以往的民調或者文本分析效果有著不同視野。在速度上與即時性明顯地超越過去，至於互動性更是提供豐富分析與瞭解事件的內容。有核心字詞次數、事件熱度流量的統計與數據、內容交叉分析提供了一個可以操作一個新模式來看選舉的變化，這樣的實驗對瞭解數據分析進而對大數據分析有一個粗淺的理解與認識！

在台灣紙媒轉型而又能運用大數據進行相關的內容整合工作，做得最穩健、最有進展的應屬 udn。2014 年九合一大選中，udn 就往昔聯合報系既有的選舉資訊進行整合而做成《2014 九合一選舉》（http://udn.com/vote2014/trend）專頁專區，提供給閱聽大眾回顧歷史並觀察選情的變化與預測選舉結果。同樣地，這也需要大數據來做背景，udn 結合 Google Trends 來進行，效果不錯。不但適時地反映選民搜尋熱度也提供長期觀察這些熱度在不同事件發展下來的變化，對整合選情與預測選舉結果有非常大的助益，這也是 udn 在選前十天民調截止公布的最後一次民調發表時，能比其他媒體更準確一點的原因所在。

聯合報系會朝這新媒體來前進，主要的理念就像聯合報數位創新處新媒體部副總官振萱，很明白地點出：聯合報現在是「邊做、邊想、邊學」！在這個實驗過程中「我們應該是目前唯一的實驗室（new media lab）概念，我們就是『互動說故事』的中央廚房」！在聯合報所打造的這個新實驗室裡，顛覆了傳統紙媒「說故事」的方式，在這裡所產製的內容（Content），以「圖表」和「互動式頁面」為主軸，更貼近習慣使用數位工具的閱聽者（吳凱莉，2014）。

2015 年 12 月 1 日，聯合報系進行最新的組織改造，聯合晚報併入聯合報，改設為新聞部九大中心，一個大團隊一個大平台分流輸出新聞內容，進行整個匯流與整合。日報、晚報、udn plus、udn focus，以及網站即時新聞，將由同一個新聞部產製。udn TV 面臨的最大挑戰就是廣告市場無法開發出來，只能重整，但是在網路這一塊的發展明顯地還是聯合報系轉型的最大契機與市場，總之，udn 更能結合大數據、圖表，不斷地實驗，它的圖表新聞在 228 事件與 318 學運一周年的表現愈來愈成熟，無疑地，也為它自己的轉型走出一條新路來。在這次組織大調整時，設置新媒體中心並設 3 組，分別為數位營運、內容創新、視覺設計組，體育數位平台內容中心由聯合新聞網指揮。網路結合新舊媒體的整合工程顯然在 udn 再度展開新的一次生存與發展的大實驗，若是能再結合貝佐斯在華郵實驗的優勢，報紙的改造成功是可以預期的。

最後，最新的紙媒轉型工程在香港老牌英文媒體《南華早報》出現，2015 年 12 月 11 日出售給中國電子商務龍頭阿里巴巴集團，《南華早報》網站實施近 10 年的付費閱讀制度

將取消，並全力推動透過行動設備發送新聞。保持採編獨立，以客觀、準確與公平的方針繼續報導新聞。顯然和貝佐斯的「《華郵》實驗」有同樣的模式，而行動載具結合未來新聞內容產製的工程愈來愈繁重，加上電子商務的優勢與對於消費者的大數據的分析與閱讀習慣的掌握，不但有助於內容行銷，更將改變紙媒的發展空間。

表 10-3　國內外紙媒轉型大事紀

| 日期 | 國內外紙媒轉型大事紀 | 備註 |
|---|---|---|
| 2008/3/16 | 百年老報《西雅圖郵報》停止報紙印刷，成為首家全面轉型為網路報的紙媒。不少平面媒體特別是地方性媒體紛紛結束紙本印刷而改為網路報。 | |
| 2009/8/18 | 全球知名雜誌《讀者文摘》（Reader's Digest）宣布破產重整。 | |
| 2013/8 | 貝佐斯以私人名義花了 2.5 億美元買下有 136 年歷史的《華盛頓郵報》，亞馬遜帝國橫跨紙媒。展開「彩虹計畫」（Project Rainbow）改造華郵。 | |
| 2014/3/18 | 國內太陽花運動，學生以零時政府做為平台，進行數位匯流與媒體整合實驗，新媒體被大量使用與實驗；蘋果日報、udn 與三立電視台等紛紛效法，進行媒體轉型工程。 | |
| 2014/3/24 | 《紐約時報》推出 96 頁《創新》（Innovation Report）報告內容強調，未來發展兩大目標：增加閱聽人及強化新聞編輯室。發展重點指向數位內容與網路傳播。 | |
| 2014/7 | 《華郵》網站在 2014 年 7 月實現 3950 萬獨立訪客的最高流量記錄，成長 63%。 | |
| 2014/9 | 香港占中雨傘革命，直播與社群媒體等新媒體大量被用在「公民抗命」運動上。 | |
| 2014/11 | 台北市長候選人柯文哲團隊一開始就選擇了網路做為決戰的重要戰場，他的 Qsearch 團隊每天鎖定台灣 1400 萬臉書用戶，按出 6 億個讚的海量資料中去探勘網路輿論，提供給柯文哲競選團隊做決策參考。 | |
| 2014/11 | udn 就往昔聯合報系既有的選舉資訊進行整合而做成《2014 九合一選舉》（http://udn.com/vote2014/trend）專頁專區。 | |
| 2015/12/1 | 聯合報系進行最新的組織改造，聯合晚報併入聯合報，改設為新聞部九大中心，一個大團隊一個大平台分流輸出新聞內容，進行整個匯流與整合。 | |
| 2015/12/11 | 香港英文《南華早報》被中國電子商務龍頭阿里巴巴買下。 | |

# 結　語

　　2008 年以後的挑戰，對平面媒體來說是殘酷與嚴峻的，轉型是勢在必行的路，紙媒集團業者們都有這個意識，問題是如何轉型。跨媒體的整合與數位匯流結合就成為紙媒轉型的基礎工程，問題是整合不能只靠併購這樣的商業手段，整合必須要立基於平台，接著則是結合跨平台（匯流）與內容（分流）的彙整，形成新的訊息與多元內容做為發行的重點，這種彙整其實就是在改寫「新聞」的定義、產製流程與實務操作。

　　然而，像賈伯斯的 i 系列產品，在載具上與背後的龐大的 iCloud 支援系統，形成了垂直系統的「分流→匯流→分流」系統，而作業系統與載具的多元功能讓行動更方便，反應更即時；再者像貝佐斯的 amazon 電子商務經驗加上雲端與大數據分析建構起亞馬遜的「數據治理」模式，不但加速訊息的發布、流通、儲存與再製，更要緊的是形成巨量的數據，成了深入問題、危機與決策研究、探討時的重要探勘依據，這樣的整合也無形中為大數據時代的來臨做好了紮根的工作，同時也帶來了商機。

　　貝佐斯更進一步跨足媒體，在《華郵》與影音串流上啟動了新的競爭與新媒體發展的新模式，阿里巴巴買了《南華早報》也有跟進的動作，顯示新的媒體市場競爭正在進行！

　　紙媒本身就是一個具有新聞與歷史訊息的重要資料庫，面對過去一大塊的歷史性的平面數據，同時現在正在經營的新聞報導，這些數據的串流絕對是每家媒體集團最重要的「資產」，如何加值產生更有價的訊息在跨平台上露出，其實這才是紙媒轉型最核心的關鍵。

　　像《衛報》、udn、《天下》、《商周》等不但開啟了數據新聞學的新頁，更重要的是運用大數據，結合圖表新聞 Infographics，找出紙媒轉型的一條新路。內容為王的道理還是不變，但是從金融海嘯到 318 學運的衝擊可以發現：現在「內容不好賣」，內容行銷與策展相形更加重要，而這兩者想要有效與創造更大的商機，還是需要大數據的加持。

## 📖 註　釋

1. 二房是指美國聯邦國民抵押貸款協會（房利美）和美國聯邦住宅貸款抵押公司（房地美）。美國政府在 2008 年 9 月 7 日宣布接管兩家公司，並停止支付普通及優先股票的股利之後，股價又再度急降。引爆了金融危機，連帶地給全球股市帶來衝擊。

# 📖 參考書目

36氪（2013 年 9 月 26 日）。〈貝佐斯談新版 Kindle 與未來計畫〉，《Inside 硬塞的網路趨勢觀察》。取自 http://www.inside.com.tw/2013/09/26/amazon-ceo-jeff-bozos-talks-about-new-kindles

田習如、顏瓊玉（2014 年 12 月 3 日）。〈揭密柯文哲股份公司〉，《商業周刊》。取自 http://www.businessweekly.com.tw/KIndepArticle.aspx?id=24264

吳凱莉（2014 年 10 月 21 日）。〈【新媒體時代】老牌聯合報的數位面貌，如何搶進新媒體市場？〉，《BuzzOrange 報橘》。取自 http://buzzorange.com/2014/10/21/new-media-about-old-udn/。

李軍編著（2014）。《大數據 — 從海量到精確》。北京：清華大學出版社。

林允溥（2011）。《AWS 雲端企業實戰聖經：AmazonWeb Services 改造企業 IT 體質》。台北：電腦人文化出版：城邦文化。

林麗雲主編（2013）。《資料好神，敘說故事百千樣：資料新聞學開講》。台北：優質新聞發展協會。

林俊宏譯（2013）。《大數據》。台北：天下遠見出版公司。（原書 Brandt, Mayer-Schonberger, Viktor/ Cukier, Kenneth. [2014]. Big Data:A Revolution That Will Transform How We Live, Work, and Think. Geneva, IL: Houghton Mifflin Harcourt.）

周自恆譯（2013）。《大數據的衝擊》。北京：人民郵電出版。（原書城田眞琴 [2012] ビッグデータの衝撃 — 巨大なデータが戦略を決める。日本，東京：東洋経済新報社）

陳秀玲譯（2014）。《小眾，其實不小：中間市場陷落，小眾的消費崛起》。台北：早安財經。（原書 James Harkin. [2012]. NICHE：The missing middle and why business needs to specialise to survive. London, UK: Abacus.）

廖月娟譯（2014）。《什麼都能賣！貝佐斯如何締造亞馬遜傳奇》。台北：遠見天下文化。（原書 Stone, Brad. [2014]. The Everything Store: Jeff Bezos and the Age of Amazon. London, UK: Random House UK.）

廖月娟、姜雪影、謝凱蒂譯（2011）。《賈伯斯傳》。台北：天下遠見出版公司。（原書 Walter Isaacson. [2013]. Steve Jobs. London, UK: Little Brown.）

閻紀宇譯（2012）。《amazon.com 的祕密》。台北：天下雜誌。（原書 Brandt, Richard L. [2012]. One Click: Jeff Bezos and the Rise of Amazon.com. New York, NY: Penguin Group USA.）

趙國棟等著（2014）。《大資料時代的歷史機遇：產業變革與資料科學》。北京：清華大學出版社。

鍾玉玨（2013 年 6 月 2 日）。〈新老闆訪華郵：平板助報紙接近新世代〉，《中時電子報》。

取自 http://www.chinatimes.com/newspapers/20130906002120-260108。

聯合線上 udn（2014）。〈2014 九合一選舉〉，《聯合線上 udn》。取自 http://udn.com/vote2014/trend。

譚磊（2013）。《大數據挖掘：從巨量資料發現別人看不到的秘密》。台北：上奇時代。

Aneesh, A., Hall, L. & Petro, P. (2012) *Beyond globalization : making new worlds in media, art, and social practices*. New Brunswick, NJ: Rutgers University Press.

DeRoos, D. (2014) *Hadoop for dummies*. Hoboken, NJ : John Wiley & Sons, Inc.

Hurwitz, J., Nugent, A., Halper, F. & Kaufman, M. (2013). *Big data for dummies*. Hoboken, NJ. : Wiley.

New York Times. (2014, March 24) . Inovation. Retrieved from https://www.scribd.com/fullscreen/224608514.

Scherer, M. (2012, November 8). How Obama's data crunchers helped him win. The *CNN*. Retrieved from http://edition.cnn.com/2012/11/07/tech/web/obama-campaign-tech-team.

Simon, P. (2013) *Too big to ignore : the business case for big data*. Hoboken, NJ : John Wiley & Sons, Inc.

The Economist. (2008, Oct 30th). *Their poster boy-Will young voters carry Barack Obama to victory in November?* Retrieved from http://www.economist.com/node/12510415.

# 第十一章　視訊媒體與大數據分析應用策略

國立政治大學傳播學院特聘教授兼研發長　劉幼琍
世新大學傳播博士學位學程博士候選人　徐也翔

# 前　言

　　大數據不只可以廣泛地被運用在各種領域，連視訊媒體這幾年也開始分析與應用大數據來提高民眾的收視。在線上影音串流媒體（over-the-top TV）的使用上，國外最有名的案例就是 Netflix 的《紙牌屋》（House of Cards），經由分析消費者的使用行為，找出符合觀眾喜好的演員及導演，讓該劇一炮而紅，並獲得艾美獎的肯定。此外，CBS、NBC 以及有線電視業者時代華納都積極蒐集閱聽眾的使用行為，協助廣告主推出符合目標觀眾喜好的行銷活動，同時衡量廣告的內容及創意，以確認廣告信息和活動的效果。

　　中國大陸視訊業者在大數據方面的應用也相當靈活。2013 年百度收購 PPS 並且與愛奇藝進行合併，結合了 PPS 龐大的影音網站用戶數以及百度大量的用戶搜尋資料，來提升平台上的用戶體驗，提供精準廣告服務和自製節目之參考依據。另一方面，東方衛視的節目《女神的新衣》結合了線上購物網站，採取異業合作的方式，導入大數據的資料，根據網路上用戶的興趣，製作貼近觀眾需求的節目內容。

　　台灣的視訊媒體在應用大數據方面才剛起步，包括公共電視、中視、三立以及東森新聞雲等，都開始嘗試應用大數據的技術，在各個網站論壇找出網友熱門討論的議題，分析網友的喜好，以作為產製新聞及戲劇的依據。

　　大數據對於視訊媒體而言，可以幫助業者提供用戶想要看的內容，對於廣告、電子商務、購物頻道能夠協助提供更精準的內容。然而大數據還是有一些侷限，只能用來分析整體，有時並無法得知完整的輪廓，關於消費者或使用者的一些人口學及心理學的變項，在不同的基礎上，很難作一些交叉分析。因此，儘管大數據擁有巨量性（Volume）、多樣性（Variety）、快速性（Velocity）以及準確性（Veracity）等特點，但是也有一些極限。媒體應該要有效和合適地運用大數據，不要為大數據而大數據。對傳統的媒體而言，內容最重要，然而對影視串流媒體等新興媒體而言，技術更顯得重要，例如大陸影音網站業者愛奇藝的代表在台灣的一項研討會指出，該公司認為技術很重要，所以該公司內部設定一個目標：百分之四十八的員工必須具備科技方面的專才，但是他們不會為了大數據而大數據（高璟，2015）。

　　本章重點主要在探討視訊媒體如何蒐集大數據資料、如何運用大數據做廣告與行銷、如何運用大數據調整其製作的內容與服務，以及如何運用大數據調整其經營策略。除了運用文獻外，筆者也於 2015 年 10 月 15 日在台北舉辦了一場專家的焦點團體座談，分析相關業者運用大數據經營媒體的經驗。

# 第一節　文獻探討

在探討視訊媒體如何運用大數據作行銷及調整其經營策略之前，有必要先瞭解大數據蒐集的方式、類型與來源。

## 壹、大數據與資料蒐集

### 1. 蒐集大數據的方式

一般而言，企業蒐集消費者的資料可採取的方式包括從線上追蹤（cookies）、軟體記錄、網站路徑（website pathing）、追蹤消費者喜好的活動、運用獨特的優惠碼、數位線上客服中心、攝影機、消費影音內容、無線射頻辨識系統（Radio Frequency Identification, RFID）、無線感測網路、後續追蹤以及行動裝置上的數據（Stone, 2014）。

### 2. 蒐集資料的類型

大數據所蒐集到的資料形式可以分成結構與非結構。行銷人員經由使用結構與非結構資料可以分析並預測經營環境現狀，在決策過程中能更有自信。在蒐集大數據資料的類型方面，主要強調巨量的資料內容，其中包含了客戶身份識別數據（customer identification data）、造訪的網站，使用的終端或平台（不論是行動電話、電腦、PDA 等）；客戶的描述性數據，主要是人口統計數據：性別、年齡、教育程度、生活方式、職業、婚姻狀況等，以及協助企業瞭解自己顧客的數據，包括登入和登出服務的資訊、社群媒體互動，分享或喜歡的網頁的內容，還有其他網站的分析數據，如顧客造訪、產品評論及意見等，此外，還包括電子郵件、聲音和影片等各種類型。目前由於數據串流的速度非常的快，行銷人員必須額外即時蒐集客戶的每一次點擊和互動，以及對事件作出的回應等相關的歷史資料（Bowden, June 15, 2014）。由此顯示，大數據資料的類型日趨多元。

### 3. 蒐集資料的來源

隨著媒體生態系統日趨複雜及消費者使用行為的改變，擁有數據可以分析趨勢、預測未來及降低經營決策上的錯誤。視訊業者可運用各種不同的數據來源，以瞭解觀眾的收視行為及喜好。相關數據來源主要包括：設備端、傳輸、網際網路、市場研究、社群、第三方團體以及第一方團體（業界資料）等（Etlinger, 2014）（參見表 11-1）。

表 11-1　視訊媒體相關數據主要來源

| 設備端 | 傳輸 | 網際網路 | 市場研究 | 社群 | 第三方 | 第一方<br>（業界資料） |
|---|---|---|---|---|---|---|
| 看完的集數<br>地理位置<br>看的時間<br>觀看者 | 電視<br>行動裝置<br>電腦<br>控制台 | 流量<br>推薦<br>點擊數<br>網頁瀏覽數 | 調查<br>焦點團體 | 流量<br>觸達率<br>意見<br>影響者 | 收視率 | 銷售量<br>訂閱數 |

資料來源：Etlinger（2014）。

從媒體的角度來看，中華電信 MOD 和數位有線電視的全部用戶資料算不算是大數據？從狹義的解釋還不算是大數據，但是從廣義的角度來看，從數位機上盒蒐集的有關用戶行為的各種每分每秒的數據（dataset），只要不是抽樣，而是全面性的資料，可以提供比傳統方法更為細分的資料，也可算做某種大數據。美國西北大學傳播系教授 James Webster 認為，很多媒體用伺服器蒐集使用者的網路使用或觀看行為，或是用數位機上盒來蒐集用戶的行為。這些大數據是大樣本，但仍不算是普查的總體資料（Webster, October 22, 2014）。總之，不同方式蒐集的大數據都有其優缺點及不同的價值，學術界或實務界在解讀時要慎重。

## 貳、大數據與行銷策略

結合大數據與行銷策略可顛覆過去所常用的 4P 理論：產品（Product）、價格（Price）、通路（Place）及促銷（Promotion）。如今大數據對於行銷出現了全新的 4P 觀點（Bowden, June 23, 2014）：

1. 成效（Performance）：業者無須再花更多時間去取得影響消費者決策過程的行為數據。大數據和分析工具的出現，可協助行銷人員抓住關鍵和有用的數據，讓他們能即時做出決策，無須憑空臆測。

2. 個人化（Personalization）：通過科技和行動技術，大數據能讓業者與客戶建立個人化的關係，進一步提升銷售業績。

3. 喜好（Preference）：大數據的價值在於能提供個人化的服務，通過針對客戶的喜好量身打造產品，讓消費者與業者有更緊密的關係。

4. 預測（Prediction）：在預測數位行銷和數據概念方面，大數據分析工具能快速取得、處理和分析數據，進而提升服務品質。

國內也有人針對大數據行銷的 4P 有不同的看法，強調大數據讓「一對一行銷」或「個人化行銷」不再是天方夜譚，而是基本服務，並進一步提出了另外一種 4P（陳傑豪，2015）：

1. 人（people）：以人為核心，即時掌握消費者的異質性和變動性；
2. 成效（performance）：每一間店鋪或每一個業者都可以個性化的呈現行銷方式；
3. 步驟（process）：處理經營問題，找出優先順序並制定步驟；
4. 預測（prediction）：智能化控制及監控所有經營環節，精準預測顧客下次回購時間。

## 參、大數據與經營策略

過去媒體業者乃是依據傳統的收視率數字預測或評估觀眾喜歡收視的內容。如今，媒體已經累積了大量的數據來分析觀眾的行為、搜尋、消費、推文、按讚以及分享。有了這些資訊，視訊媒體公司可取得有價值的消費者行為資訊，可以用來提供更多的相關內容，並提供更好的客戶體驗。媒體公司積極利用大數據來改善經營的策略，包括（Buckley, March 5, 2015）：

### 1. 建立個人化關係

透過大數據分析，可以讓視訊媒體對其客戶進行觀察分析，得知客戶的喜好、興趣和常使用的社群平台，以及他們最有可能消費和購買的商品等，讓公司得以打造個人化關係，強化客戶體驗。

### 2. 提供高度針對性的促銷活動

消費者希望他們常往來的媒體能知道並真正關心自己的需求和喜好，然而一般促銷活動及垃圾信件往往只會降低顧客體驗，無法吸引顧客上門。通過數據分析，可以明確和準確地理解客戶個人的偏好。媒體公司可以藉此推出高度針對性及個人化特色的相關促銷活動，並提供客戶所需要的資訊。

### 3. 取得或購買符合顧客需求的內容

在這麼多的內容當中，出版及娛樂業者所面臨最大的挑戰，乃是根據不同類型的客戶取得最新、最受歡迎的內容。經由更深入地瞭解顧客的需求及欲望，大數據可以幫助媒體公司選擇符合客戶需求的內容，提供給觀眾愉快的收視體驗（Buckley, March 5, 2015）。另一方面，大數據還能讓媒體業者在拍攝前就能瞭解某部電影或影集是否受歡迎。不同節目的歷史數據，包括使用者在收看電視劇時的暫停、快轉、倒帶、重播或停止等行為提供了有價值的資訊，結合收視者的社群資訊，以及觀眾對於影集或電影所創造出來的不同標籤，可以產生非常有價值的數據流，提供洞察一個影集或電影是否可能成功的資料（van Rijmenam, July 9, 2013）。

### 4. 提供即時的建議

消費者在評斷其消費經驗時，不僅只是對產品或服務的品質，同時還很在乎業者提供

服務的速度。大數據分析工具讓媒體公司能提供即時的內容建議，從而協助用戶輕鬆及快速的選擇和體驗他們所要的內容。

由此可知，使用以上的大數據策略，可以提升觀眾對於媒體服務內容的忠誠度，掌握顧客的使用行為，增加行銷活動的銷售成長以及促成多種銷售的機會，並能強化終端使用者的娛樂體驗。另外，從大數據資料當中，還可以應用四種策略幫助媒體產生價值，主要包括（Parise, Iyer & Vesset, 2012）：

### 1. 績效管理（Performance Management）

媒體公司可用大數據做績效管理。每個公司都會有不同的數據，可作為決策前的查詢及決策後的分析。用數據做交易性分析（transactional）的例子如消費者歷年購買行為、庫存周轉及最能幫助賺錢的客戶群。大數據能即時幫媒體公司取得顧客的立即回應，使媒體能做出短期業務決策和長期計劃。

### 2. 數據探索（Data Exploration）

數據探索大量使用統計數據，並解答管理者以前可能沒有想到的問題。此一方法利用預測性技術模式，根據過去的商業交易及顧客喜好，來預測使用者行為。顧客集群分析可以依照顧客特性將顧客分成不同群組，業者可以做客製化行銷，升等服務，也可瞭解哪些顧客會退出，並提前防範，以減少顧客的流失。

### 3. 社群分析（Social Analytics）

社群分析乃是針對現存大量的非交易性（non-transactional）數據加以分析，而這些數據存在於社群媒體平台，如 Facebook、Twitter 的談話和評論。社群分析測量包含察覺（awareness）、參與（engagement）和口碑（word-of-mouth）或觸達（reach）三大類，察覺測量的是社群內容的出現和被提到，如影音觀看次數和追隨者或社區成員的數量；參與則是測量平台成員的活動及互動程度，例如使用者自製內容（UGC）上傳的頻率。觸達則是測量內容擴散到不同社群平台的使用者，如 Facebook 上的分享及 Twitter 上內容的再傳送。

### 4. 決策科學（Decision Science）

決策科學涉及測試與非交易性數據的分析，例如消費者對產品的意見及評價可幫助改善決策過程。決策科學家探索社群數據進行田野調查，並測試假設。群眾外包（crowdsourcing）包括意見的產生和調查，讓公司在測試團體當中提出關於產品及品牌的問題，並蒐集社群團體的回饋，決定價值及可行性，最後做成如何將想法付諸實踐的決定。

# 第三節 視訊業者蒐集大數據的實例

## 壹、蒐集資料類型

　　過去的傳統媒體多半是利用收視率的數字來賣廣告或幫忙改善收視。有了大數據之後，視訊平台業者可運用多種數據來瞭解其客戶的使用行為。美國線上影音串流媒體 Netflix 為了深入瞭解其客戶的使用行為，在蒐集使用者資料方面，主要追蹤以下幾種類型（Bulygo, September 6, 2013）：

1. 使用者暫停、倒帶、向前快轉；
2. 使用者收看節目的日期；
3. 使用者收看節目的時間；
4. 使用者收看的地點（可用郵政區號來分類）；
6. 使用者用來收看節目的終端設備；
7. 使用者何時暫停或離開節目內容；
8. 收視率；
9. 搜尋；
10. 瀏覽和滾動行為；
11. 螢幕鏡頭（screen shots）。

　　近年來台灣電視新聞頻道業者為了能將網友的意見在節目當中呈現，乃委託大數據調查業者網路溫度計使用爬文系統蒐集網路上包括臉書、批踢踢、討論區或部落格的資料，再透過斷字斷詞、語意分析的技術加以爬梳，並下一些關鍵字作模糊分析，可以得到走勢、情緒值、關鍵人物、關鍵頻道等資訊，再透過人為的方式解讀每一筆資訊的成因為何（金志聿，2015 年 10 月 16 日訪談）。

## 貳、資料蒐集應用

　　美國的有線電視業者時代華納也會蒐集外部公開的資料，如房地產、人口學的相關資料及投票登記的相關資料等，來做個人化的廣告或多平台的廣告。有線電視業者蒐集用戶的數據，可以做最好的節目編排及個人化的廣告，也可瞭解客戶經常使用什麼平台來看其節目，例如可通過客戶的手機或平版電腦取得 OTT 服務、互動電視或行動電視的使用行為。時代華納有提供有線電視的寬頻服務，其客戶也常利用其網路觀看 Netflix 或 Hulu Plus 的節目。這些數據亦可幫助業者分析頻寬對於消費者的影響，以及如何因應消費者對網路的需求。

　　時代華納有線電視有 1400 萬訂戶，其集團下的廣告公司可觸及到 790 萬訂戶。該公

司也會使用技術來幫助業者瞭解所有相關數據。數據可讓業者瞭解其觀眾如何觀看業者的節目及廣告。數據也可用來分析顧客的位置及相關商店的位置。此外，時代華納運用數據，亦可做跨平台的分析，以預測哪些家庭在哪個平台對於哪部電影有興趣，讓業者能在正確的時間、針對正確的家庭、播放正確的電影，從而增加銷售（van Rijmenam, October 10, 2013）。

英國電信業者 British Telecom（BT）有提供 IPTV 及 OTT TV 的服務。為了強化對自家的顧客服務能力，選擇在其寬頻及 IPTV 支援部門使用 Alcatel-Lucent 的設備以作為新的數據蒐集和管理解決方案。BT 升級客戶體驗解決方案的軟體，以支持新的功能，並且將部署新的數據蒐集管理器，來追蹤客戶家中快速增加的通信設備，然後將數據提供給 BT 的客戶服務團隊，使他們能夠積極主動地管理網路和設備的運作，確保提供更好的整體體驗給 BT 客戶。數據蒐集管理器不僅能更容易從遠程管理顧客的設備，而且還可提升客戶自助服務的功能（Beach, December 4, 2012）。

中華電信擁有數以萬計的大量用戶資料，目前正積極投入大數據的研究與實驗，已成立一個大數據應用科，專門研究用戶行為並歸納用戶喜好。一方面根據分析結果來提供用戶良好的網路服務品質，以提高顧客忠誠度，二方面作為行銷、通路設置的參考。如今中華電信透過大數據已經成功提升 4G 潛在客戶行銷約 48%。此外，中華電信也建構一個輿情匯流平台（hibuzzer），蒐集、整合，與分析大量社群媒體數據，未來還可能透過大數據收視調查做為頻道定價的標準（黃晶琳，2015）。

另一方面，在 MOD 平台上，中華電信主要是透過用戶的 LOG、COOKIE 蒐集客戶的使用情形，還有跨平台上的資料分析，包含 MOD App、MOD 官網等數據，針對客戶使用行為進行分析。根據觀眾的開機率、使用時間、使用時數等巨量資料，來改善服務品質以及規劃不同的產品包裝，包含面對有線電視競爭對手該如何因應，歸納出準則，可以據此進行預防，例如新北市有線電視業者以低價策略搶攻市場，導致 MOD 用戶快速流失。因此，MOD 透過大數據包裝一些套餐或產品，如提供 MOD 節目加上行動與寬頻的聯合包，來挽留客戶（林茂興，2015 年 10 月 16 日訪談）。

台灣大哥大旗下 myVideo 提供線上影音付費服務，應用大數據作為網路品質改善的依據，並掌握客戶需求。台灣大建置了 CEM（Customer Experience Management）系統，將大數據應用在客訴處理，分析用戶的使用行為，包括設備效能、收訊品質、連線狀態及離線原因、客訴情況描述等，經由 CEM 系統進行客戶分群建立群像，透過數據搜集，達成客訴智能化的分析能力（揭朝華，2015 年 03 月 13 日）。

# 第四節 視訊業者運用大數據做廣告與行銷

根據 The Council for Research Excellence 研究群在 2014 年針對廣告主、媒體代理商、媒體公司以及大數據研究公司進行分析的報告，目前大數據在行銷與廣告產業的應用方式包含三大範疇（Broussard, 2014）：

1. **定位目標觀眾及定址能力（targeting and addressability）**：大數據能協助業者更精準地描述目標觀眾之特徵，另一方面，業者透過定址的傳播管道，可向目標觀眾傳遞訊息。

2. **多點觸碰式的觀察（multi-touch-point insights）**：大數據能夠創造出橫越多種媒介管道或是信息接觸點的消費者視角，同時驅使第三方數據資料的整合。

3. **即時決策（real-time decision making）**：大數據強化了目標觀眾定位、定址能力，結合數據取得的速度，將帶來數位廣告的成長，並協助業者做決策。

## 壹、行銷活動

傳統上，行銷人員大多使用特定的數據針對消費者資料進行分析。然而，目前消費者與品牌之間的互動，除了透過行銷、銷售與服務之外，同時也發生在多種通路上。而大數據的特別之處則在於蒐集並分析每位消費者的互動行為，以便即時瞭解消費者之行為模式（Ramanathan & Sarulatha, 2013）。

### 1. 匯聚多種資料分析消費者行為

美國 NBCUniversal 於 2015 年推出了觀眾靶子平台（Audience Targeting Platform），並應用大數據來協助廣告主進行行銷、銷售及規劃等活動。此一服務收集了 Comcast 有線電視機上盒及其他消費數據，並匯集第一方（如 Comcast 所擁有的電影票銷售公司）及第三方的資料，以提供給媒體購買人員更好的線索，並得知有哪些目標觀眾符合哪些廣告主想觸及的消費者（Thielman, January 15, 2015）。NBCU 將各種數據資源匯聚在一起，可以追蹤市場對於廣告行銷活動的反應，並利用這些資訊更精確地觸達觀眾及改善市場策略。如果能夠從歷史資料提煉出大數據，包括社群媒體中的觀眾反應、商品銷售的數據等，可徹底改變未來策略規劃的依據。NBCUniversal 也蒐集在很多國家電影院播放的相關數據，遇到錯誤的資料，也會剔除。他們認為非結構的資料例如觀眾在社群媒體或網站的意見不容易分析及量化，這方面的問題需要克服（Zicari, September 23, 2013）。

### 2. 運用多平台作客製化行銷

美國時代華納有線電視也很瞭解大數據的重要性，並且也充分運用大數據協助規劃其市場的行銷策略。例如，時代華納推出的直效行銷解決方案（Direct Marketing Solutions, DMS），可針對目標消費者同時在有線電視、行動設備、網際網路、社群媒體及其他平台

推出相同的廣告活動。此一平台可以追蹤用戶接觸各個平台上的廣告時間、頻率及收視的高峰期，並可以調整對用戶的特別優惠，以吸引用戶。對於使用者而言，如同將電視上的廣告轉移至其網路瀏覽器或不同的平台。時代華納並且深入運用關聯分析方案（correlation solutions），將公開的數據如選民登記資料、房地產紀錄與地方民眾的收視習慣相融合，並針對其用戶的人口學或心理學變項進行客製化行銷（Ungerleider, January 14, 2013）。他們利用大數據來分析每個平台上參與的用戶，以建立用戶 360 度的各種面向資料（van Rijmenam, October 10, 2013）。

### 3. 結合節目內容行銷

媒體結合節目內容作行銷的例子很多，大陸影音網站愛奇藝在推廣韓劇《來自星星的你》時，調查中國網友搜尋完該劇名稱後，同時會搜索什麼樣的商品，及分布在哪些地區，進而擬定行銷策略，例如把炸雞和啤酒包裝為文化現象，造成民眾在北京買炸雞要排隊三個小時的盛況。愛奇藝甚至還邀請天文學家觀察天象，討論劇中男主角可能所在的行星，也舉辦多場觀影活動（吳韻萱，2014）。

## 貳、廣告活動

大數據可以協助視訊業者進行精準而多樣化的廣告活動，甚至進一步與廣告主合作，採取異業結盟的方式，強化節目內容與廣告效果，例如美國 CBS 近期推出利用大數據的「活動績效稽核」（Campaign Performance Audit, CPA）方案，可以精準地對準目標觀眾有效行銷。CPA 訂有績效指標，針對廣告主有興趣的資訊加以客製化。此外，還可以用來衡量創意的部分，確認廣告信息和廣告活動的效果。至於在情境方面，找出是否有特定廣告在某些節目中特別有效，主要顧客群體對於某一類型廣告的反應，並提供廣告在何處播放，在什麼樣的情況之下最有效。CPA 足以協助客戶測試他們訊息的效力，最大限度地提高每週觸達率，使用 CPA 工具可以幫助電視規劃和購買，同時為客戶提供投資回報率的測量（Lafayette, 2015）。

2014 年中國大陸東方衛視的節目《女神的新衣》是運用大數據做廣告、內容設計、行銷及銷售最好的案例。《女神的新衣》鎖定熱愛時尚的年輕女性當目標觀眾，將電視節目與網路結合在一起，和線上購物網站天貓及明星衣櫥 APP 的時尚粉絲社區合作，每一集都邀請女明星與設計師合作，設計服裝。有女明星會專門到天貓網站看消費數據，以瞭解什麼顏色、款式、布料是當前用戶最喜歡的，再來決定設計什麼樣的衣服。該節目會讓四家服飾業者進行競標，買下服裝版權的業者就會開始生產服裝，節目播出時，就會在網站上同步銷售，而從節目定位、衣服的設計樣式，都是利用購物網站龐大的用戶資料庫，進行以觀眾為導向的製作。觀眾也能在購物網站上購買這些女明星設計的衣服，所以，《女神

的新衣》成功結合電視及電子商務，並即時、精準地運用大數據製作觀眾愛看、愛買的節目（李艷紅，2014）。

　　台灣有線電視 MSO 凱擘也與三立、民視、東森與超視嘗試進行合作，在三立電視的部分，乃是在本土劇《世間情》中利用互動機制，觀眾可利用機上盒內建的應用程式，透過手中遙控器上的特殊按鈕來進行活動，增加節目收視率，提高忠誠度。民視則是與其產品進行廣告合作，在民視的不同節目中會跳出商品試用的訊息，而有興趣的觀眾就可以點選進入頁面，透過精準行銷方式，尋找到哪個機上盒的用戶對於相關商品有興趣（鄧儒宗，2015 年 10 月 16 日訪談）。

# 第五節　　大數據與節目內容製作

　　網路開啓了大數據資料時代，取得資料已經不再是問題，但是如何解讀資料，並將資料作適當的運用，成爲視訊業者經營上重要的新課題。業者開始試圖從巨量資料當中找出某些規律和法則，將其應用在節目內容的製作及調整，以更精準地抓住觀眾的目光。Etlinger（2014）指出電視產業運用大數據分析主要有節目策略、發行與播放平台、行銷推廣、收視與績效評估等四個層面。在節目策略方面，主要是分析觀眾的喜好與需求，以協助節目製作的相關決策，例如 Netflix 製作的《紙牌屋》就是應用大數據的典型案例。在發行與播放平台方面，數據可以被用來評估內容要在哪個平台播放，或者衡量新媒體平台播放模式的收視戶成長。有線電視與衛星電視機上盒、串流裝置 Roku、Apple TV、Redbox 以及 Amazon 全部都有能力蒐集使用者數據資料，包含使用者看什麼、花多少錢收看以及何時何地進行收看。在行銷推廣方面，大數據可協助推銷節目及找到目標觀眾，並能精準的製作廣告及推出適合的行銷策略。在收視與績效評估方面，透過巨量資料分析，可評估節目、廣告與購物的效果。

## 壹、採購節目決策依據

　　爲瞭解訂戶對於節目的偏好，美國 Netflix 利用巨量資料分析訂戶的影片觀看資料，再將影片類型解構爲數萬種的「微類型」（micro-genres）元素。Netflix 藉由捕捉故事場景、主題以及演員特性等，得以拼湊出觀眾偏好的樣貌，並將大數據做爲評估外購節目的策略基準，同時也發現觀眾喜好收看政治題材的戲劇，才決定選擇購買《紙牌屋》的劇本。Netflix 利用大數據分析，將高收視的節目類型作爲主要購買目標，以增加訂戶對平台的黏著度（Madrigal, 2014）。

　　台灣的愛爾達公司積極蒐集使用者喜好的一些關鍵指標，例如使用網路進行語意分

析，瞭解目前網友之間討論比較熱門的議題，就會建議片庫部門據此購買影片版權或者選擇播放的影片。至於在單純接收訊號的境外頻道部分，也會以此給予頻道商相關建議，告知對方可以播放適合本地觀眾的影音內容（何育昇，2015 年 10 月 16 日訪談）。

## 貳、製作節目內容依據

大數據可以挖掘出目標觀眾的喜好，以及近期受歡迎的討論議題，讓業者可以作為節目製作前置作業（包括選擇題材、劇本、演員、購片等）的參考依據，以提升節目受歡迎的機率，同時降低製作節目的成本風險。Netflix 將數據結果納為自製節目的製作策略之一，藉由系統化分析主流市場的觀影偏好，及對編劇以及製片的看法，以重組這些成功元素。此外，Netflix 也將巨量資料分析作為演員試鏡的參考指標，可瞭解該參與試鏡的演員其他作品被觀看次數以及評價，藉以評估該演員是否適合演出（Sharma, November 4, 2013），例如找來老牌演員凱文‧史貝西（Kevin Spacey）擔綱《紙牌屋》的男主角，並委由大衛‧芬奇（David Fincher）擔任導演。

電子商務業者亞馬遜（Amazon）也跨足影音內容產業，希望藉由數據挖掘的方式找到下一個熱門影集。2010 年，亞馬遜推出亞馬遜影音工作室開始發展影音內容。該網站讓使用者上傳劇本及電影短片樣本，然後使用社群工具來評估和編輯作品。經過監測觀眾收視行為及評論之後，亞馬遜提出了詳細的數據分析資料，其中包括有多少影集被收看、有多少用戶給予 5 顆星的評價、有多少被分享出去給朋友。亞馬遜以此一方式蒐集觀眾的回饋，強化節目的產製過程，同時可用來降低在電視劇製作上的風險（Sharma, November 1, 2013）。2015 年，由亞馬遜影音工作室所製播的電視劇集《透明家庭》（Transparent）一舉奪下第 72 屆金球獎（Golden Globe Awards）電視類最佳音樂及喜劇影集大獎，同時也是電子商務業者跨足線上影音串流原創影集以來，首度獲獎。

大數據還可以隨時協助編修劇本，以優酷土豆製播的網路迷你劇《萬萬沒想到》為例，採取邊拍邊播的形式，拍攝過程中會不斷根據時下熱門的話題調整劇本。由於戲裡的內容都來自日常生活，往往都能讓觀眾產生強烈共鳴，進而產生忠誠度與黏著度。經由網路上的回饋機制，讓電視、電影的戲劇內容對於觀眾不再只是單向傳播。使用者在網路上的點擊、評論以及分享，都能影響網路劇的製作方向。節目製作者可以從各網路論壇或微博等社群媒體上得知觀眾想看什麼及觀眾對內容的喜好程度（劉妍，2014）。

另外，愛奇藝結合百度的搜尋數據資源推出的「蒲公英計畫」，是指結合搜尋、社群網路、出版、電視等管道，讓所有的節目都能按照網友的需求設計，例如美食節目《美食每課》所有菜色的選擇都源於百度後台的資料研究。2013 年後，蒲公英計畫將觸角伸向了育嬰、健康養生、旅遊、汽車、IT 等領域。美妝知識類節目《健康肌礎》依據百度知識類

搜索結果拍攝而成，以百度經驗、百度知道、百度網頁搜索中網路用戶感興趣的護膚、美妝相關問題或搜索關鍵字為基礎，形成話題，並邀請護膚、美妝專家上節目解說（金琛，2015）。

　　台灣應用大數據在內容製作方面，由中視製播的談話性節目《網路酸辣湯》，以大數據找出網路熱門趨勢，挑選每天討論最熱烈的話題，以不同觀點做出評論，為觀眾預測時事。該節目主要採用大數據分析時事議題，與時事網路大數據分析的公司「網路溫度計」合作，分別在各種網路發言的平台，包括網站、網頁、論壇、留言版等，利用爬文的技術，儲存主要網路內容，分析網友意見，作為當天討論的題目（劉建宏，2015 年 02 月 26 日）。另外，網路溫度計也在中視推出同名節目，與主持人黃子佼合作，由網路溫度計提供討論議題，讓製作單位據此製作節目，探討網路上最辛辣、討論最夯的人、事、物（金志聿，2015 年 10 月 16 日訪談）。

　　此外，TVBS 和網路溫度計在偶像劇《16 個夏天》中共同合作，希望瞭解節目播出之後觀眾及網友的反應，讓製作單位能瞭解觀眾希望劇情的走向及最常討論的是哪一段劇情。過去電視台的判斷方式是根據收視率的高低，如今則是根據哪一段最多人討論。因此，是採取邊播、邊改劇本、邊瞭解觀眾意見的方式。至於在新聞議題方面，針對國內五都首長的滿意度調查，先由 TVBS 民調中心做出一份電話調查報告，並與網路溫度計分析出的一份五都首長滿意度、支持度相關指標比較，除了將結果在新聞中報導之外，網路溫度計還會分別提供網路上討論五都首長重要的議題供 TVBS 參考，讓 TVBS 針對相關的題目再去做專題（金志聿，2015 年 10 月 16 日訪談）。

　　擁有豐富自製影視內容的三立電視也運用大數據的概念在產製新聞與戲劇節目上。在新聞方面，《三立新聞網》有專屬團隊根據網友的閱讀習慣，重新編排文字與圖片，同時搭配《三立新聞台》的影音內容，針對《三立新聞網》的網友特性調整內容（何國華，2014）。另一方面，《三立新聞網》會透過三立新聞網行動 APP 所發布即時新聞的點擊率，進而瞭解哪些新聞內容受到民眾喜愛，以判斷哪些新聞內容值得被做成電視新聞或持續追蹤報導。在戲劇方面，行銷公關部會協助節目劇組人員經營社群媒體，透過與粉絲互動的過程，分析出相關數據，尋找觀眾有興趣的議題，使得節目內容更加符合觀眾的需求（洪郁真，2014 年 11 月）。

## 參、產製個人化節目內容及服務

　　個人化服務能提高用戶對於網站影音內容的使用意願，增加網站的流量，而通過用戶瀏覽、觀看所留下的數據，可為觀眾提供客製化的專屬服務。視訊業者為了提升銷售業績，有的會針對觀眾的使用行為，提供個人專屬的影音推薦內容，以吸引用戶願意訂購節

目內容之意願。例如大陸的愛奇藝會針對用戶的個人收視習慣進行分析，並讓每位用戶在包括首頁焦點、熱播強檔、娛樂八卦、動漫樂園、高清電影等各區塊，不同地區、不同時間獲得的推薦內容都不相同（任曉寧，2013）。此外，2013 年愛奇藝還推出一種「綠鏡」功能，主要針對綜藝節目與電視連續劇，提供客製化的版本給用戶看，透過綜合分析所有用戶收看每集節目所產生的快進、快退、重複播放等大量數據，自動判斷用戶喜好的重要片段，產生出精簡版本播放給用戶看。愛奇藝從性別、年齡層、地域等角度描繪出每個用戶的興趣，或者讓使用者自行選擇綠鏡精編的內容，可以在 10 分鐘或 20 分鐘內看完。像愛奇藝這樣以貼心的技術應用，為用戶提供更為方便快速的觀看經驗，的確可提高用戶的滿意度（金琛，2015；彭博商業週刊，2014）。

## 第六節　視訊業者運用大數據調整經營策略

隨著外在環境的快速變化，新一代觀眾的收視行為已經與過去大不相同，視訊業者必須因應情勢，將大數據作為調整公司經營策略之用，才能讓其有明確的目標與定位，並掌握市場機會及發揮優勢。

### 壹、提升使用者體驗

業者蒐集大量的客戶數據資料，不僅有消費者購買的商品，還包括其訪問的網站、居住的地方、客服的聯繫以及在社群媒體上的互動等，這一連串看似彼此之間毫無關聯的大量數據，卻可以讓業者正確地描繪出更為個人化的接觸，並成功預測未來的商業活動（VentureBeat, April 21, 2014）。媒體積極利用大數據來強化用戶滿意度，恰可提升用戶體驗，並增加收視及購買行為。

中國大陸電視購物通路湖南衛視的「快樂購」擁有 500 多萬會員數，積極運用累積的有效交易紀錄及大數據，透過顧客關係管理將消費者加以標籤、分類，建置出「個人化精準推薦模型」，可提升電話銷售的成功率，達到一對一的精準行銷，讓成交率從過去的 3% 到 4%，提升至 13% 到 14%（陳傑豪，2015）。

至於台灣的東森電視購物則是應用大數據在增加收視率及在對的時間播放對的節目。在運用數據方面，主要是參考過去資料，做歷史評估及未來預測。至於在電視運用方面，主要是各個時段節目的排播。由於不同時段有不同的收視族群，因此，需要使用內外部資料做精準的預測。其外部資料是用政府的開放資料，將兩者加以比對，得出什麼樣的時間、時段，適合安排什麼樣的商品屬性推薦給觀眾（溫華雄，2015 年 10 月 16 日訪談）。

## 貳、促進決策速度及品質

　　精密的數據分析可以大幅改善業者決策，減少風險，並發掘出深藏不露而有價值的觀察。使用大數據的技術分析大量、整體的資料可促進決策速度及品質。一些業者已經開始分析來自消費者、員工，甚至是嵌在產品當中的感應器的數據資料，以便能作出更好的決策（McKinsey, 2011）。

　　大數據的主要價值來自於添加新的數據來源，以解釋和預測客戶的行為模式。業者如果能夠根據消費者的購買紀錄及人口統計數據，預測「下一個最適合的買家」，就可以滿足客戶的需求，例如利用社群媒體的按「讚」數，來改善其服務內容（Davenport, 2013）。美國有線電視新聞網 CNN 使用大數據主要有三種方式，首先，當作早期的預警系統以提供最新的新聞；其次，瞭解其觀眾對科技的使用行為，及收視新聞的即時行為；最後則是以數據新聞學的形式加以呈現。目前 CNN 與 Twitter 共同合作，每天將 5 億則的推文轉化成預警通知，供採訪報導決策之用（Stone, 2014）。

## 參、改善及創新服務

　　大數據能協助業者設計新的服務，提升現有的產品，並創造全新的經營模式。業者若從現有產品的使用當中取得數據，可提高下一代產品的開發，並提供創新的售後服務。Netflix 公司可以每秒處理 150 萬筆數據，每小時管理 15 萬則 IT 活動，其所擁有的巨量資料，可協助提供受歡迎的串流影音內容（Press, September 16, 2013）。英國的 Channel 4 使用巨量資料推出創新的經營模式。他們將數百萬筆觀眾註冊的資料，區隔成不同的觀眾收視群，打造個人化的電子郵件、提供量身訂做的內容推薦以及相關的廣告服務（Stone, 2014）。

　　電信業者由於手邊擁有大量的客戶資料，因此，也積極嘗試運用現有的資料，例如美國的電信業者 Verizon 正在嘗試發展出售行動資料的新業務（江裕貞譯，2014）。另外，過去電視廣告的銷售主要是依據節目的收視率，而 AT&T 試圖將網路廣告的定位策略帶到電視廣告上，採用新的觀眾收視行為蒐集方式，以機上盒紀錄收看的頻道、停留時間、音量大小等數據資料，讓電視廣告的播出能更具效果（Simonite, February 5, 2013）。

## 肆、降低經營成本

　　根據商業應用研究中心（Business Application Research Center, BARC）於 2015 年的調查顯示，經營管理應用大數據分析的企業，平均可以增加 8% 的收入，同時降低 10% 的營運成本（BARC, 2015）。例如 Netflix 在購買影片版權方面，由於不可能買得起每一部賣座片，

因此，積極利用巨量資料分析，轉而採購其他使用者可能會有興趣的替代性影片，讓媒體支出成本更具效益，同時可讓顧客的滿意度極大化（Bulygo, September 6, 2013）。

表 11-2　視訊媒體業者運用大數據經營策略

| 視訊業者 | 提升使用者體驗 | 促進決策 | 降低成本 | 創新服務 |
|---|---|---|---|---|
| Netflix | 採用影音推薦系統，提供客製化內容 | 製作節目內容之依據 | 購買節目版權之依據；以演算法監控線上服務，降低人事成本 | 從 IT 服務到提供串流影音 |
| Amazon | 採用影音推薦系統，提供客製化內容 | 蒐集用戶反應，作為挑選影片及製作節目內容之依據 | 預測顧客需求，精準掌握營運成本 | 從線上零售服務到提供串流影音 |
| 時代華納 | 優化網路頻寬，回應消費者需求 | 節目內容編排之依據；追蹤市場對廣告活動的反應，優化市場策略 | 提供有效商業智慧解決方案補充現有架構，提高成本效益 | 針對用戶的地理位置或人口學進行微區隔行銷，推出客製化活動 |
| 愛奇藝 | 結合百度關鍵字搜尋數據資源，節目設計按照網友需求設置；採用影音推薦系統，提供客製化內容 | 找出自製影視內容題材、劇目上檔時間之依據 | 拍攝自製劇以降低風險，進行成本管控 | 結合實體行銷活動，推廣節目內容 |
| TVBS | 節目播放期間，蒐集觀眾收視喜好，同時編修劇本 | 節目專題製作前，瞭解並規劃節目走向之依據 | 找出觀眾喜好的題材，降低拍攝成本風險 | 將大數據資料與電話民調做比較，提供新的新聞議題 |
| 中華電信 | 提供用戶良好網路服務品質 | 行銷和頻道定價之標準 | 門市通路及基地台設置參考 | 從電信服務到提供 MOD 服務 |
| 東森購物台 | 蒐集消費者行為，採用提醒、推薦購買機制 | 各時段節目排播及銷售商品之依據 | 精準行銷投放，準確掌控活動營收 | 結合會員資料，推出實體促銷活動 |

## 第七節　視訊媒體運用大數據所面臨的挑戰

近年來已有不少視訊業者開始積極由巨量資料來瞭解其觀眾，同時希望能提供觀眾所

想要的內容,然而未來仍可能面臨相關的挑戰:

1. 大數據往往只能清楚呈現使用者看「什麼」,在「何處」以及「何時」看,但是「誰」在看,以及「為什麼」看,則不清楚。這也是為何大數據還不能取代收視率的原因。在台灣,即便數位有線電視或中華電信 MOD 非常普及之後,業者從機上盒雖然能蒐集到訂戶的巨量資料,但是因為無法知道觀看的人的性別、年齡、教育程度、職業等訊息,對廣告行銷業來說,資料還是不足。

2. 大數據所提供的數據,難免會龐雜或碎片化,有時甚至不精確,所以必須過濾資訊。《大數據》作者 Viktor Mayer-Schonberger 就指出,面對大數據時,應知道如何取捨,應該把有意義的留下來,把無意義的資料刪除。尤其媒體在做節目時,必須發揮資訊素養,懂得解讀數據,不能完全為數據而數據。

3. 從社群媒體所蒐集的數據未必是大眾的意見,從事行銷者要小心不要被誤導。很多視訊媒體的觀眾未必會在社群媒體發表意見。所以當視訊業者推出一個節目時,可能會得到一些社群媒體使用者的回應,但那些回應可能只是來自小眾、活躍以及聲量較大的一群人(Friend, October 28, 2014)。

4. 視訊業者使用大數據有其法規限制。OTT 等新興視訊媒體常會推薦使用者收看與其點閱過的影片或影集類型相近的節目。此舉雖能對用戶提供個人化的服務,但是業者若未妥善管理,將有可能暴露消費者個人偏好的隱私。以 Netflix 而言,如果點選過某部電影或影集,該影片或影集會排在最前面。消費者未必希望個人化服務有讓其隱私曝光的疑慮。為了鼓勵大數據的創新服務與應用,政府在法規方面會有針對業者使用大數據的規範,例如在個人資料保護法規範要去識別化、符合蒐集的目的、取得用戶同意及妥善處理敏感資料等。因此,業者除了積極運用巨量資料發揮產值之外,應兼具對用戶的隱私保護,以降低對用戶的傷害或不信任感。

# 結　語

視訊媒體內容的數位化、網路化及行動化,使得閱聽眾的收視行為變得更容易取得。業者應用大數據在經營策略上百花齊放,有的在廣告行銷策略上,協助廣告主評估廣告效益,讓過去模糊的廣告投放,有了清楚的依據。有的業者直接將蒐集到的資訊轉化成服務供應,不論是預測觀眾喜好、節目內容製作,抑或是後續的個人化服務,視訊媒體希望藉由大數據能夠將其「內容為王」的關鍵核心能力發揮到極致。

過去大眾傳播時代,視訊媒體業者希望提供最多觀眾喜好的節目內容,以吸引最多數人的收視,追求資訊需求的最大公約數;但是在大數據時代,轉而強調以客製化的顧客溝通服務,在充分瞭解閱聽眾資訊的基礎上,針對觀眾的喜好進行分析,能夠精確地滿足使

用者需求。以一對一傳播的方式，逐步建立傳播策略，建立新的傳播效果，以事前預測取代事後分析。

目前，將大數據應用在視訊媒體的優點主要在於可以自動取得大量資料、不需要抽樣、可與收視率資料互補，以及獲得行動的資料。缺點則是沒有用戶的詳細資料、無法精準投放廣告，蒐集到的資料雖多，必須小心萃取，同時消費者還有對於隱私權保護的疑慮，顯見大數據還有很多問題需要克服。

隨著科技的進步，新媒體如雨後春筍般不斷出現，儘管傳播策略持續翻新，但仍是與「人」脫離不了關係。雖然各媒體無不積極投入尋找對的目標觀眾，希望利用各種分群提供個人化服務及更好的客戶體驗，以增加廣告收入及商品銷售。然而回歸本質，要吸引觀眾的注意，還是需要高品質的內容。在大數據的時代，視訊媒體業者應善用巨量資料，更加用心貼近瞭解觀眾需求，積極發想新的產製策略，才能做出符合觀眾需求的節目內容。

## 📖 參考書目

任曉寧（2013）。〈視頻網站「邂逅」大數據〉。《中國新聞出版網》。取自 http://big5.news.cn/gate/big5/news.xinhuanet.com/zgjx/2013-08/09/c_132615458.htm

江裕貞譯（2014）。《大數據 @ 工作力：如何運用巨量資料，打造個人與企業競爭優勢》。台北：天下文化。（原書：T. H. Davenport [2014]. *Big data at work: Dispelling the myths, uncovering the opportunities*. Perseus Distribution Services.）

何國華（2014 年 10 月）。〈三立：思考建立視頻網站可能性〉，《公共電視研究發展部岩花館》。取自 http://rnd.pts.org.tw/p6/2014/10/Sanlih.pdf

吳韻萱（2014）。〈《紙牌屋》之後，大數據成就中國影視網站自製劇〉。《數位時代》。取自 http://www.bnext.com.tw/article/view/id/32875

李艷紅（2014）。〈大數據解碼消費者時尚需求〉。《武漢大學質量發展戰略研究院》。取自 http://www.iqds.whu.edu.cn/info/1183/10848.htm

金琛（2015）。〈大數據時代視頻網站營銷策略分析——以愛奇藝為例〉。取自 http://ccs.nccu.edu.tw/word/HISTORY_PAPER_FILES/17117132015.pdf

洪郁真（2014 年 2 月）。〈行銷傳播產業，跨界新出路〉，《動腦雜誌》。取自 http://www.brain.com.tw/News/RealNewsContent.aspx?ID=19701

高璟（2015）。〈2020 年中國大陸影視科技發展與應用趨勢〉。「2020 年影視科技發展與應用趨勢」研討會。

陳傑豪（2015）。《大數據玩行銷》。台北市：30 雜誌。

彭博商業週刊（2014）。〈讓視頻網站更聰明〉。取自 http://read.bbwc.cn/mggzol.html

黃晶琳（2015 年 07 月 22 日）。〈電信三雄攻大數據〉。《聯合報》，取自 http://udn.com/news/story/7240/1070242-%E9%9B%BB%E4%BF%A1%E4%B8%89%E9%9B%84-%E6%94%BB%E5%A4%A7%E6%95%B8%E6%93%9A

劉妍（2014）。〈自制網路劇發展新趨勢──以《萬萬沒想到》為例〉。《視聽》，6，54-56。

劉建宏（2015 年 02 月 26 日）。〈唐湘龍、陳鳳馨《網路酸辣湯》烹藍綠〉。取自 http://magazine.chinatimes.com/wantweekly/20150226004361-300109

BARC (2015). *Big data use cases 2015*. Retrieved from http://barc-research.com/research/big-data-use-cases-2015/

Beach, J. (2012, December 4). BT adds big data analytics to its toolkit. Retrieved from http://www.telecoms.com/54540/bt-adds-big-data-analytics-to-its-toolkit/

Bollm, A. (2015, May 26). *20 examples of ROI and results with big data*. Retrieved from https://blog.pivotal.io/big-data-pivotal/features/20-examples-of-roi-and-results-with-big-data

Bowden, J. (2014, June 23). *The new 4P's of marketing with big data*. Retrieved from http://www.digital-warriors.com/new-4ps-marketing-big-data/

Bowden, J. (2014, June 15). *The 4 V's in big data for digital marketing*. Retrieved from http://www.business2community.com/digital-marketing/4-vs-big-data-digital-marketing-0914845

Broussard, G. (2014). *A primer for defining and implementing big data in the marketing and advertising industry*. Retrieved from http://www.researchexcellence.com/files/pdf/2015-02/id114_big_data_primer_10_23_14.pdf.

Buckley, J. (2015, March 5). *Improving the consumer experience: How media companies are using big data*. Retrieved from http://www.qubole.com/blog/big-data/media-companies-using-big-data/

Bulygo, Z. (2013, September 6). *How Netflix uses analytics to select movies, create content, and make multimillion dollar decisions*. Retrieved from https://blog.kissmetrics.com/how-netflix-uses-analytics/

Davenport, T. H. (2013). *Big data: The opportunity and the challenge for competitive advantage*. Retrieved from https://hbr.org/resources/pdfs/comm/experian/hbr_serasa_experian_report.pdf

Etlinger S. (2014). *Data everywhere: Lessons from big data in the television industry*. Retrieve from http://www.altimetergroup.com/2014/07/data-everywhere-lessons-from-big-data-in-the-television-industry/

Friend, B. (2014, October 28). *In media and entertainment, big data is not leading yet to big insight*. Retrieve from https://www.visioncritical.com/building-audience-media-entertainment/

Lafayette, J. (2015). *CBS jumps into data with new Ad product*. Retrieved from http://www.

broadcastingcable.com/news/currency/cbs-jumps-data-new-ad-product/138866

Madrigal, A.C. (2014). *How Netflix reverse engineered Hollywood*. Retrieved from http://www. theatlantic.com/technology/archive/2014/01/how-netflix-reverse-engineered-hollywood/282679/

McKinsey (2011). *Big data: The next frontier for innovation, competition, and productivity*. Retrieved from http://www.mckinsey.com/insights/business_technology/big_data_the_next_frontier_for_ innovation

Parise, S., Iyer, B., & Vesset, D. (2012). *Four strategies to capture and create value from big data*. Retrieved from http://iveybusinessjournal.com/publication/four-strategies-to-capture-and-create-value-from-big-data/

Press, J. (2013, September 16). *7 observations from the big data innovation summit*. Retrieved from http://www.forbes.com/sites/gilpress/2013/09/16/7-observations-from-the-big-data-innovation-summit/

Ramanathan, S. & Sarulatha, N. (2013). *Big data: A marketers perspective of emerging marketing approach*. International Journal of Management Research and Review, *3*(5), 2872-2880.

Sharma, A. (2013, November 1). *Amazon mines its data trove to bet on TV's next hit*. Retrieved from http://www.wsj.com/articles/SB10001424052702304200804579163861637839706

Sharma, A. (2013, November 4). *Comparing the online TV pioneers: Netflix v. Amazon*. Retrieved from http://blogs.wsj.com/corporate-intelligence/2013/11/04/comparing-the-online-tv-pioneers-netflix-v-amazon/?KEYWORDS=netflix

Simonite, T. (2013, February 5). *AT&T brings online Ad targeting tactics to TV commercials*. Retrieved from http://www.technologyreview.com/news/510186/att-brings-online-ad-targeting-tactics-to-tv-commercials/

Stone, M. L. (2014). *Big data for media*. Retrieved from https://reutersinstitute.politics.ox.ac.uk/sites/default/files/Big%20Data%20For%20Media_0.pdf

The council for research excellence (2014). *A primer for defining and implementing big data in the marketing and advertising industry*. Retrieved from http://www.researchexcellence.com/files/pdf/2015-02/id114_big_data_primer_10_23_14.pdf

Thielman, S. (2015, January 15). *NBCUniversal is using big data to launch its audience targeting platform*. Retrieved from http://www.adweek.com/news/television/nbcuniversal-using-big-data-launch-its-audience-targeting-platform-162379

Ungerleider, N. (2013, January 14). *How big data keeps cable TV watchers hooked*. Retrieved from http://www.fastcompany.com/3004619/how-big-data-keeps-cable-tv-watchers-hooked

van Rijmenam, M. (2013, October 10). *How Time Warner Cable uses big data to optimize the viewers' experience*. Retrieved from https://datafloq.com/read/time-warner-cable-big-data-optimize-viewers-experi/359

van Rijmenam, M. (2013, July 9). *A paradigm shift awaits the media and entertainment industry*. Retrieved from https://datafloq.com/read/paradigm-shift-awaits-media-entertainment-industry/177

VentureBeat (2014, April 21). *5 ways companies are using big data to help their customers*. Retrieved from http://venturebeat.com/2014/04/21/5-ways-big-data-is-helping-companies-help-their-customers/

Webster, J. (2014, October 22). *Seeing your audience through big data*. Retrieved from https://digitalcontentnext.org/blog/2014/10/22/seeing-your-audience-through-big-data/

Zicari, R. V. (2013, September 23). *Data analytics at NBCUniversal. Interview with Matthew Eric Bassett*. Retrieved from http://www.odbms.org/blog/2013/09/data-analytics-at-nbcuniversal-interview-with-matthew-eric-bassett/

# 附錄一　焦點團體座談

時間：2015 年 10 月 15 日

地點：台北市政治大學公企中心（金華街）

主持人：劉幼琍教授

| 出席來賓姓名 | 職稱 |
|---|---|
| 何育昇 | 愛爾達研發經理 |
| 林玉凡 | 資策會創新應用服務研究所副所長 |
| 林茂興 | 中華電信 MOD 新媒體處處長 |
| 金志聿 | 網路溫度計創辦人 |
| 溫雄華 | 東森信息科技企業發展部分析建模處經理 |
| 蔡漢珉 | ETtoday 東森新聞雲總經理室特助 |
| 鄧儒宗 | 凱擘大寬頻數位媒體暨文創合作副總經理 |

# 第十二章　大數據與行動通訊：以日本為例

台灣經濟研究院研究四所所長　劉柏立

# 前　言

　　本章的目的旨在實務應用的觀點，以日本經驗為例，針對行動通訊業者如何藉由行動通訊網路上所擷取的大數據進行加值應用，創造企業價值。首先透過文獻探討分析介紹大數據在行動通訊的相關應用，其次分析網路訊務量的發展趨勢，裨益論述背景的參考；然後分析介紹行動空間統計的大數據應用概念，並以日本 NTT docomo 在大數據的具體服務案例進行分析介紹。由於行動通訊業務受到秘密通信的義務以及在個人資料保護和隱私權方面的監管要求，相較於一般網路上的大數據服務，其門檻相對較高且各國法制規範未必一致，因此，在篇幅限制下，本章內容主要以日本案例作為分析對象，提供國內借鏡參考。

# 第一節　文獻探討

　　行動通訊在大數據的應用方面，有防災安全、都市交通、都市建設、觀光、物流、金融、不動產、健康、醫療、運輸乃至於公共基礎設施等領域，在萬物聯網（M2M/IoT）時代，具有重要的意義。以下僅就實務應用的觀點，進行文獻探討。

## 壹、在都市建設或交通規劃的應用

　　傳統上，為掌握人潮流動的調查方法可以 Person Trip Survey（以下簡稱 PT 調查）為代表，運用 PT 調查可以獲得交通行為的起點（出發地點：Origin）、終點（抵達地點：Destination）、目的、乃至交通工具的使用手段、行為時間區段等 1 天的詳細交通數據（Trip Data）。PT 調查不僅可以抽樣計量的方法掌握特定地區整體的交通量，亦可提供包含換車等交通工具選擇的訊息參考，進而掌握都會區複雜且多樣的交通實態，提供確保都市功能的規畫參考。

　　日本國土交通省（相當於我國交通部）自 1977 年在廣島市都會圈所實施的大規模個人移動調查，即是採用 PT 調查法，這是掌握交通狀況最基本的調查方法之一；迄至 2014 年為止，日本全國已有 64 都市累計實施 132 次 PT 調查，提供交通建設參考（國土交通省，2014）。

　　PT 調查雖然在交通建設的規劃參考方面，具有重要的意義，但由於取樣規模大，成本費用高；不僅調查週期長（大約是 10 年至 20 年才實施 1 次）且調查日為特定的代表日；而過去採行此調查方法的背景是為因應人口增加、交通容量不足，但日本社會現在已面臨高齡少子化的現象，因此，就調查方法而言，存在改善空間。

　　行動通信數據（Mobile data）的應用，具有即時性，全時性以及全國性等特色，伴隨

行動通訊業務的普及發展，如何運用行動通訊數據補強 PT 調查的不足，已然成為政策規劃部門新的課題。若實現行動通訊數據的應用，可期待以下三大效益：首先可以全國規模為調查對象；其次可運用 24 小時 365 天的數據；第三可有效提升調查數據的品質（國土交通省，2014），此等效益可有效補強傳統 PT 調查的不足，因此，行動通訊數據的應用，乃成為政策規劃部門日益重視的新手段。

## 貳、在觀光統計方面的應用

日本電信業者 KDDI 已開發「位置資訊大數據」，藉以掌握觀光客的動態行程，可有效提供地方政府振興觀光的規畫參考（KDDI, 2014）。

傳統上，掌握觀光客動態的方法主要係藉由網路問卷的方式實施，此種方法存在三大課題：其一為需仰賴調查對象的記憶答問；其二為須配合事前的問卷設計進行分析；其三為樣本收集困難。相對於此，運用「位置資訊大數據」則可獲得如下三項優點：一為實態數據的即時調查；二為數據分析可變更具彈性；三為樣本蒐集相對較易（KDDI, 2014）。

KDDI 所開發的「位置資訊大數據」不僅止於觀光方面的應用，未來更可應用於防災、都市計畫等公共領域以及金融、流通、不動產、健康、醫療、運輸、零售業等產業領域的應用乃至於公共基礎設施等領域（KDDI, 2014）。

## 參、在防災對策方面的應用

日本政府在防災對策方面，依據日本〈災害對策基本法〉，中央政府與地方政府皆有一套完善的防災對策機制，該法第 23 條規範地方政府在災害發生或有發生之虞時，應依據〈地域防災計畫〉成立「災害對策本部」由地方政府首長擔任本部長；該法第 24 條規範發生非常災害時，視災害規模及其他狀況而需採行災害應急對策時，得設置「非常災害對策本部」由國務大臣（相當於行政院政務委員）擔任本部長；該法第 28 條規範發生顯著異常且嚴峻的非常災害時，得經內閣會議（相當於行政院院會）通過後，設置「緊急災害對策本部」由內閣總理大臣擔任本部長。

在前述災害對策機制下的實務運作方面，最重要的首要課題就是災情狀況的掌握。日本內閣府政策統括官中込淳（2014）指出政府災害對策本部的重要功能之一，就是充分掌握災害資訊及掌握其他各機關對災害應對的情況，裨益對策措施最適化之擬訂。

在災情資訊的掌握方面，雖然已建置有「地震防災資訊系統」（Disaster Information System，DIS）、「運用人造衛星災害資訊分析系統」（Real-damage information Analysis System by artificial satellite，RAS）以及「資訊共有平台」，但未來若能引進行動通訊數據，將有助於更即時且更正確的災情資訊的掌握。

　　例如可有效掌握資訊空白地區、可掌握返家困難者擁擠混亂的情況、可掌握鐵路復原情況、可掌握道路塞車交通癱瘓的情況、可獲得精確度更高的災害評估以及活埋者或受困者等訊息的掌握（中込淳，2014），顯示行動通訊數據在災害救援的重要意義。

## 肆、在行動空間統計方面的應用

　　從村瀨淳（2012）的論文可知，有鑑於行動通訊市場漸趨飽和以及號碼可攜（Mobile Number Portability，MNP）制度[1]引進後的市場競爭轉趨激烈，NTT docomo 研發部門乃於 2008 年開始構思如何運用行動通訊數據（大數據）提供創新應用服務。當時面臨的挑戰有三：

　　首先是如何從 PB（Peta Byte）規模的行動通訊數據訊務量（Mobile Data Traffic）[2] 中，兼顧處理時間與成本開發出充分精確度的人口統計。當時雖已有 Google 巨量數據處理設備的話題，但大數據的用辭尚不普遍。換言之，要擷取數千萬行動電話用戶資料並使用上千台規模的伺服器進行高速且具經濟性的處理，對 NTT docomo 而言，可謂莫大的挑戰。

　　其次是大數據用途的開發。有鑑於日本國勢調查（相當於我國的普查）與前述 PT 調查等人口統計週期係以數年為單位，NTT docomo 乃需構思不同的解決方案，例如可以全國規模且持續性進行的統計方法，並可因應社會及產業發展需求，裨益商機的拓展。不過當時 NTT docomo 沒有統計資訊應用專家，要如何充實專業人員，開發具有實務應用的統計數據，乃另一項重大挑戰。

　　第三是如何獲得社會共識，支持從行動通訊用戶所擷取的數據服務的推出，並使社會大眾認知此等數據的安全與有效性。NTT docomo 把此等數據稱之為「行動空間統計（mobile spatial statistics）」，這是一種統計值，而非個人資料，但要如何消解排除社會上的疑慮，乃有必要在徹底確保客戶個人隱私的前提下，製作提供行動空間統計服務，此係挑戰課題三。

　　簡言之，NTT docomo 之後開始在都市建設、防災計畫等公共領域著手進行實驗，確認行動空間統計不僅可廣泛應用於公共領域，更可應用於學術研究與產業領域的相關應用後，乃於 2013 年 10 月正式推出行動空間統計服務，可謂大數據在行動通訊應用的典範。

## 第二節　大數據發展趨勢分析

### 壹、網際網路訊務量成長趨勢

　　大數據的特色有三（Zo, 2015）：巨量（Volume）、多樣（Variety）、快速（Velocity）。依據 Cisco 針對網際網路訊務量（IP Traffic）的預測資料顯示，2014 年每月平均訊務量為

59.9EB（Exa Byte），IP 網路的總訊務量較過去 5 年成長 5 倍以上；2019 年每月平均訊務量將達到 168.0EB，未來 5 年的 IP 訊務量將較 2014 年成長 3 倍（參見圖 12-1）。

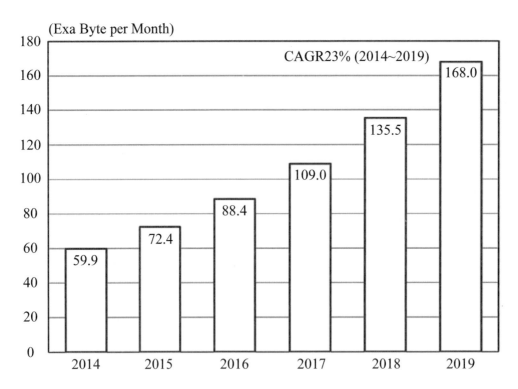

圖 12-1　全球 IP 網路訊務量成長趨勢示意圖

資料來源：Cisco（2015a）。

表 12-1　全球 IP 網路訊務量成長趨勢（按類型別、地區別）

| | 2014 | 2015 | 2016 | 2017 | 2018 | 2019 | CAGR 2014-19 |
|---|---|---|---|---|---|---|---|
| 按類型別 | | | | | | | |
| 固定網路 | 39,912 | 47,811 | 58,321 | 72,261 | 90,090 | 111,894 | 23% |
| 專用網路 | 17,424 | 20,460 | 23,374 | 26,087 | 29,274 | 31,858 | 13% |
| 行動數據 | 2,514 | 4,163 | 6,751 | 10,650 | 16,124 | 24,221 | 57% |
| 按地區別 | | | | | | | |
| 亞太地區 | 20,729 | 24,819 | 29,965 | 36,605 | 44,217 | 54,423 | 21% |
| 北美地區 | 19,630 | 23,557 | 28,228 | 33,649 | 41,465 | 49,725 | 20% |
| 西歐地區 | 9,604 | 11,237 | 13,516 | 16,407 | 20,058 | 24,691 | 21% |

| | 2014 | 2015 | 2016 | 2017 | 2018 | 2019 | CAGR 2014-19 |
|---|---|---|---|---|---|---|---|
| 中歐地區 | 4,085 | 5,267 | 6,894 | 9,381 | 9,381 | 16,855 | 33% |
| 中南美洲 | 4,297 | 5,373 | 6,663 | 8,299 | 10,356 | 12,870 | 25% |
| 中東非洲 | 1,505 | 2,179 | 3,177 | 4,658 | 6,797 | 9,409 | 44% |
| 合計（PB/ 月） | | | | | | | |
| 總訊務量 | 59,851 | 72,434 | 88,443 | 108,999 | 135,489 | 167,973 | 23% |

資料來源：Cisco（2015b）。

20 多年來，網際網路訊務量顯示出急速攀升的成長趨勢。觀察 1992 年時的全球訊務量每日平均僅為 100GB；10 年後的 2002 年時每秒平均訊務量為 100GB，至 2014 年時每秒平均訊務量達 16,114GB。Cisco 指出 2019 年時全球 IP 訊務量將達到 511TBps，相當於 1 億 4,200 萬人同時每天 24 小時下載高清晰版網路視訊的量；若以換算 DVD 計算，則相當於 1 年產生 5,040 億張，1 個月產生 420 億張，1 小時產生 5,800 萬張 DVD。

另外從表 12-1 可知，2014 年至 2019 年全球總訊務量的年均成長率（CAGR）為 23%。按地區別觀之，以中東非洲地區成長幅度最大（44%）；若按類型別觀之，則以行動數據訊務量的成長幅度最大（57%），2014 年的行動數據訊務量僅占總訊務量的 4%，2019 年時則占總訊務量的 14%，顯示 4G 服務對行動數據訊務量的擴大具有重要貢獻。

## 貳、大數據市場成長趨勢

在前述 IP 訊務量急速成長的背景下，從 Jeff Kelly（2014）的預測資料可知，2014 年全球大數據市場規模為 285 億美元，2017 年時將成長為 501 億美元規模，2014 年至 2017 年的年均成長率高達 38%（參見圖 12-2）。

若按類型別營收結構觀之，從圖 12-3 可知 2013 年全球大數據以服務類營收比重最高（40%，74 億美元）；其次為硬體類營收（38%，71 億美元）；第三為則為軟體類營收（22%，41 億美元）。全球大數據營收結構以服務類營收比重最高的原因，當在於大數據原係藉由軟體與數據分析專家提供服務為主要的商業模式（參見表 12-2），而帶動大數據急速發展的主要因素，基本上可分類為如下四大項：

- ICT 業者以及大數據服務業者對政府部門及企業部門積極提供大數據的公共應用或市場預測的相關產品或服務；
- 大數據相關產品或服務的發展已更趨成熟，例如 Hadoop 或雲端大數據服務的技術進化等；

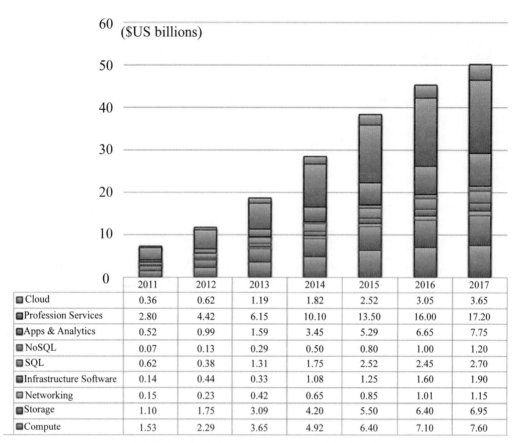

| | 2011 | 2012 | 2013 | 2014 | 2015 | 2016 | 2017 |
|---|---|---|---|---|---|---|---|
| ☐Cloud | 0.36 | 0.62 | 1.19 | 1.82 | 2.52 | 3.05 | 3.65 |
| ◼Profession Services | 2.80 | 4.42 | 6.15 | 10.10 | 13.50 | 16.00 | 17.20 |
| ◼Apps & Analytics | 0.52 | 0.99 | 1.59 | 3.45 | 5.29 | 6.65 | 7.75 |
| ◼NoSQL | 0.07 | 0.13 | 0.29 | 0.50 | 0.80 | 1.00 | 1.20 |
| ☐SQL | 0.62 | 0.38 | 1.31 | 1.75 | 2.52 | 2.45 | 2.70 |
| ◼Infrastructure Software | 0.14 | 0.44 | 0.33 | 1.08 | 1.25 | 1.60 | 1.90 |
| ☐Networking | 0.15 | 0.23 | 0.42 | 0.65 | 0.85 | 1.01 | 1.15 |
| ◼Storage | 1.10 | 1.75 | 3.09 | 4.20 | 5.50 | 6.40 | 6.95 |
| ◼Compute | 1.53 | 2.29 | 3.65 | 4.92 | 6.40 | 7.10 | 7.60 |

圖 12-2　全球大數據市場預測（2011-2017）

資料來源：Kelly（2014）。

- 大數據相關技術對企業或政府而言，於數據的隱私性、安全性、資料的備份或復原等管理面，已被視為重要的守護技術而備受重視；
- 大數據專業企業多能與各類企業合作，提供服務，使得大數據更能貼近用戶層，有助於應用服務的普及。

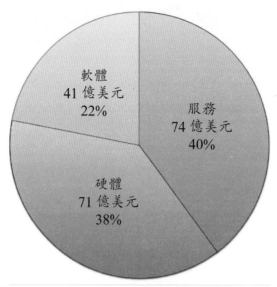

圖 12-3 2013 年全球大數據市場預測（按類型別）

資料來源：Kelly（2014）。

表 12-2 2013 年全球大數據服務供應商營收一覽表

單位：百萬（美金）

| 服務供應商 | 大數據營收 | 總營收 | 大數據營收占總營收比重 % | 大數據硬體營收比 % | 大數據軟體營收比 % | 大數據服務營收比 % |
|---|---|---|---|---|---|---|
| Accenture | $415 | $30,606 | 1% | 0% | 0% | 100% |
| PWC | $312 | $32,580 | 1% | 0% | 0% | 100% |
| Deloitte | $305 | $33,050 | 1% | 0% | 0% | 100% |
| Amazon | $275 | $70,000 | 1% | 0% | 0% | 100% |
| Hitachi | $260 | $89,999 | 1% | 0% | 0% | 100% |
| CSC | $188 | $14,200 | 1% | 0% | 0% | 100% |
| CenturyLink | $175 | $13,757 | 1% | 0% | 0% | 100% |
| Google | $175 | $59,767 | 1% | 0% | 0% | 100% |
| Mu Sigma | $160 | $160 | 100% | 0% | 0% | 100% |
| TCS | $157 | $11,570 | 1% | 0% | 0% | 100% |
| Booz Allen Hamilton | $125 | $5,850 | 2% | 0% | 0% | 100% |
| Opera Solutions | $124 | $124 | 100% | 0% | 0% | 100% |

| 服務供應商 | 大數據營收 | 總營收 | 大數據營收占總營收比重% | 大數據硬體營收比% | 大數據軟體營收比% | 大數據服務營收比% |
|---|---|---|---|---|---|---|
| Capgemini | $104 | $13,639 | 1% | 0% | 0% | 100% |
| 1010data | $45 | $45 | 100% | 0% | 0% | 100% |
| Rackspace | $42 | $1,520 | 3% | 0% | 0% | 100% |
| GoodData | $26 | $78 | 33% | 0% | 0% | 100% |
| Fractal Analytics | $19 | $27 | 70% | 0% | 0% | 100% |
| Sumo Logic | $14 | $14 | 100% | 0% | 0% | 100% |
| Think Big Analytics | $10 | $10 | 100% | 0% | 0% | 100% |
| （上項業者營收小計） | $2,931 | $376,996 | | | | |
| ODM | $3,800 | n/a | n/a | 100% | 0% | 0% |
| Other | $11,875 | n/a | n/a | n/a | n/a | n/a |
| Total | $18,607 | n/a | n/a | 38% | 22% | 40% |

資料來源：Kelly（2014）。

## 參、大數據發展的重要趨勢

近年來，由於技術進步，大數據的發展可歸納出七大重要發展趨勢（Tableau Software, 2015）：

### 一、大數據轉由雲端提供服務的發展趨勢

大數據的重要意義已廣為各界認知，許多大數據已開始藉由雲端提供服務，其所擷取的數據量持續擴大。此趨勢特徵可以從 2013 年第 4 季全球前 50 大公共雲提供者（Public cloud provider）的營收額達 62 億美金，成長率高達 47%，獲得佐證；牽引雲端服務的提供者主要為 Amazon Redshift、Google BigQuery。

### 二、ETL（Extract-Transform-Load）[3] 個人化的發展趨勢

對於大多數的分析師而言，在數據分析的作業時間方面，有如次問題：
· 用於數據準備的時間大約占作業時間的 80%；
· 進行本質性的資訊分析約占作業時間的 20%。

因此，個人數據整理工具（Personal Data Cleansing Tool）於焉問世，可有效縮減數據準備時間；數據整理工具包括：Trifacta、Alteryx、Paxata、Informatica Rev 等。

## 三、非關聯型資料庫（NoSQL）擴大使用的發展趨勢

為實現高效能運用大量的小型資料集（data set）的可擴展性、可伸縮性、可用性而開發的 NoSQL 已著實地普及於相關業界。NoSQL 資料庫的應用面及成熟度已相當成熟，在大數據的應用已見有擴大使用的發展趨勢；主要的 NoSQL 資料庫技術包括：MarkLogic、Casandra、Couchbase、MongoDB 等。

## 四、Hadoop[4] 成為數據儲存標準的發展趨勢

大多數的企業在大數據的架構方面多已採用 Hadoop。傳統的數據儲存供應商（Vendor）已在其大數據架構設計引進 Hadoop；傳統的資料庫提供商（Provider）亦已引進 Hadoop 技術。IBM 等企業則開發獨自的 Hadoop 技術；Spark 與 Impala 亦朝向開發 Hadoop 技術發展。

## 五、出現數據湖釣魚概念的發展趨勢

為有效容納、管理、使用持續增加的數據資料，乃出現把大量的數據在未整理的狀態下儲存為數據湖（Data Lake）[5] 的新概念（Woods, 2011）。數據湖的概念在大數據的應用方面，已於 2015 年開始有更進一步的發展；目前已開發數據湖應用方法的企業有 Google、Facebook 等。

## 六、大數據生態系統出現變化的發展趨勢

由於處理數據的方法改變，生態系統亦出現變化。2015 年高速平行處理架構（Massive Parallel Processing, MPP）資料庫功能出現變化，比重變小（Ofir, 2013）。數據應用方法改變包括：

- 數據儲存、數據整理；
- 內容追加、引進社群媒體；
- 數據分析、機器數據分析、數據可視化。

## 七、物聯網的發展將促進新的大數據解決方案的研發

物聯網（M2M/IoT）[6] 在汽車的應用方面，可以把汽車的故障資訊傳送到汽車製造工廠，有效提升產品良率，硬體企業與半導體企業將持續進行投資 IoT。鑑於此等發展趨勢，Cisco 等技術企業已開始著手進行大數據管理解決方案的研發作業。

# 第三節 　大數據在行動通訊的應用

從表 12-1 可知，2013 年全球大數據供應商主要是以 ICT 業者爲主，電信事業提供大數據服務尚不多見。主要原因是電信服務原係有秘密通信的義務，而當電信事業提供數據服務時則又必須對個資以及隱私的處理採行嚴謹的安全管理，因此，大數據在電信事業的應用，受到相對較高的限制。

美國 Verizon Wireless 於 2012 年 10 月推出對企業用戶的 Precision Market Insights 服務。此服務是運用行動通訊網路的位置活動日誌與接取活動日誌等數據資料，經去識別化處理後所完成的統計數據，以線上方式提供客戶在戶外廣告、運動賽事、大賣場等客群特性分析之用（Verizon Wireless, 2015）。

西班牙的 Telefonica 亦於同年 12 月發表成立大數據事業部，主要鎖定政府公部門，提供人員移動的影響分析服務；此等服務亦可應用於零售業行銷策略的規劃參考（Telefonica, 2015）。

如前所述，日本行動通訊業者爲因應實施號碼可攜服務制度後激烈的市場競爭挑戰，NTT docomo 乃於 2008 年開始構思如何在行動通訊業務運用大數據開發新服務，而後於 2013 年 10 月正式推出行動空間統計（mobile spatial statistics），亦屬大數據在行動通訊應用的典範之一，具體分析如下：

## 壹、行動空間統計的概念

所謂「行動空間統計」是指在提供電信服務的過程中所發生的可用數據，以作爲建構社會資訊基礎爲目的，經去識別化處理後，無法辨識特定個人的統計值等資訊之總稱。此等資訊可以提供公共部門、產業部門、學術研究等領域的應用；在可用數據中的位置數據以及屬性數據，皆經去識別化處理、統計處理、隱匿處理等程序而完成（NTT docomo, 2013a）。

前述可用數據係指在提供電信服務的過程中所發生的數據之總稱，包含位置數據、屬性數據、通訊履歷、通訊內容以及設備資訊（TCA, 2013）。與行動空間統計有關的位置數據是顯示行動電話等位置的數據，包含數據發生的時間等相關資訊；屬性數據則是指在簽訂電信服務契約時，契約人所提供的相關資訊或從國際漫遊所獲得的國碼數據等資訊。

## 貳、行動空間統計的特徵

NTT docomo 所開發的行動空間統計，基本上就是運用行動電話基地台與手機連結的網內數據（即位置數據）與用戶屬性數據所構成，運用 6,500 萬台手機用戶[7] 資料而完成

的人口統計資訊，可以 24 小時 365 天全程掌握全日本人口每小時的分布狀況；並可掌握按性別、年齡層別、居住地區別的人口結構，包含日本國內人口以及訪日觀光客[8]。

　　從圖 12-4 可知，行動空間統計可提供人口分布、人口推移、人口結構等 3 種不同的人口統計類型。

　　行動空間統計係運用基地台網路推估人口統計，其統計特性可就對象地區、對象人口、空間解析度、時間解析度以及統計精度，分述如下。

　　首先在統計的對象地區方面，由於行動空間統計是仰賴行動通訊網路而進行統計推算，因此，凡行動通訊網路服務可及的地區，皆可為其統計對象地區。目前 NTT docomo 的服務地區已涵蓋全日本各地區，因此其統計的對象地區等同可以全國規模進行統計推算。

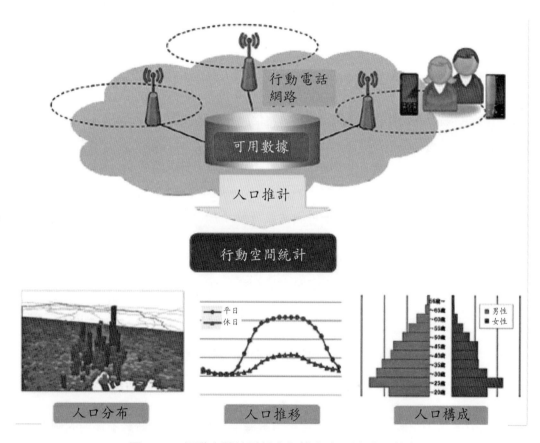

圖 12-4　　行動空間統計基本架構與人口統計示意圖

資料來源：NTT docomo（2013b）。

　　其次在統計的對象人口方面，由於行動空間統計是依附於行動電話的使用人口，因此，除了極端的低齡者與高齡者以外，其統計對象人口大致在 15 歲至 79 歲年齡層的人口[9]。

　　在空間解析度方面，行動空間統計所稱空間解析度的意涵，係指可以多大的區域面積

為單位進行人口推算，此與基地台的設置間隔有密切關聯。換言之，在都市人口密集的地區，基地台的設置密度相對較高，在郊區基地台的設置間隔則相對較為寬廣，全國的空間解析度並不完全一致。一般而言，在東京都 23 區內的空間解析度大致可以 500 米網目為單位，郊區則以數公里網目為單位的解析度進行人口推算。

在時間解析度方面，行動空間統計所稱時間解析度的意涵，係指可以多少的時間單位進行人口推算，此與基地台掌握網內行動電話的頻度有密切關聯。實務上 NTT docomo 所開發的行動空間統計大致以 1 小時為周期進行人口推算。

最後在統計精度方面，此與人口普查不同：由於 NTT docomo 所開發的行動空間統計是以其行動電話用戶為對象，藉由行動通訊網路之可用數據進行人口推算，存在統計上的誤差。就技術面而言，具體的統計精度與統計對象地區、網眼大小、人口多寡有密切關係（大藪勇輝等，2012）。

## 參、行動空間統計去識別化程序

行動空間統計的數據資料係來自於提供電信服務過程所發生可用數據（大數據）的加值應用。為期個資及隱私之確保，在製作行動空間統計時，三階段去識別化處理程序，完全不假人手，自動完成去識別化處理程序（參見圖 12-5），分述如下。

圖 12-5　行動空間統計去識別化處理程序示意圖

資料來源：本章參考岡島一郎（2012）繪製。

首先在去識別化處理方面，會先從可用數據中，把推算人口統計不需要的個人特定資訊予以剔除。由於行動空間統計是呈現人口分布或結構分布的人口統計，因此，可用數據不需要有鎖定特定個人資訊的必要，只需要按時間、地區，以及不能識別個人的性別或年齡層等屬性數據，製作推算值即已充分。是以在進行人口推算之前，可以先刪除電話號碼、姓名等可識別個人的相關資訊；至於個人的生日及住址等資訊方面，則以變換為年齡層及行政區碼的方式處理之。

其次在統計處理方面，係依據經去識別化處理過的數據，按基地台地區別的行動電話

數以及用戶屬性別進行統計推算；並可參酌 NTT docomo 行動電話普及率以及基地台覆蓋地區等相關數據資訊，統計推算包含 NTT docomo 用戶以外的人口地理分布情況（寺田雅之，2012）。

　　至於在隱匿處理方面，在人口不多的地區，為保護極端條件下的用戶隱私，處理系統會針對統計結果進行修正。此等隱匿處理系統，在政府公開公務統計之際，若有必要亦可配合實施，此系統稱之為統計公開控制（statistical disclosure control）。行動空間統計的隱匿處理系統，是依據行之有年的公務統計實績標準並參酌國內外最新技術趨勢而引進實施。去識別化具體處理流程請參見圖 12-6。

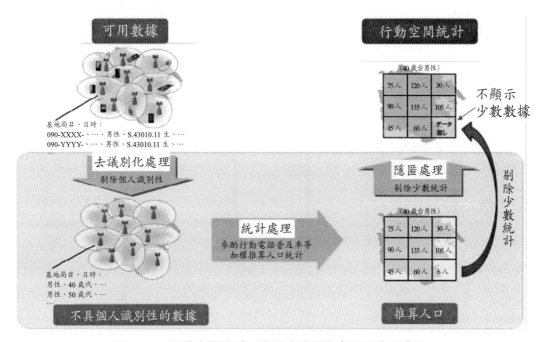

圖 12-6　行動空間統計三階段去識別化處理程序示意圖

資料來源：總務省（2014a）。

## 肆、行動空間統計的應用

　　NTT docomo 在 2013 年 10 月正式推出行動空間統計之前，曾於 2010 年 11 月至 2013 年 3 月間，就地震防災、振興地方乃至於都市建設等相關應用，進行實證研究（參見圖 12-7）。通過一系列的實證研究結果，證實行動空間統計的有用性及有效性，可廣泛地應用於公共部門、產業部門以及學術研究等領域。使用案例包括如下（NTT docomo, 2013c）。

　　・政府部門於災害時損害情況的掌控，可用以更精確的方法進行模擬；

・商家想知道店舖周遭的顧客動態時，可用以提供行銷規劃提升業績；

・商家舉辦活動時，可用以提供更精確的顧客分析或宣傳效果之檢驗；

・商家尋覓新據點，可用以提供更精確的店舖位置選擇參考；

・可用以對訪日外國觀光客提供更周到貼心的服務；

・可用以掌握觀光地訪客容量情況並強化觀光宣導；

・可用以增進廣告最適化方案。

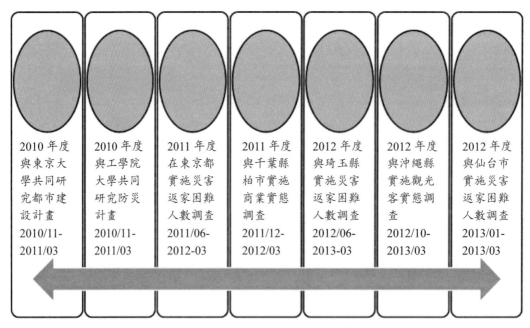

圖 12-7　NTT docomo 行動空間統計實證研究一覽

資料來源：NTT docomo（2013c）。

## 伍、大數據在行動通訊應用的相關課題

　　大數據在行動通訊的應用方面，由於受到秘密通信的義務以及對個資和隱私方面較高的監管要求，因此，與一般網路上的大數據服務相比較，其門檻相對較高，且各國法制規範未必一致，分析如下：

### 一、美國經驗

　　一般而言，美國在個資或隱私權的保護方面，係以個別法與自主管制為原則。例如在消費者隱私保護方面，主要以聯邦交易委員會（Federal Trade Commission，以下簡稱FTC）為監管機關，FTC 在 2012 年 3 月所發表的「快速變化時代的消費者隱私保護」

（Protecting Consumer Privacy in an Era of Rapid Change）報告中指出，業者使用消費者數據資料時，若能滿足以下三要件，則該等數據資料就不屬於可合理連結（reasonably linkable）特定顧客或電腦等其他終端裝置的數據：

- ·應把個人數據資料進行合理的去識別化（de-identify）；
- ·應公開保證不會就該等數據資料進行再識別化（re-identify）；
- ·應以契約方式禁止該等數據使用人進行再識別。

除此之外，業者在持有、使用可識別數據與去識別化數據時，應把此等數據資料分別儲存（FTC, 2012）。

另外，在電信事業方面，美國 1934 年通訊法（Communications Act of 1934）第 222 條及第 705 條分別就用戶資訊的隱私保護及祕密通信有所規範。具體而言，第 705 條原則禁止監聽行為，除非依法取得命令許可始得為之；第 222 條是就用戶數據資訊的蒐集應用方面，凡符合其去識別化的規定範圍內，則允許應用之。

## 二、歐盟經驗

歐盟數據保護指令（Directive 95/46/EC）前文第 26 條明文揭示：運用無法識別數據主體的方法並以匿名化處理的數據不適用本指令之保護原則。至於匿名化的具體方法，則規範於該指令第 27 條的行為規章（Code of Conduct）。

在電信事業方面，則依據電子通訊隱私權指令（2002/58/EC）第 5 條嚴格禁止監聽行為，除非有合法的或當事人明確同意的前提下始得為之。而在訊務數據的處理方面，該指令第 6 條規範，其為通信不必要的數據時，應予消除或以去識別化狀態處理之；若要運用該等數據提供加值服務，則須取得用戶的同意。第 9 條則就位置數據方面規範除應取得用戶同意外，並應把該等數據進行匿名化處理後，始得提供加值服務。

## 三、日本經驗

日本在因應大數據於行動通訊的應用方面，主管機關總務省於 2012 年情報通信白皮書首次介紹發展大數據的戰略性意義（總務省，2012）。固然日本也同歐美一樣面臨通信秘密、個資及隱私保護等問題，但為營造電信事業發展大數據應用的健全環境，總務省在政策面以行政指導的方式積極協助電信事業發展大數據加值應用服務，避免陷入外國可以，本國不行的閉塞窘境。具體措施就是支援電信事業以制定指導方針（guideline）的自律方式，開發大數據應用服務（總務省，2013；總務省，2014b）。

茲以本文分析介紹的 NTT docomo 行動空間統計為例，NTT docomo 制定有〈行動空間統計指導方針〉，內容包含用語定義、行動空間統計的製作與提供的基本原則等 10 大項目（NTT docomo, 2013a）。

要言之，就是把行動空間統計與 CDR（Call Detail Record）做出定位區隔。CDR 是類似通信履歷的資訊，但並無嚴謹的定義，有些業者將之視為通訊履歷，但也有些業者僅將之視為語音發呼的通話履歷；行動空間統計則是經去識別化處理程序的統計值，排除電信事業法中通信秘密與個資法適用上的問題。此外，由於行動空間統計數據來自行動電話用戶，若用戶提出不同意數據使用的申請時，則業者當即時停止該用戶數據的收集使用。

# 結　語

網際網路是典型的泛用技術 [10]，是創造 21 世紀最強大的力量之一。因數位化與寬頻化的技術進步，促使寬頻網路加速了網際網路泛用技術的普及應用，對經濟活動與吾人生活模式帶來重大影響，大數據即為寬頻網路上創新應用服務的典型範例，顛覆了傳統靜態統計的運用思維，可以更即時的、更廣域的、更動態的數據資料提供更精準的決策參考，是一項深具商業價值與戰略意義的新興服務。

另一方面，電信事業固然為寬頻網路建設（含固網寬頻與行動寬頻）做出貢獻，然而以寬頻網路為基礎所衍生的新興服務（如 OTT、大數據等），卻使電信事業有淪為笨水管（Dump Pipe）的危機意識。因此，電信事業當於傳統電信事業之外，運用既有經營資源，開發創意加值服務，裨益企業價值最大化。

從本章分析可知，日本 NTT docomo 原基於擴大獲利空間以及因應市場競爭的考量，乃開始投入大數據的應用開發，而有行動空間統計服務之問世，可廣泛地應用於地震防災、交通規劃、都市建設、乃至於商業產業、學術研究等領域。不過由於電信事業所運用的大數據資料係來自提供服務過程中所發生的可用數據，恐有涉及通信秘密、個資以及隱私等問題之虞，因此，參進大數據服務的市場門檻相對較高。

參酌歐美日等先進國家經驗，雖然各國管制規範未必一致，但允許電信事業經去識別化程序後提供大數據應用服務的發展方向，則是共通一致的。目前我國電信事業固然已經認知大數據應用的重要意義，且抑或有內部之實驗運用，但市場上尚未見有正式服務的推出，原因當在於前述通信秘密、個資以及隱私等適法問題尚未釐清。為期大數據服務的健全發展，相關事業主管機關或宜加速相關適法性解決方案之策定，裨益大數據創新應用服務的市場發展機會。

# 📖 註　釋

1. 日本固網通訊業務於 2001 年 3 月引進 MNP；行動通訊業務則遲至 2006 年 10 月才引進

MNP。

2. Cisco（2015b）對行動數據訊務量（Mobile Data Traffic）的定義是手機的數據訊務量，例如：文字簡訊傳輸（text messaging）、多媒體訊務傳輸（multimedia messaging）、以及手機視訊服務（handset video services）等；行動網際網路訊務量（Mobile Internet traffic）則是透過筆電、平板或手機等無線上網而發生。

3. ETL（Extract-Transform-Load）係指大數據從來源端經過擷取（Extract）、轉置（Transform）、加載（Load）至目的端的過程。

4. Hadoop可以提供大量資料的分散式運算環境，是由Google雲端架構得到啟發而開始的開放原始碼計劃，目前有許多組織參與Hadoop的研究開發，並以Hadoop做為雲端運算的平台，如Hortonworks、Yahoo!、Cloudera、Intel、Microsoft等。

5. 數據湖是一種大數據的概念，而Hadoop則是用於實現這個概念的技術。要言之，就是運用Hadoop把大數據蒐集儲存於某平台內，此是為數據湖的概念，使用者可按自己的需求，進一步擷取、分析相關數據內容。

6. 物聯網之英文早期係以M2M（Machine to Machine）表述，近年則以IoT（Internet of Thing）表述；萬物聯網則以IoE（Internet of Everything）表述。

7. 手機用戶資料已排除以企業名義的契約資料。

8. NTT docomo推估2014年訪日觀光客使用手機數約250萬支。

9. 按日本的規定，未滿15歲者不得簽訂行動電話服務契約。

10.所謂泛用技術（General Purpose Technologies）係指各領域皆可廣泛使用的技術，可以提升各領域的生產力。

# 📖 參考書目

Zo, Hangjung（2015）。〈Big Data and Its Applications to Telecom Industry〉。「電信與媒體對大數據的應用研討會」，台北：台灣通訊學會。

IDC Japan（2015）。〈国内ビッグデータソフトウェア市場2014年の分析と 2015年～2019年の予測〉。取自 http://www.idcjapan.co.jp/Press/Current/20150812Apr.html

KDDI（2014）。〈携帯電話の位置情報を活用した観光動態調査〉。「モバイルデータの社会的な有用性と期待 ―ビッグデータ時代の安全なデータ時代の安全なデータ利用に向けて」，東京：東京大学生産技術研究所。

NTT docomo（2015）。〈モバイル空間統計の活用事例〉。取自 http://www.dcm-im.com/service/area_marketing/mobile_spatial_statistics/jirei/index.html

NTT docomo（2013a）。〈モバイル空間統計ガイドライン〉。取自 https://www.nttdocomo.co.jp/corporate/disclosure/mobile_spatial_statistics/guideline/

NTT docomo（2013b）。〈官庁統計とモバイル空間統計に基づく新たな統計の創出に関する共同研究〉。取自 http://www.nstac.go.jp/services/pdf/sankousiryou2503-4.pdf

NTT docomo（2013c）。〈モバイル空間統計の実用化について〉。取自 https://www.nttdocomo.co.jp/binary/pdf/info/notice/page/130906_00.pdf

Tableau Software（2015）。〈2015 年のビッグデータにおける 7 大トレンド〉。取自 http://get.tableau.com/ja-jp/asset/top-7-trends-big-data-2015.html?cid=&ls=Paid%20Search&lsd=Google%20AdWords%20-%20Big%20Data%20-%20APAC%20-%20JP%20-%20Big%20Data%20Trends%202015&adgroup=Big%20Data%20-%20Big%20Data%20All&kw=%2B%E3%83%93%E3%83%83%E3%82%B0%E3%83%87%E3%83%BC%E3%82%BF%20%2B%E5%B8%82%E5%A0%B4%E8%A6%8F%E6%A8%A1&adused=64280295410&distribution=search&gclid=COzcpK2ZqcgCFQwJvAodz34A_A

TCA（2013）。〈携帯電話事業者の運用データ等の適正な有効利用に関する検討会報告書〉。

大藪勇輝等（2012）。〈モバイル空間統計の信頼性評価〉。《NTT　DOCOMO テクニカル・ジャーナル》，Vol.20 No.3。

中込淳（2014）。〈防災の観点から見たリアルタイム状況把握の必要性〉。「モバイルデータの社会的な有用性と期待 —ビッグデータ時代の安全なデータ時代の安全なデータ利用に向けて」，東京：東京大学生産技術研究所。

共同 JBN（2012）。〈新しい Global Video Platform の展開で Telefonica と合意〉。取自 http://prw.kyodonews.jp/opn/release/201211158343/

寺田雅之（2012）。〈モバイル空間統計における人口推計技術〉。《NTT　DOCOMO テクニカル　ジャーナル》，Vol.20 No.3。

村瀬淳（2012）。〈モバイル空間統計はどのように始まったのか〉。《NTT　DOCOMO テクニカル・ジャーナル》，Vol.20 No.3。

土交通省（2014）。〈都市・まちづくりの観点から見たモバイルデータへの期待〉。「モバイルデータの社会的な有用性と期待 —ビッグデータ時代の安全なデータ時代の安全なデータ利用に向けて」，東京：東京大学生産技術研究所。

岡島一郎等（2012）。〈携帯電話ネットワークからの統計情報を活用した社会・産業の発展支援〉。《NTT　DOCOMO テクニカル・ジャーナル》，Vol.20 No.3。

室井　明（2015）。〈モバイル空間統計による都市間交通分析の可能性〉。取自 http://www.plan.cv.titech.ac.jp/fukudalab/big-data0309/files/muroi.pdf

總務省（2014a）。〈平成 26 年版情報通信白書〉。取自 http://www.soumu.go.jp/johotsusintokei/

whitepaper/ja/h26/pdf/n3300000.pdf

總務省（2014b）。〈位置情報プライバシーレポート〉。取自 http://www.soumu.go.jp/main_content/000293966.pdf

總務省（2013）。〈ビッグデータに関する総務省のこれまでの取組〉。取自 http://www.tca.or.jp/information/ketaiunyodata/1-6.pdf

總務省（2012）。〈平成 24 年版情報通信白書〉。取自 http://www.soumu.go.jp/johotsusintokei/whitepaper/ja/h24/pdf/24honpen.pdf

Cisco (2015a). *The zettabyte era: Trends and analysis*. Retrieved from http://www.cisco.com/c/en/us/solutions/collateral/service-provider/visual-networking-index-vni/VNI_Hyperconnectivity_WP.html

Cisco (2015b). *Cisco visual networking index: Forecast and methodology, 2014-2019 White Paper*. Retrieved from http://www.cisco.com/c/en/us/solutions/collateral/service-provider/ip-ngn-ip-next-generation-network/white_paper_c11-481360.html

Cisco (2015c). *Cisco visual networking index: 2014–2019 forecast Q&A*. Retrieved from http://www.cisco.com/c/en/us/solutions/collateral/service-provider/visual-networking-index-vni/qa_c67-482177.html

EU (1995). *Directive 95/46/EC of the European Parliament and of the Council of 24 October 1995*. Retrieved from http://ec.europa.eu/justice/policies/privacy/docs/95-46-ce/dir1995-46_part1_en.pdf

Kelly, J. (2014). *Big data vendor revenue and market forecast 2013-2017*. Retrieved from http://wikibon.org/wiki/v/Big_Data_Vendor_Revenue_and_Market_Forecast_2013-2017

Ofir (2013). *The end of the classical MPP databases era*. Retrieved from https://ofirm.wordpress.com/2013/07/28/the-end-of-the-classical-mpp-databases-era/

Telefonica (2015). *Smart steps*. Retrieved from http://dynamicinsights.telefonica.com/what-is-smart-steps/

TFC (2012). *Protecting consumer privacy in an era of rapid change*. Retrieved from https://www.ftc.gov/sites/default/files/documents/reports/federal-trade-commission-report-protecting-consumer-privacy-era-rapid-change-recommendations/120326privacyreport.pdf

Verizon Wireless (2015). Precision market insights from Verizon to help brands better understand and engage with customers. Retrieved from http://www.verizonwireless.com/news/article/2012/10/pr2012-10-01.html

Woods, D. (2011). *Big data requires a big, new architecture*. Retrieved from http://www.forbes.com/sites/ciocentral/2011/07/21/big-data-requires-a-big-new-architecture/

# 專有名詞解釋

| 英文名詞 | 中文譯名 | 定義 |
|---|---|---|
| 3V | | 意指大數據的主要特色，包括巨量性（Volume）、多樣性（Variety）以及快速性（Velocity），分別指涉龐大的數據量，具備數據、語音以及影音等多種形式，同時能快速地蒐集處理資訊。 |
| AIDA model | 注意／興趣／渴望／行動模式 | 此模式說明廣告刺激能引起閱聽人的注意（attention）、興趣（interest）、渴望（desire）、行動（action）之過程，並且有線性次序關係。 |
| Application Programming Interface | 應用程式介面 | 不同的應用程式之間傳輸、操作的協定。不碰觸原本系統的工作細節，而能提高軟體間相互溝通、連結、維護、功能擴充的效率。通常提供內部或第三方開發人員設計延伸的功能和服務，在數據分析的應用如透過 YouTube Data API 可以取用使用者上傳的影片清單、最新精選、收藏最多的影片等資訊列表。 |
| Audience Targeting Platform | 觀眾靶子平台 | 由 NBCUniversal 推出的廣告服務，納入了第一及第三方團體的觀眾的機上盒資料，可以用來辨識整個 NBCU 電視網路表現最出色的廣告類別的組合，包括黃金時段在內，以提供廣告主作選擇。 |
| Big Data | 大數據 | 又稱為巨量資料，是指所處理的資料量非常巨大、複雜，以至於現有的一般技術無法擷取、管理及應用，並難以進一步處理成能夠加以解讀的資訊。 |
| Blogger | 部落客 | 指的是寫部落格的個人，網路日誌的作者，中國大陸習慣稱「博客」。 |
| Campaign Performance Audit | 活動績效稽核 | 由 CBS 所提出應用大數據的廣告稽核方案，結合了 Nielsen 的相關資料，觀眾可以進入 CBS 的 Television City 研究中心進行測試，據此制定客製化的內容，讓廣告主得以測量其廣告的影響力，提升效果。 |
| Civic Hackers | 公民黑客 | 意指具有黑客精神並能與他人協作，著手解決公民社會問題的任何人。公民黑客具備的是公民意識，不是特定技術，因此身份不設限。 |

| 英文名詞 | 中文譯名 | 定義 |
|---|---|---|
| Cognitive Dissonance | 認知不和諧 | 閱聽人對與其個人既有認知不相符之訊息,常採取抗拒或迴避。 |
| Communication Rights | 傳播權 | 指的是一種「公民資格」(citizenship),是作為公民應有的一種權利內涵。傳播權的概念與「表意自由」、「資訊自由」意理相通。傳播科技從大眾媒介發展至網際網路,傳播權的概念也與時俱進。 |
| Computer-assisted Reporting | 電腦輔助新聞報導 | 將電腦運用至新聞報導,讓數據產生意義,可以包括精確新聞報導及數據新聞報導。 |
| Controller | 控制者 | 歐盟《個資保護指令》第 2 條(d)定義:「自然人、法人、政府機關、單位或其他任何實體,單獨或與其他人共同(alone or jointly with others)決定處理個人資料之目的與方式(determines the purposes and means of the processing of personal data)。 |
| Cost Per 1000 Impression | 每千次瀏覽成本 | 每一千位消費者瀏覽網路廣告的廣告計價。 |
| Cost Per Click | 每次點擊廣告成本 | 消費者點擊每則網路廣告的廣告計價。 |
| Crowdsourcing | 群眾外包 | 一種新興的勞務解決方案,將原本指定公司雇員完成的工作,改透過網路號召並交由不固定的群眾來完成,其特徵之一,是以資料和資訊為基礎的線上協作。 |
| Customer Experience Management | 消費者經驗管理 | 此乃是針對顧客服務中心所應用之概念,強調以提升客戶體驗為中心,重視與客戶互動的每一次過程,企業以此協助提升客服品質,希望能夠與客戶維持長久而良好的關係。 |
| Data Lake | 數據湖 | 一組巨大的數據資料,透過存儲和分析服務,使分析人員、科學家與企業組織對所有形狀和特徵的大數據來進行分析和處理。 |
| Data Literacy | 數據素養 | 具有社會科學研究方法知識,從而掌握數據的意義,並進而具有操控數據的能力。 |
| Data Mining | 資料採礦 | 又稱為數據挖掘、資料挖掘、資料採礦。資料探勘一般是指從大量的資料中自動搜尋,挖掘隱藏於大量資料中的有著特殊關聯性的資訊的過程,通常與電腦科學有關,並透過統計、線上分析處理、情報檢索、機器學習、專家系統(依靠過去的經驗法則)和模式識別等諸多方法技術來探取資料。 |

| 英文名詞 | 中文譯名 | 定義 |
|---|---|---|
| Data Subject | 資料主體 | 即資料當事人。除非資料保留有其合法理由，否則，資料當事人有權要求在出現法定或約定理由時，請求「控制者」刪除個人資料並停止傳播之權利。 |
| De-identification | 去識別化 | 又稱作「匿名化」（Anonymisation），指透過加工處理的過程，使個人資料難以被直接或間接識別，期間完全沒有任何連結的可能性。 |
| Demand Side Platform | 需求方平台 | 提供廣告主或廣告代理公司所需要的廣告投放需求平台，強調簡易方便的特性，以處理日益複雜的即時競價、廣告交易系統的資訊技術問題。 |
| Digital Aging System | 數位時效系統 | 韓國 KCC 曾考量讓公司採用此系統，於一定時間自動刪除個人資訊，換言之，將「刪除權」委由機器或程式自動執行，惟考量此機制可能帶來之負面影響與疑慮。 |
| Eraser Law | 橡皮擦法案 | 美國加州於 2013 年通過參議院法案第 568 號（Senate Bill No. 568），俗稱《橡皮擦法案》，2015 年 1 月 1 日生效，旨在保護未成年人網路隱私，舉凡訴求青少年之網站及 APP，得允許 18 歲以下用戶自行移除，以防止因青少年時期發布之不當訊息，導致負面後果等影響。 |
| Hadoop | | 由 Apache 軟體基金會（Apache Software Foundation, ASF）開發，因應雲端運算與大數據所發展出來的分散式運算、資料倉儲技術的開放軟體架構。 |
| Inbound Marketing | 搏來客行銷 | 又稱為「入境行銷」，讓顧客自己找上門的行銷策略。企業網站健全以及完成應有的佈局以後，透過各種管道自然的引進顧客流量。 |
| Journalism via Computer Programming | 電腦程式新聞報導 | 以電腦可閱讀的格式來儲存數據，之後電腦自動以不同的方式彙整及分析數據，並以新聞報導形式呈現分析結果。 |
| Linked Open Data Star Badges | 開放資料的五星準則 | 全球資訊網的創始人 Tim Berners-Lee 於 2010 年發展出的連結開放資料分類的五星評定準則。二星級以上資料，均具備機器的可讀性，能發揮資料再運用的最佳效益。 |
| Machine Learning | 機器學習 | 電腦可自動分析，獲得規律，並利用規律對未知數據進行預測的演算，目的是從既有的資料進行預測分析或模型建構，以最佳化程式效能。 |

| 英文名詞 | 中文譯名 | 定義 |
|---|---|---|
| Mega Data | 後設資料 | 後設資料，又稱元資料、中介資料、中繼資料、詮釋資料，為描述資料的資料（data about data），主要是描述資料屬性（property）的資訊，用來支援如指示儲存位置、歷史資料、資源尋找、檔案記錄等功能。 |
| Mobile Spatial Statistics | 行動空間統計 | 指在提供電信服務的過程中所發生的可用數據，以作為建構社會資訊基礎為目的，經去識別化處理後，無法辨識特定個人的統計值等資訊之總稱。 |
| Netizen | 網民 | 來自「網際網路」和「公民」的組合字，意指網際網路上的公民。在台灣則流行用「網友」、「鄉民」、「婉君」等用語，其意相通，泛指網路使用者。 |
| Online Engagement | 線上參與感 | 消費者與線上品牌、環境所發展的主動關係，包括認知與情感層面。 |
| Online to Offline | 線上線下行銷 | 廣義來說是指讓消費者從網路到實體通路間相互流動的購買或使用服務的行銷方式。 |
| Open Data | 開放資料 | 指資料可以被任何公民所近用與再傳散。開放資料可區分成「公共資料」與「個人資料」，前者如政府資料，開放前必須先匿名與去識別化。後者如個人健康資料，開放前當事人應先被告知與同意，以維護其權益。 |
| Open Government Data | 開放政府數據 | 任何足以使政府整體更加開放或透明的數據，但也可以指任何政治中立，易於再使用的公部門揭露的數據。 |
| Owned Media | 自有媒體 | 廣告主自己擁有的媒體，可將品牌或產品特性與特色加以整合並具體展現，如官方網站、官方部落格、產品影音、手機APP、Line官方帳號等。 |
| Over-the-Top TV | OTT電視（線上影音串流媒體） | 一般而言，OTT TV是指通過開放式網際網路，來傳送視訊及相關應用的融合服務。至於OTT TV的終端，則可以是一般的上網設備如電腦、智慧型手機、機上盒、智慧型電視、或遊戲機。 |
| Paywall | 付費牆 | 又稱「計量式的收費牆」（metered-model paywall）。紐約時報在轉型過程中採取紙媒與網路並進策略。由於網路本身的收費有其難度，為此紐時設計出付費牆的計算方式，作為開拓報社收入的模式之一。 |
| Precision Journalism | 精確新聞報導 | 將社會科學研究方法運用至新聞報導，包括：抽樣、資料蒐集、分析及呈現研究結果等。 |

| 英文名詞 | 中文譯名 | 定義 |
|---|---|---|
| Processing of Personal Data | 個人資料處理 | 歐盟《個資保護指令》第 2 條（b）定義：任何對個人資料執行的運作或一系列運作，不論是否透過自動方式執行，包括：蒐集、記錄、組織、儲存、改編或修改、取出、參考、使用；以傳輸、散布或以其他方式揭露、排列組合、封鎖、刪除或銷毀。 |
| Project Rainbow | 彩虹計畫 | 貝佐斯（Bezos）改造《華盛頓郵報》的計畫。首先師法網路報《赫芬頓郵報》（The Huffington），推撰稿人網路平台。其次，推新的博客平台，業務運營時間拓展為 24 小時，以便跟蹤網路上熱議的話題和新聞線索。第三，研發類似谷歌眼鏡 Glass 設備推送新聞。第四，應用 Snapchat 及私密社交應用 Secret 的智慧手錶應用平台，分享「閱後即焚」照片。 |
| Prosumer | 產消合一者（簡稱「產消者」） | 經濟學者 Alvin Toffler 所創的概念，意指消費者參與商品的設計與製造，使產品更符合個人需求的新興消費模式。Web 2.0 應用與大眾傳播產業的數位化，已使公民開始兼具消費者與生產者的雙重角色。 |
| Qsearch | Qsearch 團隊 | 2014 年九合一大選時，台北市長候選人柯文哲團隊一開始就選擇了網路做為決戰的重要戰場。他的 Qsearch 團隊每天鎖定台灣 1400 萬臉書用戶，按出 6 億個讚的海量資料中去探勘網路輿論，提供給柯文哲競選團隊做決策參考。他們運用大數據分析，成功幫助柯文哲化解了 MG149 帳戶危機，並取得勝選。 |
| Real Time Bidding | 即時競價技術 | 網路廣告計價的即時競標機制，廣告主可依據消費者的預判價值調整廣告成本。 |
| Retargeting | 重定向（重新定位） | 利用使用者在網路環境的身分訊息（cookie）來描繪並動態定位消費者的輪廓。 |
| Right of Access to Data | 資料近取權 | 歐盟 1995 年《個資保護指令》第 12 條第一項（b）資料當事人之資料近取權包括：個人要求查閱、複製資料控制者所擁有之個人資料，若該資料有不正確、不完整時，可要求更正、刪除或封鎖。 |
| Right to Erasure | 刪除權 | 資料蒐集或處理之目的不再必要時，或同意儲存期間已屆期，資料當事人有權要求「控制者」刪除其相關個人資料。 |

| 英文名詞 | 中文譯名 | 定義 |
|---|---|---|
| Right to be Forgotten | 被遺忘權 | 源於歐洲傳統的隱私概念，從法國「le Droit à l'Oubli」概念翻譯而來，允許人們可控制自己如何被討論。歐盟 1995 年《個資保護指令》即涵蓋此概念，為指令第 12 條 (b)「資料近取權」區分出來之權利。 |
| Semantic Search | 語意搜尋 | 搜尋引擎依照使用者的意圖精準或模糊、上下文關聯、領域或定位等條件，搜尋產生更多的相關結果。納入字詞的多義性，考量搜尋字詞的變化如同義詞、廣義或狹義、專業性等。透過語意的字串找出使用者真正想得到的訊息，可讓使用者在搜尋資料時更為快速便利。 |
| Social Big Data | 社群大數據 | 蒐集社群媒體行為及伴隨出現的內容和資料，包括圖片、文字、影音、超連結、位置、狀態、使用者等為數可觀的各類數據，通常來自開放性的社交網路平台。 |
| The Data Subject's Right to Object | 資料主體之反對權 | 歐盟《資料保護指令》賦予資料主體有權基於特殊情況之重大正當理由，反對資料之處理，除非「控制者」證明處理該資料有重大正當理由，勝過資料當事人基本權利與自由。 |

國家圖書館出版品預行編目資料

大數據與未來傳播 / 劉幼琍主編. -- 初版.
-- 臺北市：五南，2016.03.
　面；　公分
ISBN 978-957-11-8548-4(平裝)

1.傳播學 2.資料探勘

541.83　　　　　　　　　105003397

5AD2

# 大數據與未來傳播

主　　編 ── 劉幼琍（343.7）

作　　者 ── 孔令信、江亦瑄、何吉森、吳世豪、谷玲玲

　　　　　　林翠娟、徐也翔、康力平、許文宜、陳延昇

　　　　　　陳彥龍、陳昱旗、劉柏立、賴祥蔚

發 行 人 ── 楊榮川

總 編 輯 ── 王翠華

主　　編 ── 王正華

責任編輯 ── 金明芬

封面設計 ── 鄭瓊如

出 版 者 ── 五南圖書出版股份有限公司

地　　址：106台北市大安區和平東路二段339號4樓

電　　話：(02)2705-5066　　傳　　真：(02)2706-6100

網　　址：http://www.wunan.com.tw

電子郵件：wunan@wunan.com.tw

劃撥帳號：01068953

戶　　名：五南圖書出版股份有限公司

法律顧問　林勝安律師事務所　林勝安律師

出版日期　2016年三月初版一刷

定　　價　新臺幣400元